Il Sentiero della Pace Interiore: Un Viaggio Continuo verso la Consapevolezza e l'Armonia

Una guida pratica per coltivare la serenità attraverso le storie Zen, la consapevolezza quotidiana e il pensiero positivo. Scopri come trasformare le sfide della vita in opportunità di crescita e raggiungere un equilibrio duraturo tra mente, corpo e spirito.

Inner Peace

Introduzione

1. **Introduzione al concetto di pace interiore**: Definizione di pace interiore e il suo ruolo nella vita moderna. Riflessioni sull'importanza di trovare equilibrio in un mondo frenetico.

2. **Il Buddismo Zen e la pace interiore**: Breve introduzione al Buddismo Zen e come questa filosofia si intreccia con il concetto di consapevolezza e armonia interiore.

Parte 1: Consapevolezza

3. **Il potere del "qui e ora"**: L'importanza di vivere nel momento presente. Introduzione alla pratica della consapevolezza (mindfulness).

4. **Storie Zen sul momento presente**: Racconti buddisti che evidenziano l'importanza della presenza mentale e della consapevolezza quotidiana.

5. **Esercizi di consapevolezza**: Tecniche pratiche per sviluppare la consapevolezza in ogni azione quotidiana, come il respiro consapevole e la meditazione camminata.

Parte 2: Auto-riflessione

6. **Conoscere se stessi attraverso la riflessione**: L'importanza di osservare e comprendere i propri pensieri, emozioni e comportamenti.

7. **Storie Zen sull'auto-conoscenza**: Racconti che insegnano il valore della riflessione personale e dell'auto-consapevolezza.

8. **Diario interiore e riflessione quotidiana**: Suggerimenti per sviluppare una pratica regolare di auto-riflessione attraverso la scrittura e la meditazione.

Parte 3: Pensiero positivo

9. **Coltivare il pensiero positivo**: L'importanza di scegliere pensieri positivi e di come questo influisca sulla pace interiore.

10. **Storie Zen sul pensiero positivo**: Racconti che illustrano la potenza del pensiero positivo nella trasformazione personale.

11. **Tecniche per trasformare la negatività**: Strumenti pratici per riformulare pensieri negativi e coltivare una mentalità positiva attraverso la meditazione e l'auto-suggerimento.

Parte 4: Armonia interiore

12. **Il concetto di armonia interiore nel Buddismo Zen**: Comprendere l'unità di mente, corpo e spirito per raggiungere l'equilibrio interiore.

13. **Storie Zen sull'armonia interiore**: Racconti che dimostrano come l'armonia interiore possa essere raggiunta attraverso il non-attaccamento e l'accettazione.

14. **Pratiche per coltivare l'armonia interiore**: Suggerimenti pratici per sviluppare l'armonia interiore, come la meditazione sul vuoto e la contemplazione.

Parte 5: Superare le difficoltà

15. **Affrontare le difficoltà con saggezza Zen**: Come la filosofia Zen ci insegna a gestire le sfide della vita in modo sereno.

16. **Storie Zen su difficoltà e resilienza**: Racconti che mostrano come le difficoltà possono diventare opportunità di crescita interiore.

17. **Esercizi per superare lo stress e l'ansia**: Tecniche pratiche di meditazione e rilassamento per affrontare lo stress e coltivare la serenità interiore.

Parte 6: Il viaggio verso la pace interiore

18. **Il viaggio è più importante della meta**: L'importanza di considerare il cammino verso la pace interiore come un percorso continuo, piuttosto che una destinazione finale.

19. **Storie Zen sul viaggio interiore**: Racconti che illustrano come la ricerca della pace interiore sia un processo continuo di scoperta e trasformazione.

20. **Conclusioni e suggerimenti per il lettore**: Riflessioni finali sul percorso della pace interiore, con suggerimenti su come continuare a coltivare la consapevolezza, il pensiero positivo e l'armonia anche dopo la lettura del libro.

1. Introduzione al concetto di pace interiore

Definizione di pace interiore

La pace interiore può essere definita come uno stato di equilibrio e armonia mentale ed emotiva. È la condizione in cui una persona si sente calma, stabile e in sintonia con se stessa, nonostante le sfide e le difficoltà esterne. La pace interiore non implica l'assenza di problemi, ma piuttosto la capacità di mantenere la serenità anche di fronte agli ostacoli. Questo stato deriva da una profonda comprensione e accettazione della realtà, oltre che da un forte radicamento nel presente.

A livello emotivo, la pace interiore significa ridurre l'influenza delle emozioni negative, come paura, rabbia e ansia, mentre si coltivano emozioni positive come la compassione, la gratitudine e l'amore. Dal punto di vista mentale, la pace interiore implica la quiete della mente, libera da pensieri caotici e stressanti, in grado di concentrarsi con chiarezza su ciò che conta.

Il ruolo della pace interiore nella vita moderna

Nella vita moderna, la pace interiore ha acquisito una rilevanza sempre maggiore. Viviamo in un'epoca di rapidi cambiamenti, sovraccarico di informazioni e pressioni costanti, che ci inducono a sentirci spesso sopraffatti. Il ritmo frenetico della vita quotidiana, le aspettative sociali e lavorative, così come l'onnipresenza della tecnologia, creano un ambiente in cui stress e ansia sono diventati la norma piuttosto che l'eccezione.

In questo contesto, la pace interiore non è solo un desiderio astratto, ma una necessità pratica. Chi riesce a coltivarla sviluppa una maggiore capacità di gestione dello stress, migliora le relazioni interpersonali e vive con una maggiore chiarezza e concentrazione. La pace interiore ci permette di affrontare le sfide quotidiane con lucidità e calma, riducendo la reattività emotiva e aumentando la resilienza.

L'importanza di trovare equilibrio in un mondo frenetico

Il mondo moderno è caratterizzato da una costante ricerca di produttività e successo. Siamo spesso spinti a lavorare sempre di più, a competere e a raggiungere risultati, lasciando poco spazio al riposo, alla riflessione e alla cura di noi stessi. Questo squilibrio tra il "fare" e l'"essere" può portare a sentimenti di vuoto e insoddisfazione.

Trovare l'equilibrio in un mondo frenetico significa imparare a rallentare, a riconnettersi con se stessi e a fare spazio per ciò che realmente conta. Significa anche stabilire confini sani tra le esigenze esterne e il proprio benessere interiore. La pace interiore non è una fuga dal mondo, ma una condizione che ci consente di vivere pienamente nel mondo senza esserne sopraffatti.

L'equilibrio si raggiunge attraverso pratiche che coltivano la consapevolezza, la riflessione e la presenza mentale, come la meditazione, il rilassamento e l'auto-riflessione. Queste pratiche aiutano a rafforzare il centro interiore, rendendo possibile vivere con pienezza, calma e chiarezza, nonostante le inevitabili tempeste della vita.

Conclusione dell'introduzione

La pace interiore è un dono prezioso che tutti possiamo coltivare. È una fonte inesauribile di forza, serenità e chiarezza, che ci consente di affrontare le difficoltà quotidiane con un atteggiamento sereno e positivo. In un mondo che ci spinge costantemente a correre, trovare e preservare la pace interiore è una forma di resistenza e di saggezza. Il resto del libro esplorerà come attraverso storie zen, pratiche di consapevolezza e riflessioni profonde, possiamo intraprendere il nostro sentiero verso una maggiore armonia interiore.

La pace interiore è un concetto che si collega profondamente con la nostra natura umana più intima. Non si tratta semplicemente di una sensazione fugace o di un'emozione che va e viene, ma di uno stato dell'essere che si radica nel profondo del nostro cuore e della nostra mente. È una condizione in cui possiamo sentirci centrati e in armonia con noi stessi, indipendentemente da ciò che accade all'esterno. Questa quiete interiore ci permette di affrontare le difficoltà e le sfide della vita con maggiore resilienza, di mantenere la calma anche quando le circostanze ci spingerebbero a perdere il controllo e di rimanere fedeli ai nostri valori e alle nostre intenzioni.

A livello spirituale, molte tradizioni filosofiche e religiose parlano della pace interiore come di una condizione fondamentale per la crescita personale e l'illuminazione. Il Buddismo, e in particolare il Buddismo Zen, considera la pace interiore non solo un obiettivo personale, ma un mezzo per comprendere la vera natura della realtà. Quando siamo in pace con noi stessi, diventiamo più aperti e recettivi alla saggezza e alla comprensione profonda del mondo. La pace interiore non è una semplice assenza di conflitti esterni, ma una condizione che si ottiene attraverso l'accettazione delle imperfezioni della vita, la compassione verso sé stessi e gli altri, e la capacità di lasciar andare le aspettative irrealistiche e gli attaccamenti.

Dal punto di vista psicologico, la pace interiore è strettamente legata al benessere mentale. Quando una persona vive con un costante stato di ansia o stress, la sua mente tende a diventare caotica e frenetica, il che può portare a una spirale di pensieri negativi e irrequietezza emotiva. Al contrario, la pace interiore crea uno spazio mentale in cui la persona può osservare i propri pensieri e sentimenti senza esserne sopraffatta. È come se la mente diventasse un rifugio sicuro, un luogo di tranquillità in cui possiamo ritirarci per riflettere, comprendere e trovare risposte più sagge alle sfide della vita. Questo non significa che le emozioni negative non sorgano più, ma che impariamo a non farci trascinare da esse. Invece di reagire immediatamente a una situazione difficile, la pace interiore ci dà la capacità di rispondere con saggezza e discernimento.

Un altro aspetto cruciale della pace interiore è la sua connessione con l'autenticità personale. Nella nostra società, siamo spesso spinti a conformarci a determinati standard, ad adottare comportamenti che ci rendono accettabili agli occhi degli altri, e a nascondere i nostri veri sentimenti per paura del giudizio o del rifiuto. Questo costante bisogno di compiacere o di aderire a ruoli predefiniti può allontanarci dalla nostra vera essenza. La pace interiore, tuttavia, si radica nella consapevolezza di chi siamo veramente. È il risultato di un percorso di auto-conoscenza e accettazione di sé, che ci permette di vivere con maggiore coerenza rispetto ai nostri valori e desideri profondi. Quando siamo in pace con noi stessi, non sentiamo più la necessità di indossare maschere o di nascondere parti di noi; possiamo esprimerci autenticamente e con libertà.

La pace interiore non si ottiene attraverso il controllo totale della vita o degli eventi, ma attraverso l'arte del lasciar andare. Viviamo in una cultura che valorizza il controllo e la produttività, in cui ci viene insegnato che per avere successo o essere felici dobbiamo pianificare, organizzare e manipolare le circostanze per ottenere ciò che desideriamo. Tuttavia, la realtà è spesso imprevedibile e molte cose sfuggono al nostro controllo. La ricerca della pace interiore ci invita a riconoscere questa verità fondamentale: non possiamo sempre controllare ciò che accade, ma possiamo sempre controllare come reagiamo. Invece di lottare contro l'incertezza o cercare di evitare il cambiamento, la pace interiore ci insegna a navigare con grazia attraverso le tempeste della vita. Ci insegna l'arte dell'accettazione, che non significa rassegnazione, ma la capacità di adattarsi e trovare equilibrio anche nei momenti difficili.

Il silenzio gioca un ruolo importante nella coltivazione della pace interiore. Viviamo in un mondo costantemente rumoroso, dove le informazioni e le distrazioni sono onnipresenti. La nostra mente è sovraccaricata da stimoli esterni e, di conseguenza, può essere difficile trovare uno spazio di tranquillità. Il silenzio, sia esterno che interno, diventa quindi uno strumento potente per riconnettersi con se stessi e per accedere a quella calma interiore che spesso sfugge nella frenesia quotidiana. La pratica della meditazione, ad esempio, è uno dei mezzi più efficaci per creare questo spazio di silenzio mentale. Attraverso la meditazione, impariamo a osservare i nostri pensieri senza attaccarci a essi, lasciandoli fluire come nuvole che passano nel cielo, mentre noi rimaniamo radicati nel presente. Questa pratica ci aiuta a spegnere il chiacchiericcio mentale costante, a ritrovare la calma e a sviluppare una connessione più profonda con il nostro io interiore.

La gratitudine è un altro ingrediente essenziale della pace interiore. Spesso ci focalizziamo su ciò che manca nella nostra vita, sulle difficoltà che incontriamo o sugli errori del passato, dimenticando tutto ciò che abbiamo di buono e positivo. La gratitudine ci permette di spostare la nostra attenzione su ciò che c'è già, sulle piccole e grandi benedizioni che ogni giorno ci vengono offerte. Coltivare la gratitudine significa riconoscere la bellezza delle cose semplici, apprezzare i momenti di quiete, le relazioni autentiche, la salute, il cibo che ci nutre, la natura che ci circonda. È uno strumento potente per riportare equilibrio nella nostra mente, perché ci aiuta a distogliere lo sguardo dalle lamentele e dai desideri insoddisfatti, e a concentrarci su ciò che ci porta gioia e soddisfazione. La gratitudine non solo arricchisce la nostra vita emotiva, ma ci aiuta anche a sviluppare una visione del mondo più serena e compassionevole.

Tuttavia, raggiungere la pace interiore richiede tempo, pazienza e dedizione. Non è un traguardo che si raggiunge in modo lineare o rapido. È un percorso fatto di piccoli passi, di riflessioni continue e di pratiche quotidiane.

La pace interiore è uno stato che si coltiva attraverso un processo lento e intenzionale, che implica un impegno costante nel comprendere e trasformare le dinamiche interne. Questo processo richiede di sviluppare una profonda consapevolezza di sé, delle proprie emozioni, dei pensieri e delle reazioni automatiche che spesso guidano il nostro comportamento. Molte persone non si rendono conto di quanto siano governate da schemi mentali e abitudini radicati, che continuano a ripetere inconsciamente giorno dopo giorno. Questi schemi, che spesso derivano da paure, condizionamenti sociali e aspettative esterne, possono creare uno stato di tensione interiore, impedendoci di sperimentare la vera pace. La consapevolezza è il primo passo per rompere questi cicli e creare lo spazio per una maggiore serenità interiore.

Uno degli ostacoli più comuni alla pace interiore è la tendenza a vivere nel passato o nel futuro. Molti di noi sono intrappolati in rimpianti per ciò che è accaduto o preoccupazioni per ciò che potrebbe accadere. Il passato ci perseguita sotto forma di rimorsi o sensi di colpa, mentre il futuro si manifesta attraverso l'ansia e l'incertezza. Questo costante movimento della mente tra ciò che è stato e ciò che potrebbe essere ci allontana dal presente, che è l'unico momento in cui possiamo realmente esistere e agire. La pace interiore, invece, si trova nel presente, quando ci permettiamo di essere completamente presenti con ciò che sta accadendo, senza giudicare, senza fuggire e senza cercare di cambiare ciò che è. È solo in questo stato di presenza totale che possiamo trovare un senso di equilibrio e calma.

Un altro aspetto fondamentale della pace interiore è il riconoscimento e l'accettazione delle nostre emozioni, anche quelle difficili o dolorose. Spesso, cerchiamo di evitare o reprimere le emozioni negative come la rabbia, la tristezza, la paura o la frustrazione, perché ci fanno sentire a disagio o perché ci è stato insegnato che non dovremmo provare questi sentimenti. Tuttavia, reprimere le emozioni non le fa scomparire; anzi, spesso le intensifica e le fa riemergere in modi più dannosi. La pace interiore non si ottiene attraverso la negazione delle nostre emozioni, ma attraverso la loro piena accettazione e comprensione. Quando permettiamo alle nostre emozioni di emergere e le osserviamo senza giudizio, possiamo iniziare a comprenderle e a lavorare con esse in modo costruttivo. Questo non significa essere travolti dalle emozioni, ma piuttosto creare uno spazio sicuro in cui possano esprimersi e dissolversi naturalmente.

La compassione è un altro elemento chiave nella ricerca della pace interiore, sia verso noi stessi che verso gli altri. Molto spesso siamo i nostri peggiori critici, giudicando severamente i nostri errori, difetti e fallimenti. Questo atteggiamento di auto-giudizio crea una tensione interna costante, che ci impedisce di trovare la serenità. La compassione, invece, ci invita a trattarci con gentilezza e comprensione, riconoscendo che siamo esseri umani e, come tali, imperfetti. Quando coltiviamo la compassione verso noi stessi, impariamo a perdonarci per gli errori del passato e a vedere i nostri fallimenti come opportunità di crescita piuttosto che come prove del nostro valore. La compassione verso gli altri, d'altra parte, ci permette di creare relazioni più armoniose e di ridurre i conflitti interpersonali, poiché ci aiuta a comprendere che anche gli altri stanno lottando con le loro sfide e sofferenze.

La capacità di accettare l'impermanenza è un altro principio centrale nella ricerca della pace interiore. Nel Buddismo, l'impermanenza è considerata una delle verità fondamentali dell'esistenza. Tutto cambia, niente rimane lo stesso. Le persone, le situazioni, i sentimenti e persino noi stessi siamo in costante trasformazione. Spesso, la nostra sofferenza nasce dall'attaccamento a cose o persone che vogliamo restino immutabili, o dalla resistenza ai cambiamenti che inevitabilmente avvengono nella vita. Coltivare la pace interiore significa anche imparare a fluire con la vita, accettando il cambiamento come parte naturale del ciclo dell'esistenza. Questo non significa rassegnarsi o diventare apatici, ma piuttosto imparare a lasciar andare l'attaccamento a ciò che non possiamo controllare, e accogliere ogni esperienza come un'opportunità per crescere.

La semplicità è un altro concetto strettamente legato alla pace interiore. La nostra società spesso promuove l'idea che per essere felici dobbiamo avere sempre di più: più beni materiali, più successo, più riconoscimenti. Tuttavia, l'accumulo di cose o il perseguimento incessante di obiettivi esterni non porta necessariamente alla felicità e, anzi, può creare stress e ansia. La ricerca della pace interiore ci invita a semplificare la nostra vita, a ridurre il superfluo, e a concentrarci su ciò che è veramente importante. Questo non riguarda solo i beni materiali, ma anche i pensieri e le preoccupazioni. Liberarsi dei pensieri inutili o delle preoccupazioni eccessive ci permette di trovare maggiore spazio mentale e una sensazione di leggerezza.

Un altro ostacolo alla pace interiore è il giudizio costante degli altri e di noi stessi. Nella società moderna, siamo spesso circondati da standard irrealistici di perfezione, sia fisica che comportamentale, che ci spingono a giudicare noi stessi e gli altri con severità. Questo giudizio costante può portare a sentimenti di inadeguatezza e insoddisfazione, creando una disconnessione con il nostro vero io. Per raggiungere la pace interiore, è essenziale lavorare su una mentalità non giudicante, imparando a vedere gli altri e noi stessi con occhi di compassione e accettazione. Non giudicare non significa ignorare o giustificare comportamenti negativi, ma significa vedere le cose per quello che sono, senza aggiungere strati di condanna o critica che amplificano la sofferenza.

La pazienza è un'altra qualità fondamentale nella ricerca della pace interiore. Viviamo in un mondo che esige gratificazioni immediate: vogliamo risultati veloci, soluzioni rapide e cambiamenti istantanei.

Tuttavia, il percorso verso la pace interiore richiede tempo e pratica. È un processo graduale che si sviluppa nel corso della vita. La pazienza ci insegna ad accettare che il cambiamento richiede tempo e che le trasformazioni interiori non possono essere forzate. Imparare ad essere pazienti con noi stessi, a dare spazio alla crescita e a comprendere che ogni passo, anche i più piccoli, è importante, ci aiuta a ridurre lo stress e l'ansia legati all'urgenza di raggiungere la perfezione o un risultato specifico.

Concludere il discorso sulla pace interiore richiede di sottolineare alcuni aspetti fondamentali che unificano i vari concetti trattati e di offrire una visione integrata del percorso che conduce a questo stato tanto desiderato. La pace interiore, come abbiamo visto, non è un punto d'arrivo statico, ma un processo dinamico che coinvolge vari livelli della nostra esperienza umana: mentale, emotiva, spirituale e fisica. È un viaggio continuo, un'esperienza che si evolve attraverso la crescita personale, le sfide della vita e la capacità di imparare dalle esperienze quotidiane.

Innanzitutto, la pace interiore non si può ottenere cercando di evitare le emozioni negative o le difficoltà. Non è una fuga dal mondo, né una ritirata in un'esistenza priva di sfide. Al contrario, la vera pace interiore si sviluppa proprio nel cuore della nostra esperienza quotidiana, tra le pressioni e le difficoltà della vita moderna. È la capacità di rimanere calmi, centrati e in equilibrio anche quando le circostanze esterne sono turbolente. È quella forza silenziosa che ci permette di rispondere alle situazioni invece di reagire, di accogliere le difficoltà come opportunità di crescita e di vedere ogni esperienza, positiva o negativa, come parte integrante del nostro cammino.

La chiave per coltivare la pace interiore risiede nella consapevolezza del momento presente. Vivere nel presente è uno degli strumenti più potenti per disinnescare il costante rumore mentale che ci trascina tra i rimpianti del passato e le preoccupazioni per il futuro. La consapevolezza ci permette di accettare ciò che è, qui e ora, senza giudizio o resistenza. È in questo stato di presenza che possiamo sperimentare una profonda calma e chiarezza, poiché siamo liberi dalle illusioni della mente e dalle emozioni che derivano dall'attaccamento a desideri o paure.

L'accettazione gioca un ruolo centrale in questo processo. Accettare non significa approvare tutto ciò che accade, ma riconoscere che molte cose sfuggono al nostro controllo. La resistenza ai fatti della vita genera tensione e sofferenza, mentre l'accettazione permette alla nostra mente e al nostro cuore di rilassarsi. Questo atteggiamento non è passivo; è una forma di saggezza che ci permette di adattarci con flessibilità alle circostanze mutevoli della vita, mantenendo il nostro equilibrio interiore.

Un aspetto spesso trascurato della pace interiore è il perdono. Il perdono, sia verso noi stessi che verso gli altri, è un atto liberatorio che scioglie le catene dell'amarezza, della colpa e del risentimento, emozioni che possono erodere il nostro senso di serenità interiore. Perdonare significa lasciar andare il bisogno di punire o punirsi, liberandoci dal peso del passato per vivere nel presente con leggerezza e compassione. È un processo che richiede tempo e pazienza, ma è essenziale per raggiungere una pace autentica.

Inoltre, la semplicità e la gratitudine sono pratiche fondamentali per nutrire la pace interiore. Vivere con semplicità non significa privarsi, ma scegliere consapevolmente di concentrarsi su ciò che è essenziale. Ridurre il superfluo – sia in termini materiali che emotivi – ci permette di liberare spazio mentale e spirituale per ciò che davvero conta. La gratitudine, dal canto suo, è una pratica che ci aiuta a riscoprire la bellezza nelle piccole cose della vita. Quando ci fermiamo a riflettere su ciò che già possediamo e a riconoscerne il valore, il nostro cuore si apre e sperimentiamo un senso di abbondanza che alimenta la nostra pace interiore.

È fondamentale ricordare che la pace interiore non è una condizione permanente o statica. Anche coloro che sembrano essere più centrati e tranquilli attraversano momenti di difficoltà e di turbolenza interiore. Quello che cambia, però, è il modo in cui affrontano queste situazioni. Coltivare la pace interiore significa imparare a riconoscere quando ci stiamo allontanando da quel centro di calma e serenità, e trovare il modo di ritornarci attraverso pratiche come la meditazione, la riflessione o semplicemente prendendoci del tempo per noi stessi.

Infine, è importante comprendere che la pace interiore ha un impatto diretto non solo sulla nostra vita personale, ma anche sulle relazioni e sulle comunità che ci circondano. Quando siamo in pace con noi stessi, siamo meno propensi a reagire in modo impulsivo o a creare conflitti inutili. Diventiamo fonti di calma e stabilità per coloro che ci circondano, contribuendo a creare un ambiente più armonioso e collaborativo. La pace interiore non è solo un beneficio personale, ma una qualità che si riflette all'esterno, influenzando positivamente le nostre interazioni e, in definitiva, il mondo che abitiamo.

Per riassumere, la pace interiore è un processo che richiede impegno, pratica e consapevolezza. È un viaggio che coinvolge il corpo, la mente e lo spirito, e che si nutre di consapevolezza, accettazione, compassione e gratitudine. È un percorso che ciascuno di noi può intraprendere, un cammino verso una vita più equilibrata, serena e autentica, dove le tempeste della vita possono ancora soffiare, ma dove noi, come un albero radicato profondamente, rimaniamo stabili, flessibili e sereni.

2. Il Buddismo Zen e la pace interiore: Breve introduzione al Buddismo Zen e come questa filosofia si intreccia con il concetto di consapevolezza e armonia interiore.

Il Buddismo Zen è una delle scuole principali del Buddismo, e si distingue per il suo approccio diretto, essenziale e pragmatico alla ricerca della verità e della consapevolezza interiore. Nato in Cina come Chan e successivamente diffusosi in Giappone come Zen, questa scuola buddista enfatizza l'esperienza personale e diretta dell'illuminazione (Satori), attraverso la pratica della meditazione e la presenza consapevole. Al cuore del Buddismo Zen c'è l'idea che la verità non possa essere trovata attraverso l'intelletto o l'accumulo di conoscenze concettuali, ma solo attraverso l'esperienza diretta e intuitiva della realtà.

La parola "Zen" deriva dal termine sanscrito "Dhyana", che significa meditazione o concentrazione profonda. Questa etimologia evidenzia l'importanza centrale della meditazione nella pratica Zen. La meditazione, conosciuta come "zazen", è l'aspetto fondante di questa tradizione, poiché attraverso la pratica silenziosa e seduta i praticanti imparano a svuotare la mente dai pensieri distraenti e a coltivare una consapevolezza profonda del presente. Lo Zen incoraggia a trascendere il linguaggio, i concetti e le credenze per entrare in contatto diretto con la realtà così com'è, senza filtri mentali.

Il Buddismo Zen si distingue da altre forme di Buddismo anche per la sua enfasi sulla semplicità, sulla disciplina e sulla pratica quotidiana. Non c'è una forte enfasi su scritture o rituali complessi; piuttosto, lo Zen sottolinea l'importanza di vivere la propria vita quotidiana con piena consapevolezza. La semplicità della vita monastica Zen, così come quella dei suoi praticanti laici, riflette la convinzione che attraverso il distacco dal superfluo e il radicamento nel presente, sia possibile accedere a una più profonda comprensione della vita e di se stessi.

Un concetto centrale nel Buddismo Zen, che si intreccia strettamente con la pace interiore, è la nozione di "vuoto" o "non-attaccamento" (Shunyata). Il vuoto non è da intendersi come assenza o nulla, ma come la comprensione che tutte le cose sono interconnesse e prive di esistenza intrinseca indipendente. Tutto è in costante cambiamento, e la sofferenza nasce dal nostro attaccamento alle cose, alle persone o alle idee come se fossero fisse e immutabili. Nel Buddismo Zen, si cerca di superare questa illusione, imparando a lasciar andare le aspettative, i desideri e gli attaccamenti, e a vivere in armonia con il flusso naturale della vita. Questo porta a una profonda liberazione interiore, che è alla base della pace interiore.

La consapevolezza, o "mindfulness", è un altro pilastro del Buddismo Zen e si intreccia direttamente con la pace interiore. Nello Zen, la consapevolezza non è solo una pratica formale da fare in momenti specifici, come durante la meditazione, ma uno stile di vita che permea ogni azione quotidiana. Ogni attività, che sia mangiare, camminare, lavorare o parlare, può essere fatta con piena consapevolezza, trasformando anche i gesti più semplici in momenti di presenza e quiete. Essere completamente presenti significa vivere senza essere distratti dai pensieri sul passato o dalle preoccupazioni per il futuro, ma rimanere radicati nel "qui e ora". Questa qualità della presenza consapevole è fondamentale per la pace interiore, poiché ci allontana dall'agitazione mentale e ci connette con il momento presente, l'unico momento in cui la vita realmente accade.

Un altro aspetto chiave del Buddismo Zen è la pratica del "non-pensiero" o "mushin", che significa letteralmente "mente senza mente". Questo concetto si riferisce allo stato mentale in cui non vi è un attaccamento ai pensieri, ma piuttosto una chiara e tranquilla consapevolezza senza distrazioni o giudizi. Il non-pensiero non implica che la mente sia vuota o inattiva, ma che è libera dai pensieri ossessivi, dalle preoccupazioni e dalle interpretazioni mentali. Quando la mente è in uno stato di non-pensiero, è aperta, ricettiva e tranquilla, permettendo una profonda armonia interiore. Raggiungere questo stato richiede pratica e disciplina, ma è uno degli obiettivi principali della meditazione Zen.

La pratica della compassione è un altro aspetto fondamentale del Buddismo Zen, e si collega strettamente alla pace interiore. La compassione, nel contesto buddista, non è solo una qualità etica, ma una forma di saggezza. Comprendere la natura interconnessa di tutte le cose porta a una compassione naturale per gli altri, poiché si riconosce che la sofferenza di un individuo è interconnessa con la sofferenza di tutti gli esseri. La compassione verso sé stessi è altrettanto importante. Molti dei nostri conflitti interni derivano dal giudizio, dalla critica e dalla mancanza di accettazione di noi stessi. Il Buddismo Zen insegna a coltivare un atteggiamento di gentilezza e compassione anche verso le proprie imperfezioni e sofferenze, vedendole come parte del cammino verso l'illuminazione.

La pace interiore, secondo il Buddismo Zen, è anche profondamente connessa alla capacità di accettare l'impermanenza della vita. La consapevolezza che tutto cambia – le situazioni, le emozioni, i pensieri, le relazioni – ci aiuta a lasciar andare l'attaccamento a ciò che consideriamo permanente o immutabile. Spesso la nostra sofferenza deriva dalla resistenza al cambiamento, dal desiderio che le cose rimangano com'erano o dal timore che possano cambiare in futuro. Il Buddismo Zen insegna a fluire con il cambiamento, ad accoglierlo con serenità e ad accettare la transitorietà di tutte le cose come parte naturale della vita. Questa accettazione non è una forma di rassegnazione, ma piuttosto una profonda comprensione che ci libera dall'ansia e dalla tensione, permettendoci di vivere in armonia con il ciclo naturale dell'esistenza.

Infine, il Buddismo Zen pone grande enfasi sull'esperienza diretta, senza il filtro dell'intelletto o del pensiero discorsivo. Nella tradizione Zen, si dice spesso che il vero significato del Buddismo non può essere spiegato a parole, ma deve essere realizzato personalmente attraverso la pratica e l'esperienza diretta. Questa enfasi sull'esperienza diretta è ciò che rende lo Zen una filosofia pratica, orientata all'azione e all'osservazione di sé stessi nella vita quotidiana. La pace interiore, secondo lo Zen, non si raggiunge studiando o parlando di filosofia, ma praticando costantemente la consapevolezza, la meditazione e l'auto-osservazione in ogni momento della vita.

In sintesi, il Buddismo Zen offre una via chiara e accessibile per coltivare la pace interiore attraverso la consapevolezza, il non-attaccamento, l'accettazione dell'impermanenza e la compassione. La sua enfasi sulla pratica meditativa, sulla semplicità e sull'esperienza diretta offre un percorso concreto per chiunque desideri sviluppare un profondo senso di armonia interiore e vivere una vita più consapevole e serena.

Il Buddismo Zen si distingue per il suo approccio diretto alla vita, ponendo particolare enfasi sull'esperienza vissuta rispetto a qualsiasi costruzione teorica o intellettuale. Uno dei mantra centrali nello Zen è "vedere la propria vera natura" e, nel farlo, trascendere le illusioni che spesso offuscano la nostra mente. A differenza di altre scuole buddiste che possono concentrarsi su testi sacri, lo Zen preferisce l'esperienza personale immediata, poiché si crede che la verità ultima non possa essere espressa attraverso il linguaggio, ma debba essere intuita e vissuta direttamente. In questo contesto, la pace interiore non è vista come un obiettivo lontano da raggiungere, ma come una qualità innata che tutti possiedono, che può essere riscoperta attraverso una pratica costante e una consapevolezza crescente.

Uno dei temi chiave nello Zen è la nozione di "mente del principiante" o "Shoshin". La mente del principiante è quella che affronta ogni situazione con apertura, curiosità e senza preconcetti. È una mentalità che rifiuta la pretesa di sapere tutto e abbraccia la possibilità di imparare in ogni momento. Questo stato mentale è considerato essenziale per coltivare la pace interiore, perché quando ci avviciniamo alla vita con la mente del principiante, lasciamo andare il giudizio, l'aspettativa e la resistenza, elementi che spesso sono causa di tensione e conflitto interiore. Nella pratica Zen, questo significa che anche le attività più banali, come mangiare o camminare, possono diventare occasioni per praticare la consapevolezza e riscoprire la bellezza del momento presente. In questo modo, la pace interiore diventa accessibile non attraverso esperienze straordinarie, ma attraverso l'attenzione ai semplici atti quotidiani.

Lo Zen pone una grande enfasi sul superamento del dualismo, un concetto che è strettamente legato alla pace interiore. In gran parte del pensiero occidentale, siamo abituati a considerare la realtà in termini di dualità: giusto e sbagliato, bene e male, soggetto e oggetto. Questo tipo di pensiero dualistico può creare una separazione tra noi e il mondo, alimentando un costante conflitto interno tra ciò che desideriamo e ciò che rifiutiamo. Nella visione Zen, il dualismo è considerato un'illusione che distorce la nostra comprensione della realtà. Superare questa visione dualistica significa comprendere che tutto è interconnesso, che non esiste una separazione reale tra il sé e l'altro, tra il dentro e il fuori. Quando abbandoniamo questa separazione illusoria, possiamo sperimentare una pace interiore più profonda, poiché smettiamo di lottare per ottenere o evitare determinate condizioni e accettiamo la vita nella sua totalità.

L'importanza della pratica nel Buddismo Zen non può essere sopravvalutata. Si dice spesso che nello Zen "la pratica è l'illuminazione". Questo significa che non si raggiunge uno stato di illuminazione attraverso un singolo momento di epifania, ma che l'illuminazione stessa si manifesta costantemente attraverso la pratica quotidiana. La pace interiore non è quindi un punto di arrivo, ma uno stato che si coltiva momento per momento. Attraverso la pratica della meditazione zazen, che implica sedere in silenzio con una postura stabile e concentrata, il praticante sviluppa una maggiore familiarità con il proprio paesaggio interiore. La mente diventa uno specchio limpido, capace di riflettere la realtà senza distorsioni. Con il tempo, questa pratica porta a una diminuzione della reattività emotiva e a una maggiore capacità di affrontare le difficoltà con equanimità.

L'aspetto della postura nella meditazione Zen è particolarmente significativo. Nello zazen, la postura fisica è vista come un mezzo per influenzare lo stato mentale. Una postura eretta e stabile, con la colonna vertebrale allineata e i muscoli rilassati, riflette uno stato mentale stabile e rilassato. Questa enfasi sulla connessione tra corpo e mente evidenzia l'approccio olistico dello Zen, in cui la pace interiore non è vista come qualcosa di puramente mentale o spirituale, ma come uno stato che coinvolge tutto l'essere, compreso il corpo fisico. Mantenere una postura dignitosa e radicata durante la meditazione non è solo una questione di tecnica, ma è simbolico del radicamento nella realtà presente, senza essere trascinati dai venti dei pensieri o delle emozioni.

Un altro elemento essenziale nella filosofia Zen è il concetto di "wu wei" o "azione senza sforzo". Anche se questo termine ha origine nel Taoismo, ha un grande significato anche nella pratica Zen. L'idea di wu wei si riferisce a un modo di agire che non comporta resistenza o forzatura, ma che fluisce naturalmente con il ritmo della vita. Questo tipo di azione non è passiva, ma richiede una profonda connessione con il momento presente e una comprensione intuitiva di quando e come agire. Nel contesto della pace interiore, wu wei significa smettere di cercare di controllare ogni aspetto della vita e imparare a fidarsi del processo. Quando siamo in grado di lasciar andare il bisogno di controllo e di accettare ciò che la vita ci presenta, possiamo sperimentare una profonda pace interiore. In pratica, questo si manifesta nel vivere con maggiore spontaneità e apertura, senza essere appesantiti dalle aspettative o dalle paure.

Il concetto di "non attaccamento", già accennato in precedenza, è un altro pilastro fondamentale del Buddismo Zen e della ricerca della pace interiore. L'attaccamento è visto come una delle principali cause della sofferenza umana. Ci attacchiamo a persone, oggetti, idee, opinioni e desideri, cercando di trattenere ciò che ci piace e respingere ciò che non ci piace. Questo attaccamento genera ansia, perché tutto è impermanente e alla fine perdiamo inevitabilmente ciò a cui siamo attaccati. Nello Zen, l'invito è a lasciar andare questi attaccamenti, non come un atto di rinuncia o di distacco emotivo, ma come una comprensione profonda dell'impermanenza di tutte le cose. Quando smettiamo di aggrapparci, possiamo vivere con maggiore leggerezza e libertà, e la pace interiore diventa una conseguenza naturale di questa libertà.

La relazione con la natura è un altro aspetto importante nella pratica Zen. I templi Zen sono spesso situati in luoghi tranquilli e isolati, immersi nella natura, e l'ambiente naturale gioca un ruolo centrale nella vita quotidiana dei monaci Zen. La natura è considerata una manifestazione della realtà così com'è, priva di giudizi o preconcetti. Nella sua semplicità e bellezza, la natura offre un riflesso diretto della mente Zen, che è chiara, calma e aperta. Trascorrere del tempo nella natura, osservando il cambiamento delle stagioni, ascoltando il suono del vento o il canto degli uccelli, può essere una potente pratica di consapevolezza. Questa connessione profonda con la natura ci ricorda la nostra interconnessione con il mondo e ci aiuta a sviluppare un senso di pace interiore radicato nella comprensione della nostra appartenenza al tutto.

Il Buddismo Zen ci invita anche a guardare la vita con occhi nuovi, abbandonando i condizionamenti culturali e sociali che spesso influenzano il nostro modo di pensare. Questo richiede un certo grado di coraggio, poiché significa sfidare molte delle idee che abbiamo su noi stessi e sul mondo. Tuttavia, quando siamo in grado di vedere le cose come sono, senza proiettare i nostri desideri, paure o pregiudizi su di esse, sperimentiamo una forma di libertà interiore. Questa libertà è alla base della pace interiore, perché ci permette di vivere in armonia con la realtà, piuttosto che lottare contro di essa.

In definitiva, la pace interiore nel Buddismo Zen è strettamente legata alla capacità di vivere in modo autentico, accettando la vita in tutta la sua complessità, senza cercare di modificarla o di adattarla alle nostre aspettative. È una forma di resa attiva, in cui ci impegniamo pienamente con il mondo, ma senza essere legati ai risultati delle nostre azioni.

Il Buddismo Zen affonda le sue radici in una tradizione millenaria che cerca di portare l'individuo a una comprensione profonda della realtà attraverso l'esperienza diretta, bypassando ogni forma di concettualizzazione. Quando si parla di pace interiore nel contesto Zen, non ci si riferisce a una serenità superficiale o temporanea, ma a una calma radicata nella comprensione della natura dell'esistenza stessa. Questa pace, che potrebbe sembrare evasiva per chi è intrappolato nelle ansie quotidiane della vita moderna, è in realtà accessibile a chiunque sia disposto a immergersi nella pratica della consapevolezza e dell'auto-riflessione.

Uno dei punti chiave del Buddismo Zen è la pratica del "mu", che in giapponese significa "nulla" o "vuoto". Il concetto di "mu" non implica un'assenza di significato o un nichilismo, ma piuttosto un'apertura verso l'infinito potenziale di ogni momento. Quando si parla di vuoto in termini Zen, ci si riferisce all'assenza di un sé fisso e di una realtà immutabile. La sofferenza spesso deriva dal fatto che le persone cercano di mantenere un'identità rigida e separata dal resto del mondo, mentre la pratica Zen ci invita a riconoscere la nostra interconnessione con tutto ciò che ci circonda. In questo riconoscimento, emerge una forma di pace interiore che nasce dal sapere che non siamo soli, che siamo parte di un ciclo più ampio di vita e di morte, di creazione e distruzione. La realizzazione di "mu" libera la mente dai suoi vincoli, permettendoci di sperimentare una calma profonda che non dipende da fattori esterni.

La pratica della meditazione zazen, nella sua semplicità, è lo strumento attraverso il quale questa comprensione può essere coltivata. Zazen, che significa letteralmente "meditazione seduta", non è solo una tecnica di rilassamento o una forma di introspezione passiva. Si tratta di una disciplina rigorosa che richiede dedizione e concentrazione. Seduti in silenzio, i praticanti di zazen affrontano i propri pensieri e emozioni senza cercare di modificarli o reprimerli. L'obiettivo non è quello di svuotare la mente, ma di sviluppare una capacità di osservare i pensieri senza identificarsi con essi. Attraverso questa pratica, i praticanti iniziano a capire che i pensieri e le emozioni sono come nuvole che passano nel cielo della loro coscienza: possono essere visti e osservati senza dover necessariamente agire su di essi o reagire emotivamente. In questa osservazione distaccata, si sviluppa un senso di pace, poiché si diventa meno reattivi alle turbolenze interne ed esterne.

Una delle lezioni fondamentali del Buddismo Zen è che la pace interiore non può essere ottenuta attraverso l'accumulo di conoscenze o di successi esteriori. La società moderna tende a insegnarci che la felicità e la soddisfazione vengono raggiunte attraverso l'acquisizione di beni materiali, la carriera, o il riconoscimento sociale. Tuttavia, il Buddismo Zen sfida questa nozione, suggerendo che il vero benessere viene dall'interno, non dall'esterno. Questo approccio ribalta la visione comune della realizzazione personale, poiché ci spinge a guardare non ciò che possiamo ottenere, ma ciò che possiamo lasciar andare. Il lasciar andare è un tema ricorrente nella pratica Zen: lasciar andare le aspettative, i desideri irrealistici, le paure, e persino la nostra visione del mondo. Quando impariamo a lasciar andare, ci liberiamo dal peso che spesso ci impedisce di vivere con leggerezza e apertura. La pace interiore, quindi, è il risultato di un processo di liberazione, non di acquisizione.

Un altro aspetto essenziale del Buddismo Zen è l'importanza del "qui e ora". Il presente è l'unico momento che esiste veramente, eppure molti di noi vivono gran parte della loro vita intrappolati nei pensieri sul passato o nelle preoccupazioni per il futuro. Lo Zen ci insegna che il passato non può essere cambiato e il futuro non può essere controllato, quindi l'unico luogo in cui possiamo trovare pace è il momento presente. Questa consapevolezza del presente si coltiva non solo attraverso la meditazione formale, ma in ogni attività quotidiana. Lo Zen invita i suoi praticanti a portare la stessa attenzione e consapevolezza che si sviluppa nella meditazione seduta in tutte le attività della vita, come mangiare, camminare, parlare o lavorare. Quando siamo completamente presenti in ciò che stiamo facendo, senza essere distratti da pensieri o preoccupazioni, sperimentiamo una pace interiore che è immediata e tangibile. Non è un'idea astratta, ma una realtà vissuta in ogni istante.

La tradizione Zen utilizza spesso storie brevi e parabole, chiamate *koan*, per sfidare la mente razionale e spingere i praticanti a pensare al di là delle convenzioni logiche. Un koan non può essere risolto con il ragionamento intellettuale; richiede una sorta di "salto intuitivo" che porta a una comprensione profonda e non concettuale. L'uso dei koan è un'altra dimostrazione di come lo Zen cerca di condurre i praticanti oltre il pensiero ordinario, per entrare in contatto diretto con la realtà. Quando si risolve un koan, si ha spesso un'esperienza di illuminazione, o *satori*, che porta a una trasformazione della comprensione di sé e del mondo. Questi momenti di illuminazione non sono l'apice del percorso Zen, ma piuttosto tappe lungo il cammino, che aiutano a rafforzare la connessione con la propria natura fondamentale e a sviluppare una pace interiore duratura.

La natura paradossale di molti insegnamenti Zen è un'altra caratteristica distintiva. Frasi come "il suono di una mano che applaude" o "cosa fa la tua faccia prima che tu nasca" sembrano enigmatiche o prive di senso, ma sono progettate per far uscire la mente dai suoi soliti schemi di pensiero. In questo modo, il praticante è costretto a lasciare andare le aspettative di una risposta logica e a esplorare livelli più profondi di comprensione. Questa interruzione dei processi mentali abituali è fondamentale per la pace interiore, poiché molte delle nostre preoccupazioni e ansie sono radicate nel tentativo di controllare o capire la realtà attraverso la logica. Lo Zen ci invita a smettere di cercare di spiegare ogni cosa e a imparare, invece, a vivere con la meraviglia e il mistero dell'esistenza. È in questo stato di apertura che la pace interiore può emergere spontaneamente, poiché la mente smette di lottare per comprendere l'incomprensibile e semplicemente accetta ciò che è.

La vita monastica Zen, con le sue pratiche rigorose e i suoi ritmi regolati, è un riflesso esterno di questo impegno verso la semplicità e la consapevolezza. I monaci Zen seguono un rigido programma di meditazione, lavoro e studio, che li aiuta a coltivare una mente chiara e una pace interiore. Tuttavia, il Buddismo Zen non è riservato solo ai monaci. Anche i laici possono trarre beneficio dagli insegnamenti Zen integrando le pratiche di consapevolezza e meditazione nelle loro vite quotidiane. Che si viva in un monastero o in una città frenetica, lo Zen offre strumenti per sviluppare la pace interiore, riducendo l'attaccamento ai beni materiali, semplificando la vita e praticando la presenza consapevole.

Il Buddismo Zen, con la sua enfasi sull'esperienza diretta e la consapevolezza del momento presente, ci invita a guardare oltre le apparenze della vita quotidiana e a riscoprire la nostra vera natura. La pace interiore che deriva da questa comprensione non è una condizione temporanea o superficiale, ma una qualità fondamentale del nostro essere, che può essere coltivata attraverso la pratica continua e la riflessione profonda. Lo Zen ci insegna che la pace non è qualcosa che dobbiamo cercare al di fuori di noi stessi, ma che si trova proprio qui, nel cuore della nostra esperienza, quando smettiamo di cercare e iniziamo semplicemente a essere presenti a ciò che è.

Il Buddismo Zen rappresenta una via che va oltre la mera comprensione intellettuale per abbracciare un'esperienza profonda e diretta della realtà, che si manifesta nella semplicità del momento presente. Il cuore del suo insegnamento è radicato nella pratica, non nella teoria: la meditazione zazen, la consapevolezza, l'accettazione dell'impermanenza e l'apertura alla natura della mente sono i mezzi attraverso i quali il praticante impara a vedere la verità e, in ultima analisi, a coltivare la pace interiore.

Questa pace interiore non è una condizione statica o passiva, né tantomeno il risultato di evitare le difficoltà della vita. Piuttosto, emerge dalla capacità di affrontare direttamente la realtà così com'è, senza essere trascinati dal vortice delle emozioni e dei pensieri. Nello Zen, si impara che la sofferenza non deriva tanto dagli eventi esterni, quanto dalla nostra reazione a questi eventi. Quando siamo in grado di osservare i nostri pensieri e sentimenti senza attaccarci ad essi o identificarci con essi, iniziamo a liberarci dalle catene dell'ego e della dualità, ritrovando una calma profonda e inalterabile.

Il concetto di "non-attaccamento" gioca un ruolo chiave in questo processo. Il Buddismo Zen ci insegna che l'attaccamento alle cose, alle persone o alle idee è la fonte primaria del nostro malessere. Poiché tutto è impermanente e in costante mutamento, cercare di trattenere ciò che inevitabilmente cambierà genera ansia, frustrazione e dolore. La pace interiore, invece, deriva dalla capacità di accettare e fluire con il cambiamento, di lasciare andare l'attaccamento e di vivere in armonia con il ritmo naturale della vita. Quando smettiamo di lottare contro la realtà e abbracciamo la sua impermanenza, troviamo una serenità che non dipende dalle circostanze esterne.

Il Buddismo Zen ci invita anche a coltivare una mente di apertura, la cosiddetta "mente del principiante". Questo atteggiamento ci permette di avvicinarci alla vita senza pregiudizi o aspettative, sperimentando ogni momento con freschezza e curiosità. Una mente aperta è una mente che non si blocca su idee fisse o su interpretazioni rigide della realtà, ma è pronta ad adattarsi e a imparare continuamente. Questo atteggiamento, che si sviluppa attraverso la pratica della consapevolezza, è fondamentale per la pace interiore, poiché ci permette di accettare la realtà per quello che è, senza imporre su di essa le nostre aspettative o desideri.

Il ruolo della compassione è altrettanto centrale nel percorso verso la pace interiore nello Zen. La compassione, che deriva dalla comprensione della nostra interconnessione con tutti gli esseri viventi, non è solo un atto di gentilezza verso gli altri, ma anche verso noi stessi. Molto spesso, il nostro senso di insoddisfazione e inquietudine deriva da un atteggiamento di auto-giudizio e critica. Imparare a trattarci con gentilezza e comprensione, perdonando noi stessi per i nostri errori e fallimenti, è essenziale per trovare la pace interiore. Nello stesso modo, sviluppare una compassione genuina per gli altri ci aiuta a superare il senso di separazione che spesso alimenta il conflitto e il disagio interiore.

Un altro aspetto fondamentale è il concetto di "azione senza sforzo" o "wu wei", che nel contesto Zen implica la capacità di agire in armonia con la natura delle cose, senza cercare di forzare gli eventi o di resistere al flusso naturale della vita. Quando siamo in grado di abbandonare il bisogno di controllo e di fidarci del processo della vita, scopriamo una nuova leggerezza nell'essere. Questa fiducia nel momento presente ci permette di agire con maggiore spontaneità e chiarezza, senza essere frenati dalla paura o dall'ansia per il futuro. Questa azione senza sforzo è una manifestazione tangibile della pace interiore, poiché si basa sulla consapevolezza che non tutto è sotto il nostro controllo e che possiamo comunque trovare equilibrio e serenità in mezzo al cambiamento.

Il Buddismo Zen, con la sua enfasi sull'esperienza diretta e sulla pratica della consapevolezza in ogni aspetto della vita quotidiana, offre un percorso concreto per raggiungere la pace interiore. Questa pace non è un obiettivo lontano da inseguire, ma una qualità intrinseca che possiamo riscoprire attraverso la presenza consapevole, il lasciar andare degli attaccamenti e l'accettazione della realtà così com'è. Attraverso la pratica del non-attaccamento, della compassione, della semplicità e della consapevolezza del presente, il Buddismo Zen ci guida verso una forma di pace che è radicata nella profondità del nostro essere, una calma stabile che non viene scossa dalle tempeste della vita.

In conclusione, il Buddismo Zen ci insegna che la pace interiore non è una destinazione, ma un modo di essere. Non si tratta di eliminare le difficoltà o le sfide della vita, ma di cambiare il modo in cui ci relazioniamo a esse. È un cammino che richiede impegno, disciplina e pratica continua, ma che porta a una trasformazione profonda del nostro rapporto con noi stessi e con il mondo. Questa trasformazione non è il risultato di un processo intellettuale o di una ricerca esteriore, ma emerge dalla capacità di essere pienamente presenti nel momento, di lasciare andare ciò che non possiamo controllare e di vivere in armonia con la natura transitoria della vita. La pace interiore, quindi, è sempre disponibile, in ogni istante, per chi è disposto a praticare e a coltivarla attraverso l'esperienza diretta della realtà.

3. Il potere del "qui e ora": L'importanza di vivere nel momento presente. Introduzione alla pratica della consapevolezza (mindfulness).

Il potere del "qui e ora" è uno dei concetti centrali nella ricerca della pace interiore e della crescita spirituale, sia nel Buddismo Zen che in altre tradizioni meditative. Vivere nel momento presente significa essere completamente consapevoli e attenti a ciò che sta accadendo nel qui e ora, senza essere distratti da pensieri sul passato o preoccupazioni per il futuro. È una pratica di presenza mentale e di apertura, in cui ogni esperienza viene vissuta in modo diretto e non filtrato dalle aspettative o dai giudizi.

Il motivo per cui il "qui e ora" è così importante risiede nella natura della mente umana. Spesso, la nostra mente è occupata da pensieri che ci allontanano dal presente. Rimuginiamo sugli errori passati, sulle scelte che avremmo potuto fare diversamente, o ci preoccupiamo di ciò che potrebbe accadere nel futuro. Questo costante oscillare tra passato e futuro crea una forma di dissociazione dal momento presente, impedendoci di vivere pienamente. Ciò può portare a stati di ansia, stress e insoddisfazione, poiché la mente è intrappolata in un ciclo di pensieri che ci allontanano dalla realtà immediata.

La consapevolezza del momento presente, nota anche come *mindfulness*, è la pratica di portare intenzionalmente l'attenzione a ciò che stiamo vivendo in questo esatto momento. La mindfulness ci invita a osservare senza giudizio ciò che accade dentro di noi (pensieri, emozioni, sensazioni fisiche) e attorno a noi (suoni, immagini, odori), accettandolo così com'è, senza volerlo modificare o manipolare. Questo stato di consapevolezza ci permette di vivere ogni esperienza in modo più autentico e profondo, riducendo l'automatismo con cui spesso agiamo.

Uno degli aspetti più potenti della mindfulness è la sua capacità di interrompere il "pilota automatico" con cui molti di noi vivono. Spesso, affrontiamo le nostre giornate senza realmente prestare attenzione a ciò che stiamo facendo. Mangiamo, guidiamo, lavoriamo e parliamo senza essere pienamente presenti. La mindfulness ci riporta nel momento presente, permettendoci di essere più attenti, più presenti e più consapevoli delle nostre azioni. Questo ha un effetto trasformativo, poiché non solo ci permette di vivere in modo più pieno, ma ci aiuta anche a rispondere in modo più consapevole e meno reattivo alle situazioni che affrontiamo.

Quando pratichiamo la mindfulness, diventiamo consapevoli del nostro respiro, delle sensazioni del corpo, dei suoni e degli odori che ci circondano. Iniziamo a notare le sottili sfumature del momento presente, scoprendo una ricchezza di dettagli che spesso passano inosservati quando siamo distratti dai nostri pensieri. In questo processo, impariamo a lasciare andare il bisogno di giudicare o di analizzare ogni cosa, permettendo semplicemente a ciò che è di essere, esattamente come è. Questo ci aiuta a ridurre l'ansia e lo stress, poiché smettiamo di resistere al momento presente o di desiderare che sia diverso.

Il concetto di "qui e ora" è anche profondamente connesso con la nozione di impermanenza, che è una delle verità fondamentali del Buddismo. Tutto nella vita è in costante cambiamento: le emozioni, i pensieri, le circostanze. Nulla è permanente. Quando abbracciamo pienamente il momento presente, riconosciamo l'impermanenza di tutte le cose e impariamo ad apprezzare ogni istante per quello che è, senza cercare di trattenerlo o modificarlo. Questo ci aiuta a sviluppare un atteggiamento di apertura e accettazione nei confronti della vita, riducendo la sofferenza che spesso deriva dal nostro attaccamento alle cose o dalle nostre aspettative su come dovrebbero essere.

La pratica della mindfulness non è limitata alla meditazione formale. Può essere integrata in ogni aspetto della nostra vita quotidiana. Ad esempio, possiamo praticare la mindfulness mentre mangiamo, concentrandoci sul gusto, la consistenza e l'odore del cibo, invece di mangiare distrattamente. Possiamo essere presenti mentre camminiamo, notando i movimenti del nostro corpo e i suoni attorno a noi. Anche nelle conversazioni, la mindfulness ci permette di ascoltare profondamente l'altra persona, senza distrarci con i nostri pensieri o con la preparazione di una risposta. In questo modo, ogni momento della nostra vita può diventare un'opportunità per praticare la consapevolezza e ritrovare la pace interiore.

Uno degli effetti più evidenti della mindfulness è la sua capacità di ridurre il livello di stress. Molto spesso, lo stress è causato non tanto dalle circostanze esterne, quanto dalla nostra reazione mentale a esse. La nostra mente, anticipando problemi futuri o rimuginando su eventi passati, amplifica il nostro senso di ansia. La mindfulness ci riporta nel presente, interrompendo questo ciclo di pensieri ripetitivi e permettendoci di osservare la realtà in modo più obiettivo. Quando siamo completamente presenti, ci rendiamo conto che gran parte della nostra sofferenza mentale è auto-creata e non è necessariamente collegata a ciò che sta accadendo realmente nel momento.

Un altro aspetto interessante del vivere nel "qui e ora" è il suo impatto sulle relazioni. Spesso, nelle interazioni con gli altri, siamo solo parzialmente presenti, distratti dai nostri pensieri o preoccupati per ciò che diremo dopo. La mindfulness ci aiuta a essere completamente presenti nelle relazioni, ascoltando davvero l'altra persona e rispondendo in modo genuino. Questo non solo migliora la qualità delle nostre interazioni, ma crea anche un senso di connessione più profondo, poiché siamo in grado di incontrare l'altro senza pregiudizi o aspettative.

La pratica del "qui e ora" è profondamente trasformativa anche perché ci aiuta a sviluppare un maggiore senso di gratitudine. Quando siamo consapevoli del momento presente, iniziamo a notare tutte le piccole benedizioni che spesso diamo per scontate: il calore del sole sulla pelle, il suono della pioggia, il sorriso di una persona cara. Questo risveglio alla bellezza del presente ci aiuta a coltivare un senso di apprezzamento per la vita, riducendo la tendenza a lamentarci o a desiderare sempre di più. La gratitudine, a sua volta, alimenta la pace interiore, poiché ci spinge a focalizzarci su ciò che abbiamo piuttosto che su ciò che manca.

Tuttavia, è importante comprendere che vivere nel "qui e ora" non significa ignorare il passato o evitare di pianificare il futuro. Significa semplicemente non essere intrappolati in essi. È naturale riflettere sul passato per imparare dalle esperienze o pianificare il futuro per essere preparati, ma la differenza sta nel farlo con una consapevolezza rilassata, senza essere sopraffatti da pensieri e preoccupazioni. Il "qui e ora" ci insegna a bilanciare queste dimensioni del tempo, ricordandoci che l'unico momento reale è quello presente e che è qui che possiamo agire, crescere e vivere pienamente.

In sintesi, il potere del "qui e ora" risiede nella sua capacità di riportarci alla vita vera, al momento in cui possiamo sperimentare la realtà in modo diretto e autentico. La pratica della mindfulness ci aiuta a coltivare una presenza consapevole che ci libera dalle catene del passato e dalle paure per il futuro, permettendoci di vivere con maggiore serenità, chiarezza e gioia. Attraverso la consapevolezza del momento presente, possiamo riscoprire la bellezza e la ricchezza della vita quotidiana, trovare pace nelle attività più semplici e, infine, accedere a una forma di benessere interiore che non dipende dalle circostanze esterne, ma dalla nostra capacità di essere pienamente presenti in ogni istante.

Il concetto di vivere nel "qui e ora" è qualcosa che può sembrare semplice in teoria, ma in pratica è profondamente trasformativo e richiede una dedizione consapevole. La mente umana ha una naturale propensione a divagare, a saltare da un pensiero all'altro, a rimuginare sul passato o a preoccuparsi per il futuro. Questo vagabondare mentale, sebbene sia una funzione naturale del nostro cervello, tende a portarci lontano dal momento presente, impedendoci di sperimentare appieno ciò che stiamo vivendo. Vivere nel "qui e ora" è l'antidoto a questa tendenza, e quando impariamo a farlo, possiamo accedere a una dimensione di maggiore chiarezza, pace e connessione con la vita.

Uno degli effetti più sorprendenti di vivere nel momento presente è la riduzione del senso di urgenza e pressione che spesso sentiamo nella vita quotidiana. Molti di noi sono sempre proiettati verso il futuro, preoccupati di ciò che devono fare dopo, di ciò che non hanno ancora fatto, o di come raggiungere i loro obiettivi. Questa proiezione costante verso ciò che verrà genera un senso di tensione interiore, come se il presente non fosse mai abbastanza. Tuttavia, quando ci impegniamo a vivere nel qui e ora, questa tensione si dissolve. Invece di vedere il presente come un mezzo per un fine, iniziamo a viverlo come il fine stesso. Non c'è bisogno di correre, non c'è bisogno di affrettarsi per arrivare da qualche parte. Ogni momento diventa completo in sé stesso, ed è proprio in questa pienezza che troviamo la pace.

Il vivere nel momento presente ci aiuta anche a riconoscere l'impermanenza di tutte le cose in modo molto più intimo. Quando siamo distratti dai pensieri del passato o dalle preoccupazioni per il futuro, perdiamo di vista il fatto che ogni momento è unico e irripetibile. In altre parole, ciò che accade ora non si ripeterà mai più esattamente nello stesso modo. Questa consapevolezza può sembrare ovvia, ma raramente la viviamo davvero. Quando, invece, ci radichiamo nel qui e ora, diventiamo pienamente consapevoli della fugacità della vita, e questo ci spinge a vivere con maggiore intenzionalità e apprezzamento per ogni singolo istante. Ogni esperienza diventa preziosa, che sia piacevole o difficile, poiché ci rendiamo conto che fa parte del flusso continuo della vita, che è sempre in movimento.

Un altro aspetto potente del vivere nel momento presente è la sua capacità di cambiare il nostro rapporto con il tempo. Spesso, il tempo viene vissuto come un nemico, qualcosa che ci sfugge, che ci mette pressione o che temiamo di perdere. Tuttavia, quando ci immergiamo nel presente, il tempo sembra espandersi. Paradossalmente, più siamo presenti, più il tempo sembra rallentare. Questo accade perché, invece di essere frammentati tra mille pensieri e preoccupazioni, siamo completamente concentrati su ciò che sta accadendo. La sensazione di mancanza di tempo, che spesso accompagna la vita moderna, si dissolve quando viviamo nel qui e ora, poiché non siamo più preoccupati di quello che dobbiamo fare dopo o di quanto velocemente dobbiamo farlo. Siamo semplicemente presenti a ciò che sta accadendo, e in questo stato di presenza, il tempo assume una qualità differente, più fluida e meno pressante.

L'atto di essere pienamente presenti ha anche un effetto diretto sulla nostra capacità di prendere decisioni migliori e più consapevoli. Quando siamo nel presente, la nostra mente non è distratta da vecchi schemi di pensiero o da preoccupazioni irrazionali. Siamo più lucidi, più in sintonia con le circostanze e più in grado di rispondere in modo appropriato e ponderato. Invece di reagire in modo impulsivo o emotivo, possiamo agire con maggiore saggezza, poiché siamo più connessi a ciò che sta accadendo dentro di noi e attorno a noi. Questa chiarezza ci permette di fare scelte che sono in linea con i nostri valori e obiettivi autentici, piuttosto che basate su ansie o paure irrazionali.

La pratica della consapevolezza del presente è spesso associata al respiro. Il respiro è uno degli strumenti più accessibili e potenti per radicarsi nel qui e ora. È sempre con noi, è costante e regolare, e quando ci concentriamo su di esso, diventiamo immediatamente presenti. La meditazione sul respiro, o semplicemente l'attenzione consapevole al respiro mentre svolgiamo le nostre attività quotidiane, è una pratica centrale nella mindfulness e nel Buddismo Zen. Ogni respiro diventa un ancoraggio al momento presente, un modo per ricordarci di tornare qui e ora ogni volta che la mente comincia a vagare. Attraverso il respiro, possiamo connetterci al nostro corpo e alle nostre sensazioni, riscoprendo un senso di calma e stabilità anche nelle situazioni più caotiche.

Uno degli ostacoli principali alla pratica del vivere nel momento presente è l'abitudine alla distrazione. Nella società moderna, siamo costantemente bombardati da informazioni, notifiche, stimoli e attività che ci spingono a spostare la nostra attenzione da una cosa all'altra in modo frenetico. Questa tendenza a essere sempre impegnati, sempre stimolati, può allontanarci dal momento presente e renderci difficili trovare un senso di pace. Tuttavia, praticare la mindfulness ci aiuta a riscoprire la capacità di concentrarci su una sola cosa alla volta. Invece di cercare di fare multitasking o di dividere la nostra attenzione tra mille stimoli, impariamo a rallentare e a fare le cose con intenzione. Anche le attività più semplici, come lavare i piatti, possono diventare un'opportunità per praticare la mindfulness e tornare al qui e ora. In questo modo, riscopriamo la bellezza e la semplicità di essere completamente immersi in ciò che stiamo facendo, senza la necessità di correre o di pensare a cosa verrà dopo.

Vivere nel qui e ora ha un impatto anche sul nostro benessere emotivo. Quando siamo presenti, diventiamo più consapevoli delle nostre emozioni mentre si manifestano, e questa consapevolezza ci permette di relazionarci con esse in modo più sano. Spesso, le emozioni come la rabbia, la tristezza o la paura possono sopraffarci, perché non siamo pienamente consapevoli di come si sviluppano dentro di noi. Invece di riconoscerle nel momento in cui sorgono, le reprimiamo o le ignoriamo, e alla fine queste emozioni trovano modi disfunzionali di esprimersi. La consapevolezza ci aiuta a osservare le nostre emozioni in tempo reale, senza identificarci completamente con esse. Questo ci permette di rispondere alle emozioni in modo più consapevole, piuttosto che essere sopraffatti da esse o reagire in modo automatico.

Nel contesto delle relazioni interpersonali, la pratica del qui e ora può portare a una maggiore profondità e autenticità. Spesso, nelle nostre interazioni con gli altri, siamo solo parzialmente presenti. Mentre l'altra persona parla, possiamo essere già mentalmente impegnati a formulare una risposta o a pensare a qualcos'altro. Questa mancanza di presenza crea una distanza emotiva, anche nelle relazioni più strette. La mindfulness ci aiuta a essere pienamente presenti con l'altra persona, ascoltando attentamente senza giudicare o anticipare. Questo tipo di ascolto profondo crea uno spazio di connessione genuina, dove l'altra persona si sente veramente vista e compresa.

Quando siamo presenti nelle nostre relazioni, le interazioni diventano più ricche, più significative e più autentiche.

Un'altra dimensione del vivere nel qui e ora è il rilascio delle aspettative. Molto spesso, le aspettative che abbiamo su noi stessi, sugli altri o sulle situazioni future creano frustrazione e delusione. Desideriamo che le cose vadano in un certo modo, e quando non lo fanno, sperimentiamo stress e insoddisfazione. La pratica del presente ci insegna a lasciar andare queste aspettative e ad accettare la realtà così com'è. Non significa che dobbiamo rinunciare ai nostri obiettivi o aspirazioni, ma piuttosto che impariamo a non essere attaccati al risultato finale. Quando ci concentriamo sul momento presente, possiamo agire con piena consapevolezza, sapendo che ciò che accade è fuori dal nostro controllo. Questa accettazione ci porta una profonda pace, poiché non siamo più in lotta con la realtà.

Infine, il potere del qui e ora si estende anche alla nostra relazione con noi stessi. Spesso, tendiamo a essere i nostri critici più severi, costantemente giudicando le nostre azioni, le nostre scelte e persino i nostri pensieri. La mindfulness ci insegna a relazionarci con noi stessi con maggiore gentilezza e compassione. Quando siamo presenti, possiamo osservare i nostri pensieri e comportamenti senza giudicarli, semplicemente accettandoli per quello che sono. Questa accettazione ci permette di sviluppare una relazione più amorevole con noi stessi, che a sua volta favorisce la pace interiore e la crescita personale.

In questo senso, il potere del "qui e ora" è uno strumento essenziale per la trasformazione interiore. Non è solo una pratica di rilassamento o di gestione dello stress, ma una via per riscoprire la nostra vera natura, libera dalle catene dei pensieri ossessivi, delle preoccupazioni e delle emozioni negative.

Il potere del "qui e ora" si estende ben oltre l'ambito della meditazione o delle pratiche formali di mindfulness. È un concetto che può permeare ogni aspetto della nostra vita e che ha il potenziale di cambiare radicalmente il modo in cui viviamo, lavoriamo e ci relazioniamo con gli altri. Esplorare il "qui e ora" significa abbracciare una prospettiva che ci permette di vedere ogni momento come un'opportunità per crescere, comprendere e sperimentare la vita con una profondità che spesso ci sfugge. Questo approccio è un vero antidoto al senso di disconnessione e frammentazione che caratterizza il nostro tempo.

Un aspetto che emerge quando ci concentriamo sul vivere nel presente è il risveglio di una percezione più acuta e intensa della realtà. La mente tende a creare filtri attraverso i quali interpretiamo il mondo, basandosi su esperienze passate, pregiudizi e aspettative future. Questi filtri possono distorcere il modo in cui vediamo le cose, influenzando le nostre percezioni e decisioni. Tuttavia, quando ci immergiamo completamente nel qui e ora, quei filtri iniziano a dissolversi. Ci ritroviamo a sperimentare le cose in modo più diretto, senza essere condizionati da pensieri o emozioni che potrebbero alterare la nostra visione. Ad esempio, potremmo notare dettagli che altrimenti sarebbero passati inosservati: la luce del sole che filtra attraverso le foglie, la sensazione del vento sulla pelle, il suono distante di una risata. Questa intensificazione della percezione ci permette di riscoprire la meraviglia e la bellezza della vita quotidiana, spesso sepolta sotto strati di distrazione e frenesia.

La consapevolezza del presente ci spinge a sviluppare un rapporto più sano con i nostri pensieri. Molti di noi tendono a essere intrappolati in una narrazione continua che corre nella nostra mente, un flusso di pensieri che a volte ci domina senza che ne siamo pienamente consapevoli. Questa "chiacchiera mentale" può essere stressante, soprattutto quando i pensieri sono negativi o auto-sabotanti. Praticare il qui e ora ci aiuta a disidentificarci dai nostri pensieri. Invece di essere completamente assorbiti da essi, possiamo iniziare a osservarli da una certa distanza, come se fossimo spettatori di un flusso di pensieri che va e viene. Questa capacità di osservare i pensieri senza attaccarci a essi ci dà una nuova libertà interiore. Diventiamo meno reattivi e più consapevoli di come i nostri schemi mentali influenzano il nostro stato emotivo. Quando ci rendiamo conto che non siamo i nostri pensieri, possiamo scegliere di non farci coinvolgere da essi, interrompendo così il ciclo di stress e ansia che spesso deriva dalla ruminazione mentale.

Una delle sfide più grandi nel vivere nel qui e ora è la tendenza a rimandare la felicità a un futuro immaginato. Molti di noi vivono con l'idea che saremo felici "quando" certe condizioni saranno soddisfatte: quando troveremo il lavoro perfetto, quando avremo raggiunto un determinato obiettivo, quando le nostre circostanze cambieranno in qualche modo. Questo modo di pensare ci tiene in uno stato di insoddisfazione perpetua, perché la felicità viene sempre proiettata in un futuro che non arriva mai. Vivere nel presente ci insegna che la felicità non è qualcosa da inseguire o da rimandare, ma qualcosa che possiamo sperimentare qui e ora, indipendentemente dalle circostanze esterne. È una scelta consapevole di essere presenti e di apprezzare ciò che abbiamo in questo momento. Quando ci liberiamo dall'idea che la felicità sia legata a condizioni future, scopriamo che è possibile trovare gioia anche nelle cose più semplici: una conversazione con un amico, un buon pasto, un momento di silenzio.

Il vivere nel qui e ora ha anche un profondo impatto sul modo in cui affrontiamo le sfide e le difficoltà. Molti dei nostri problemi, infatti, sono amplificati dal modo in cui la mente li gestisce. Quando affrontiamo una difficoltà, la nostra mente tende a proiettarsi nel futuro, immaginando scenari peggiori o cercando di prevedere tutte le possibili conseguenze negative. Questa proiezione nel futuro alimenta l'ansia e lo stress, rendendo il problema molto più grande di quanto non sia realmente. Tuttavia, quando ci concentriamo sul presente, scopriamo che la maggior parte delle volte il momento attuale non è così insormontabile come la nostra mente lo fa sembrare. Anzi, nel momento presente abbiamo tutte le risorse necessarie per affrontare la situazione. Questo ci permette di agire in modo più lucido e meno emotivo, affrontando le sfide un passo alla volta, senza essere travolti dalla paura o dall'incertezza.

Il "qui e ora" è anche strettamente legato alla capacità di lasciare andare. Molti di noi trascorrono una quantità enorme di tempo e energia aggrappandosi a esperienze passate o preoccupandosi per il futuro. Questo attaccamento può creare un peso emotivo e mentale che ci impedisce di vivere pienamente il presente. Lasciar andare non significa ignorare il passato o trascurare il futuro, ma significa smettere di aggrapparci a ciò che non possiamo cambiare o controllare. Vivere nel qui e ora ci insegna a fidarci del flusso della vita, a lasciar andare il bisogno di controllo e a permettere che le cose siano come sono. Quando lasciamo andare, ci liberiamo da un'enorme quantità di stress e preoccupazioni, e possiamo vivere con maggiore leggerezza e serenità.

Un altro effetto potente del vivere nel momento presente è la possibilità di coltivare una maggiore consapevolezza del nostro corpo. Spesso, siamo così presi dai nostri pensieri che dimentichiamo di prestare attenzione a ciò che il nostro corpo ci sta dicendo. Vivere nel presente ci aiuta a ricollegarci con le sensazioni corporee, a diventare consapevoli delle tensioni, delle emozioni che si manifestano fisicamente e dei segnali che il corpo ci invia. Questa consapevolezza ci permette di prenderci cura di noi stessi in modo più attento e amorevole. Quando siamo consapevoli del nostro corpo, siamo in grado di riconoscere quando abbiamo bisogno di riposo, quando siamo stressati o quando qualcosa non va a livello fisico. Questo ci aiuta a prevenire il burnout e a mantenere un equilibrio più sano tra mente e corpo.

La pratica del vivere nel "qui e ora" non riguarda solo la dimensione individuale, ma ha anche profonde implicazioni collettive e sociali. Immagina una società in cui le persone sono realmente presenti nelle loro interazioni, dove ognuno ascolta veramente l'altro senza essere distratto da pensieri o preoccupazioni. In un mondo del genere, ci sarebbe una comunicazione più autentica, meno conflitti e una maggiore comprensione reciproca. Essere presenti significa non solo essere consapevoli di sé, ma anche essere consapevoli degli altri e del mondo che ci circonda. Questa consapevolezza crea un senso di connessione e di appartenenza che può trasformare le relazioni e migliorare il senso di comunità.

Vivere nel qui e ora ci aiuta anche a riconoscere il valore del silenzio. Nella vita moderna, siamo costantemente bombardati da stimoli e rumori: telefoni che squillano, notifiche, conversazioni e suoni ambientali. Spesso, questo rumore esterno riflette il rumore interno della nostra mente, che è costantemente in movimento. La mindfulness ci invita a fare spazio al silenzio, non solo esterno, ma anche interno. Il silenzio diventa un momento di riposo per la mente, uno spazio in cui possiamo ritirarci per riflettere, respirare e semplicemente essere. In questo silenzio, possiamo trovare una profondità di pace che raramente sperimentiamo quando siamo immersi nel rumore costante della vita quotidiana.

Infine, il potere del "qui e ora" ci invita a riscoprire il nostro senso di meraviglia. Quando siamo bambini, tutto è nuovo, interessante e affascinante. Ogni esperienza è un'avventura, ogni scoperta una gioia. Con il passare del tempo, tuttavia, perdiamo spesso questo senso di meraviglia, poiché diventiamo più abituati e insensibili alla vita che ci circonda. Vivere nel presente ci permette di recuperare questa capacità di vedere il mondo con occhi nuovi, di meravigliarci delle piccole cose, di apprezzare la bellezza nascosta in ogni momento. Questa capacità di meraviglia ci riempie di gratitudine e gioia, poiché ci ricordiamo di quanto la vita sia ricca e straordinaria, anche nelle sue manifestazioni più semplici.

Concludere il discorso sul potere del "qui e ora" richiede una riflessione approfondita su quanto questo principio fondamentale possa influenzare e trasformare ogni aspetto della nostra vita. Vivere nel momento presente non è solo un concetto astratto o una moda spirituale, ma una pratica concreta che può portare cambiamenti reali nel modo in cui percepiamo noi stessi, gli altri e il mondo che ci circonda. Quando ci radichiamo nel "qui e ora", iniziamo a sperimentare una nuova forma di libertà interiore, poiché smettiamo di essere schiavi dei nostri pensieri sul passato o delle ansie per il futuro. La mente, che spesso è il principale ostacolo alla serenità, diventa un alleato quando è focalizzata sul presente. Lì, nel momento attuale, possiamo trovare la calma, la chiarezza e la pace che spesso cerchiamo altrove.

Uno degli effetti più significativi della pratica del qui e ora è il modo in cui ci permette di affrontare le sfide e le difficoltà della vita con una nuova prospettiva. Invece di reagire automaticamente alle situazioni stressanti, la consapevolezza del momento presente ci aiuta a fare un passo indietro, a osservare ciò che sta accadendo senza giudizio, e a rispondere in modo più ponderato. Questa capacità di rispondere invece di reagire è un dono immenso che deriva dalla mindfulness. Ci permette di prendere decisioni migliori, di ridurre l'impatto delle emozioni negative e di navigare attraverso le tempeste della vita con maggiore equilibrio e resilienza. Le sfide non scompaiono, ma il modo in cui le affrontiamo cambia radicalmente.

La relazione tra la consapevolezza del presente e la nostra salute mentale ed emotiva è profonda. Molti dei disturbi moderni, come l'ansia e la depressione, derivano da una mente che è eccessivamente focalizzata sul passato o sul futuro. Quando rimuginiamo sugli errori passati o ci preoccupiamo incessantemente per ciò che potrebbe accadere, ci allontaniamo dalla realtà del momento presente, che è l'unico spazio in cui possiamo realmente agire e vivere. La pratica del qui e ora ci riporta in questo spazio, liberandoci dal peso di ciò che è stato e dall'ansia per ciò che potrebbe essere. Ci permette di vivere con maggiore leggerezza, riconoscendo che molte delle nostre preoccupazioni sono solo costruzioni mentali che non hanno un reale fondamento nel momento presente. Questa realizzazione ci offre un senso di sollievo e ci permette di concentrarci su ciò che conta davvero.

La pratica del qui e ora non solo migliora il nostro benessere individuale, ma ha anche un impatto profondo sulle nostre relazioni. Essere completamente presenti con gli altri significa ascoltarli veramente, con attenzione e senza distrazioni. Spesso, nelle conversazioni, siamo fisicamente presenti ma mentalmente altrove, già pensando a cosa diremo dopo o a ciò che dobbiamo fare più tardi. Questo tipo di presenza parziale può creare una distanza emotiva e ridurre la qualità delle nostre interazioni. Quando siamo presenti con l'altro, lo facciamo sentire ascoltato e compreso, e questo rafforza i legami e migliora la comunicazione. Le relazioni, sia personali che professionali, diventano più profonde e autentiche quando abbracciamo il momento presente.

Un altro aspetto essenziale del vivere nel qui e ora è l'accettazione. Accettare il momento presente per quello che è, senza desiderare che sia diverso, è una delle lezioni più difficili ma potenti della mindfulness. Spesso, combattiamo contro la realtà, desiderando che le cose fossero diverse, che la situazione fosse più favorevole o che le persone intorno a noi si comportassero in modo diverso. Questo rifiuto della realtà genera frustrazione e sofferenza. Accettare il presente non significa rassegnarsi, ma riconoscere che, in questo momento, le cose sono come sono, e che possiamo trovare pace e serenità anche nelle circostanze più difficili. Questa accettazione ci permette di rilassarci e di agire con maggiore chiarezza e saggezza, senza essere sopraffatti dalle nostre aspettative.

La connessione tra il vivere nel qui e ora e la gratitudine è un altro aspetto fondamentale. Quando siamo completamente presenti, diventiamo più consapevoli delle piccole cose che spesso diamo per scontate: la bellezza della natura, un gesto gentile, un momento di tranquillità. Questa consapevolezza ci porta a sviluppare un senso di gratitudine per ciò che abbiamo, invece di concentrarci su ciò che ci manca. La gratitudine, a sua volta, alimenta la nostra pace interiore e ci permette di vivere con un cuore più aperto e compassionevole. In questo modo, il presente diventa non solo un luogo di accettazione, ma anche un luogo di abbondanza e apprezzamento.

La pratica del qui e ora, però, non è un'abilità che si sviluppa dall'oggi al domani. Richiede pratica, pazienza e impegno. La mente, per sua natura, è inquieta e tende a vagare. Imparare a riportarla dolcemente al momento presente è un'arte che si perfeziona con il tempo. La meditazione, le tecniche di respirazione consapevole e le pause di consapevolezza durante la giornata sono strumenti preziosi per sviluppare questa capacità. Ogni volta che ci rendiamo conto che la nostra mente è scappata nel passato o nel futuro, possiamo semplicemente riportarla al presente, senza giudicarci. Ogni volta che torniamo al qui e ora, rafforziamo la nostra capacità di vivere in modo consapevole.

In definitiva, il potere del "qui e ora" risiede nella sua capacità di trasformare ogni momento in un'opportunità per vivere con maggiore autenticità, consapevolezza e serenità. Quando abbracciamo il momento presente, smettiamo di lottare contro la vita e iniziamo a fluire con essa. Sperimentiamo una profonda calma interiore, non perché le circostanze siano perfette, ma perché abbiamo imparato ad accogliere il presente esattamente com'è, con tutte le sue imperfezioni e complessità. Vivere nel qui e ora ci permette di essere più presenti a noi stessi, più connessi agli altri e più radicati nella realtà della vita. È un invito a vivere pienamente, a smettere di rimandare la felicità e a riscoprire la meraviglia e la bellezza di ogni istante, qui e ora.

4. Storie Zen sul momento presente: Racconti buddisti che evidenziano l'importanza della presenza mentale e della consapevolezza quotidiana

Le storie Zen sono strumenti potenti per trasmettere concetti profondi in modo semplice e diretto. Spesso, utilizzano aneddoti brevi e paradossi per spingere chi le ascolta a riflettere e a raggiungere una comprensione più profonda della vita e della realtà. Questi racconti offrono insegnamenti sull'importanza di vivere nel momento presente e di sviluppare una consapevolezza piena e aperta nei confronti della vita quotidiana. Di seguito, alcune storie Zen che illustrano in modo eloquente l'importanza della presenza mentale e della consapevolezza.

1. La tazza di tè Un famoso racconto Zen narra la storia di un professore universitario che visita un maestro Zen per imparare la filosofia del Buddismo. Il maestro offre al professore del tè e, mentre versa la bevanda nella tazza del suo ospite, continua a versare anche quando la tazza è ormai piena. Il tè comincia a traboccare e a scorrere sul tavolo. Il professore, sorpreso, esclama: "La tazza è piena! Non può entrare altro tè!". Il maestro Zen risponde serenamente: "Proprio come questa tazza, anche tu sei pieno di opinioni e congetture. Come posso insegnarti lo Zen se non svuoti prima la tua tazza?".

Questa storia ci ricorda l'importanza di essere presenti e aperti al momento attuale, svuotando la mente dai pensieri preconcetti, dalle aspettative e dalle idee già formate. Solo quando siamo pienamente nel qui e ora, senza attaccarci ai nostri giudizi o convinzioni, possiamo realmente apprendere e comprendere nuove verità. Essere presenti significa avere una mente aperta, libera dalle distrazioni del passato e del futuro.

2. Il dito che indica la luna Un altro racconto Zen parla di un maestro che, cercando di spiegare la verità profonda del momento presente, indica la luna con un dito. I suoi discepoli, però, continuano a fissare il dito invece di guardare la luna. Il maestro allora dice loro: "Non guardate il mio dito! Guardate la luna!". Questo racconto Zen è una metafora che ci ricorda di non confondere il mezzo con l'obiettivo. Le parole, i concetti, e anche le tecniche di meditazione o mindfulness, sono solo strumenti per arrivare a una comprensione più profonda della realtà. Se ci attacchiamo troppo ai concetti o alle pratiche formali, rischiamo di perdere di vista il vero obiettivo: sperimentare il momento presente in tutta la sua autenticità. Il dito rappresenta il concetto, mentre la luna rappresenta l'esperienza diretta della realtà, il qui e ora.

3. Lavare le ciotole Un giovane monaco chiese al suo maestro: "Maestro, sono appena arrivato al monastero. Per favore, insegnami lo Zen". Il maestro rispose: "Hai già mangiato il tuo riso?". Il giovane monaco disse: "Sì, ho già mangiato". "Allora vai a lavare la tua ciotola", replicò il maestro. Questo breve scambio evidenzia la natura pratica e quotidiana della presenza mentale nello Zen. La saggezza Zen ci insegna che non c'è nulla di banale o insignificante, e che ogni azione, anche la più semplice, può diventare un'opportunità per praticare la consapevolezza e il radicamento nel presente. Lavare una ciotola, camminare, respirare: ogni momento è sacro se lo viviamo con piena attenzione e presenza mentale.

4. Il tiglio e l'illuminazione Un monaco stava meditando da molti anni, cercando di raggiungere l'illuminazione, ma si sentiva frustrato perché non riusciva a progredire. Decise di chiedere consiglio al suo maestro, che gli disse semplicemente: "Vai a sederti sotto quell'albero di tiglio e resta lì finché non capirai". Il monaco obbedì e, seduto sotto l'albero, iniziò a osservare il vento che muoveva le foglie e sentì il calore del sole sulla sua pelle. Con il passare delle ore, si perse completamente nell'esperienza del momento presente. Improvvisamente, la sua frustrazione svanì e capì che l'illuminazione non era qualcosa da inseguire o da trovare nel futuro, ma era già presente in ogni momento, proprio lì, sotto quell'albero.

Questa storia ci insegna che cercare di raggiungere la pace interiore o l'illuminazione non significa proiettarsi verso un obiettivo futuro, ma imparare a essere completamente presenti nel qui e ora. Il monaco aveva passato anni a cercare qualcosa che già esisteva in ogni momento della sua vita quotidiana, ma che era stato oscurato dalle sue stesse aspettative e frustrazioni. È solo quando lasciamo andare il bisogno di cercare che possiamo realmente trovare ciò che è sempre stato davanti a noi.

5. La storia del ladro e del monaco Un giorno, un monaco Zen stava meditando nella sua capanna quando un ladro entrò per rubare. Vedendo che non c'era nulla di valore, il ladro si arrabbiò. Il monaco, vedendo la sua frustrazione, disse: "Hai fatto un lungo viaggio per venire fin qui. Non dovresti andartene a mani vuote. Prendi i miei vestiti". Il ladro, sorpreso dalla generosità del monaco, prese i vestiti e fuggì. Il monaco, guardando la luna, disse: "Pover'uomo. Avrei voluto potergli dare questa bellissima luna".

Questa storia mostra come il monaco, essendo completamente presente e libero da attaccamenti materiali, non era disturbato dall'arrivo del ladro. La sua pace interiore era così radicata nel momento presente che niente, nemmeno un furto, poteva scuoterla. La lezione è che quando viviamo nel qui e ora, senza attaccarci a beni o situazioni, sviluppiamo una serenità inamovibile. Anche nelle difficoltà, la nostra presenza mentale ci consente di rispondere con compassione e apertura invece che con paura o rabbia.

6. Il vento e la bandiera Un giorno, due monaci stavano discutendo davanti a una bandiera che sventolava al vento. Uno disse: "Guarda come il vento muove la bandiera". L'altro rispose: "Non è il vento che muove la bandiera, è la bandiera che si muove". Un maestro Zen, che passava di lì, disse: "Non è né il vento né la bandiera che si muovono. È la tua mente che si muove".

Questo racconto Zen ci invita a riflettere sulla natura della percezione e sulla realtà del momento presente. Spesso siamo così concentrati sugli eventi esterni, cercando di interpretarli o di trovare spiegazioni razionali, che dimentichiamo il ruolo della nostra mente. È la nostra mente che crea interpretazioni, giudizi e narrazioni. Quando siamo pienamente presenti, la mente si quieta e possiamo osservare la realtà per quella che è, senza filtri o distorsioni. Solo allora possiamo sperimentare il vero significato del momento presente.

7. Il maestro del tè Una famosa storia Zen racconta di un maestro del tè che era considerato il migliore nel suo villaggio. Un giorno, un samurai venne a sfidarlo, convinto che il maestro non fosse altro che un semplice servitore. Il maestro del tè accettò la sfida, ma prima chiese al samurai di concedergli un momento per preparare una tazza di tè. Con gesti lenti e precisi, il maestro del tè eseguì ogni movimento con estrema cura e presenza. Il samurai, osservando la perfezione dei gesti e l'attenzione totale del maestro, fu così colpito dalla sua calma e serenità che decise di ritirare la sfida, rendendosi conto che l'abilità del maestro risiedeva nella sua totale presenza nel momento.

Questa storia evidenzia come la presenza mentale e la consapevolezza quotidiana possano trasformare anche le attività più ordinarie, come preparare una tazza di tè, in una pratica di consapevolezza e serenità. La pace interiore non è qualcosa di riservato a grandi gesti o momenti di meditazione formale, ma può essere coltivata in ogni momento della nostra vita, semplicemente portando attenzione a ciò che facciamo e a come lo facciamo.

Questi racconti Zen sono profondamente simbolici e ci invitano a riflettere su come la presenza mentale e la consapevolezza del qui e ora possano cambiare radicalmente il nostro modo di vivere. Sottolineano il fatto che la vita non è da cercare altrove, ma è già qui, nel momento presente, in ogni gesto e in ogni respiro.

Le storie Zen offrono una prospettiva unica sul significato del momento presente, spesso sfidando la nostra comprensione tradizionale della realtà e invitandoci a esplorare nuove modalità di essere. Questi racconti non sono semplici aneddoti, ma strumenti per farci riflettere su quanto sia fondamentale vivere pienamente nel qui e ora, con consapevolezza e apertura. Ogni storia Zen nasconde significati multipli che emergono gradualmente, man mano che ci immergiamo nella loro semplicità apparente. Il loro potere risiede nella capacità di condurre il lettore o l'ascoltatore oltre il pensiero razionale e di far emergere un'intuizione diretta della realtà. Più ci immergiamo in queste storie, più realizziamo che ogni racconto è un invito a sperimentare il momento presente, ad abbandonare la mente che vaga e a ritornare alla realtà pura dell'esperienza immediata.

Il senso di consapevolezza che traspare da queste storie può cambiare la nostra relazione con il mondo, poiché ci invitano a interrompere il ciclo incessante di pensieri che ci trascina tra passato e futuro. Ci mostrano come la verità e la comprensione non siano nascoste in concetti complessi o astratti, ma siano accessibili in ogni momento, a condizione che ci fermiamo e prestiamo attenzione.

Queste storie spingono a uno stato di presenza attiva, dove ogni azione diventa significativa perché vissuta pienamente.

Una delle immagini ricorrenti nelle storie Zen è quella del "cielo azzurro" o della "luna piena". Questi simboli rappresentano la mente chiara e aperta, non oscurata da pensieri inutili o distrazioni. Il cielo limpido e la luna luminosa riflettono l'idea che la verità e la pace interiore sono sempre presenti, proprio come il cielo è sempre dietro le nuvole. Anche se la nostra mente può essere confusa o piena di distrazioni, quando ci impegniamo a vivere nel momento presente, le nubi si dissipano e possiamo vedere la chiarezza che è sempre lì. Questa metafora ci invita a riconoscere che la chiarezza mentale non è qualcosa da raggiungere, ma qualcosa che è già presente, nascosta solo dalle nostre preoccupazioni e pensieri incessanti. Quando ci radichiamo nel qui e ora, smettiamo di essere offuscati da questi pensieri e vediamo la realtà con freschezza e semplicità.

Il tema del "qui e ora" nelle storie Zen è spesso associato all'idea di lasciare andare. Molte di queste storie ci insegnano che il controllo è un'illusione e che il vero potere risiede nella capacità di lasciar andare. Non si tratta solo di abbandonare il bisogno di controllare gli eventi esterni, ma anche di lasciare andare i pensieri, i desideri e le aspettative che creiamo nella nostra mente. In molte storie Zen, i protagonisti lottano inizialmente con questa idea, cercando di ottenere la saggezza o l'illuminazione attraverso sforzi eccessivi, solo per scoprire che la vera comprensione arriva quando smettono di cercare e si abbandonano completamente al momento presente. Questo "non cercare" è una delle lezioni più profonde che emergono da queste storie. Ci ricordano che l'illuminazione non è un obiettivo lontano da raggiungere, ma uno stato naturale che può essere sperimentato solo quando smettiamo di rincorrere e iniziamo a essere.

Un altro tema ricorrente è quello del "fare consapevole".
Molte storie Zen ruotano attorno ad azioni semplici e quotidiane: tagliare la legna, trasportare l'acqua, cucinare o servire il tè. Queste azioni, vissute con piena presenza, diventano manifestazioni di saggezza e serenità. Non si tratta dell'azione in sé, ma della qualità della consapevolezza con cui viene compiuta. Questo è uno dei principi fondamentali dello Zen: qualsiasi attività può essere un'opportunità per la pratica della consapevolezza. La differenza tra

una vita vissuta meccanicamente, persa tra i pensieri, e una vita pienamente presente risiede nel modo in cui ci impegniamo in queste attività quotidiane. Un maestro Zen potrebbe dire che tagliare la legna o lavare i piatti sono atti sacri quando sono fatti con la mente presente, perché in quel momento non c'è separazione tra colui che agisce e l'azione stessa. Questa fusione di presenza e azione è il segreto della pace interiore, che non si trova nel fuggire dalle attività mondane, ma nel viverle con piena consapevolezza.

Le storie Zen spesso mettono in evidenza **la dimensione del tempo**, sottolineando come il concetto di passato e futuro sia solo un costrutto mentale che ci allontana dall'unica realtà esistente: il presente. In una famosa storia, un maestro Zen cammina con un discepolo su una strada fangosa dopo la pioggia. Mentre camminano, il discepolo si lamenta del fango e chiede al maestro quando finirà la pioggia e tornerà il sole. Il maestro risponde: "Siamo già in mezzo alla strada. Perché non vivi anche questa pioggia?". Questa risposta racchiude uno dei più importanti insegnamenti dello Zen: la realtà è ciò che è ora, e rifiutarla non fa altro che aumentare la sofferenza. Il discepolo era concentrato su un futuro ideale, mentre il maestro lo invita a vivere l'esperienza del presente, che comprende anche la pioggia e il fango. Non si tratta di aspettare che le condizioni migliorino, ma di accettare completamente ciò che accade adesso.

Il concetto di "vuoto" o "non attaccamento" che emerge da molte storie Zen è strettamente legato all'idea di vivere nel presente. Quando siamo attaccati a cose, persone o idee, creiamo un legame mentale ed emotivo che ci impedisce di essere pienamente presenti. Siamo costantemente proiettati verso ciò che desideriamo o temiamo di perdere, e questo ci tiene lontani dall'esperienza pura del momento. Le storie Zen ci insegnano che l'attaccamento è una delle principali cause di sofferenza, perché ci costringe a vivere in uno stato di tensione e preoccupazione. Quando lasciamo andare l'attaccamento e accettiamo che tutto è impermanente, troviamo una libertà che ci permette di vivere con maggiore leggerezza. Questo è un altro aspetto del vivere nel qui e ora: abbracciare l'impermanenza, riconoscendo che tutto cambia e che ogni momento è unico e irripetibile.

Le storie Zen parlano spesso del risveglio improvviso, una realizzazione che accade quando si è completamente presenti e si lascia andare ogni preconcetto o aspettativa. Questo risveglio non è il risultato di un accumulo di conoscenze o di esperienze, ma di un "vedere" diretto della realtà così com'è. Il "satori", o illuminazione improvvisa, avviene nel momento in cui la mente si calma e smette di vagare, permettendo alla verità di emergere spontaneamente. Spesso, nelle storie Zen, questo momento arriva quando il protagonista smette di cercare attivamente una risposta o una soluzione, e semplicemente si arrende al momento presente. Questo tipo di risveglio non è riservato solo ai monaci o agli eremiti, ma può accadere a chiunque, in qualsiasi momento, quando siamo pienamente presenti.

Un altro elemento comune nelle storie Zen è il **paradosso**, utilizzato per scuotere la mente razionale e spingerla oltre i suoi limiti. Le storie Zen spesso sfidano il pensiero logico, mostrando che la verità non può essere compresa con il solo ragionamento. Ad esempio, il famoso koan "Qual è il suono di una sola mano che applaude?" non può essere risolto con la logica, ma richiede una comprensione intuitiva e diretta. Questo tipo di paradossi è progettato per interrompere il flusso abituale dei pensieri e per portare la mente in uno stato di presenza immediata, dove la risposta non può essere trovata con la razionalità, ma solo con l'esperienza diretta del qui e ora.

In definitiva, queste storie ci ricordano che il momento presente è l'unico luogo in cui possiamo realmente vivere e che, quando ci allontaniamo dal presente, ci allontaniamo dalla vita stessa. Ci invitano a smettere di cercare la felicità o la pace interiore nel futuro e a riconoscere che tutto ciò che cerchiamo è già qui, in ogni respiro, in ogni gesto, in ogni istante che viviamo con piena consapevolezza.

Le storie Zen, con la loro apparente semplicità, continuano a rivelare strati di profondità che ci portano a riflettere sempre più intensamente sul concetto di presenza mentale e consapevolezza quotidiana. Queste storie non sono mai finite, non hanno una conclusione definita: ci lasciano sempre con un senso di apertura e possibilità, un invito costante a esplorare il significato del "qui e ora". Ogni volta che rileggiamo o meditiamo su una di queste storie, scopriamo nuove sfumature e ci rendiamo conto che l'illuminazione, la comprensione profonda della vita, non è un evento singolo, ma un processo continuo di risveglio alla realtà presente.

Una delle idee più intriganti che emergono da queste storie è la nozione che la vita non è mai statica, ma in continua evoluzione. Quando viviamo nel passato o ci preoccupiamo per il futuro, perdiamo di vista questo flusso costante e ci attacchiamo a una versione fissa della realtà, che in realtà non esiste. Le storie Zen, invece, ci ricordano costantemente che il presente è l'unico momento reale e che ogni cosa è in costante mutamento. È proprio attraverso la piena accettazione di questo flusso continuo che possiamo trovare pace e serenità. In molte storie Zen, i maestri invitano i loro discepoli a "lasciar andare" non solo le preoccupazioni del futuro, ma anche le idee fisse su chi sono e su come dovrebbe essere la vita. Questo lasciar andare ci porta a un punto in cui possiamo accettare il momento presente per quello che è, senza resistere o cercare di cambiarlo.

Questa capacità di fluire con la vita e di essere aperti a ciò che accade nel presente è al centro della saggezza Zen. È un invito a vivere in modo più fluido e meno rigido, a non aggrapparci alle nostre idee, aspettative o desideri, ma a lasciare che la vita si manifesti così com'è. Le storie Zen utilizzano spesso immagini naturali per esprimere questa verità: il fiume che scorre, il vento che soffia, le nuvole che passano. Queste immagini ci ricordano che la vita è come la natura, in costante movimento, e che la nostra sofferenza spesso deriva dal tentativo di fermare o controllare questo flusso naturale. Quando ci rendiamo conto che non possiamo fermare il fiume della vita, impariamo a navigare con esso, trovando un equilibrio che deriva non dalla resistenza, ma dall'accettazione e dalla capacità di adattamento.

Un altro tema che emerge spesso nelle storie Zen è quello dell'assenza di distinzione tra sacro e profano. Nello Zen, non esiste una separazione netta tra momenti "importanti" e momenti "banali". Ogni momento, se vissuto con piena consapevolezza, è sacro. Lavare i piatti, spazzare il pavimento, preparare il tè: tutte queste azioni, che potrebbero sembrare insignificanti, possono diventare una pratica di presenza mentale e portare a una profonda comprensione della realtà. Nella tradizione Zen, si dice spesso che "la via è sotto i nostri piedi". Questo significa che non dobbiamo cercare la saggezza o l'illuminazione in luoghi lontani o attraverso esperienze straordinarie, ma che sono già presenti nel quotidiano. Ogni azione, per quanto semplice, è un'opportunità per coltivare la consapevolezza e per ritornare al momento presente.

La presenza mentale, quindi, non è qualcosa che si pratica solo durante la meditazione o in momenti speciali, ma è una qualità che può permeare ogni aspetto della nostra vita. Una delle storie Zen più famose che illustra questo principio è quella del maestro che chiede al suo discepolo di piantare un giardino. Il discepolo, desideroso di impressionare il maestro, pianta fiori bellissimi e dispone ogni cosa con precisione. Quando il maestro torna a vedere il giardino, scuote la testa e dice: "C'è ancora troppo ordine". Allora, il maestro prende una manciata di foglie secche e le sparge sul giardino, creando una leggera disarmonia. In quel momento, il discepolo capisce che la vera bellezza risiede nell'equilibrio tra ordine e caos, tra controllo e lasciar andare. Questa storia ci insegna che il tentativo di controllare tutto, di mantenere un ordine perfetto, ci allontana dalla verità del momento presente, che è dinamico e imprevedibile.

Anche il concetto di "vuoto" o "vacuità" che pervade molte storie Zen ci riporta all'importanza di essere presenti. Nel Buddismo, il vuoto non è un'assenza, ma una pienezza che emerge quando lasciamo andare le nostre aspettative e i nostri attaccamenti. Le storie Zen ci invitano a sperimentare direttamente questa vacuità, che è la condizione naturale della mente quando non è ingombra di pensieri e preoccupazioni. Quando siamo completamente presenti, sperimentiamo un senso di apertura e libertà, perché non siamo più vincolati dalle costruzioni mentali che abbiamo creato. È come svuotare una stanza piena di oggetti inutili: improvvisamente, lo spazio diventa disponibile, aperto, e possiamo apprezzare la sua semplicità e bellezza. Allo stesso modo, quando la mente si svuota dei pensieri inutili, siamo liberi di sperimentare la realtà così com'è, senza filtri o distorsioni.

Il tema del paradosso, così spesso presente nelle storie Zen, ci ricorda che la mente razionale non è sempre in grado di comprendere la verità più profonda del momento presente. Molti koan Zen sembrano sfidare la logica convenzionale, proprio per portare il discepolo a una comprensione che va oltre il pensiero razionale. Ad esempio, il koan "Qual è il tuo volto originale prima che tu nascessi?" non può essere risolto con la mente razionale, ma richiede un salto intuitivo. Questo tipo di insegnamento paradossale è progettato per rompere le abitudini mentali e per far emergere una consapevolezza diretta del qui e ora. Il paradosso ci costringe a smettere di cercare risposte attraverso il pensiero lineare e ci invita a sperimentare la realtà direttamente, senza mediazioni.

Un altro aspetto affascinante delle storie Zen è l'enfasi sulla semplicità. Le verità più profonde sono spesso espresse in modo diretto, senza complicazioni. Questa semplicità è un riflesso della visione Zen della vita: non è necessario complicare le cose con pensieri inutili o preoccupazioni eccessive. Quando siamo presenti, tutto diventa chiaro e semplice. Non c'è bisogno di cercare risposte complesse o di sforzarsi di capire tutto. Le storie Zen ci insegnano che, quando siamo radicati nel momento presente, la vita diventa più semplice, non perché le circostanze esterne cambiano, ma perché il nostro atteggiamento verso di esse cambia. Smettiamo di resistere e iniziamo ad accettare, smettiamo di complicare e iniziamo a vivere con leggerezza.

Le storie Zen ci offrono anche una prospettiva unica sulla relazione tra maestro e discepolo. Spesso, il maestro Zen non offre spiegazioni dirette o risposte facili. Invece, utilizza paradossi, azioni inaspettate o silenzio per spingere il discepolo a trovare la sua verità. Questa dinamica non è solo una lezione sull'apprendimento, ma anche un invito a vivere il momento presente senza cercare risposte esterne. Il maestro, nel suo silenzio o nei suoi gesti inaspettati, spinge il discepolo a guardare dentro di sé e a trovare la risposta nel qui e ora. Questo ci insegna che la saggezza non arriva dall'esterno, ma è qualcosa che scopriamo quando siamo pienamente presenti e aperti alla realtà.

Infine, uno dei messaggi più importanti che emerge dalle storie Zen è che la pace e la felicità non sono qualcosa da raggiungere in futuro, ma sono già qui, nel momento presente. Non dobbiamo cercare lontano per trovare ciò che desideriamo; dobbiamo solo fermarci e diventare consapevoli di ciò che abbiamo già. Le storie Zen ci mostrano che il vero tesoro è la nostra capacità di essere presenti, di vivere ogni momento con pienezza e di trovare gioia nelle piccole cose. Quando abbracciamo il qui e ora, scopriamo che la vita è più ricca, più profonda e più significativa di quanto avessimo immaginato. E questa è la vera bellezza delle storie Zen: non ci offrono risposte definitive, ma ci invitano a scoprire, a esplorare e a vivere pienamente nel momento presente, sapendo che ogni momento è un'opportunità per risvegliarsi alla realtà.

Concludere un discorso sul potere delle storie Zen, in particolare su come esse evidenziano l'importanza del momento presente, richiede una sintesi che onori la profondità e l'impatto di questi racconti nella vita quotidiana e nella pratica spirituale. Le storie Zen non sono semplici racconti, ma potenti strumenti di trasformazione, che non solo offrono insegnamenti teorici, ma ci spingono a una comprensione vissuta della realtà. Ogni storia Zen, con la sua struttura apparentemente semplice e diretta, è progettata per smuovere la nostra percezione della vita e portarci a un risveglio spirituale che ci fa abbracciare il "qui e ora".

Uno degli aspetti più affascinanti delle storie Zen è la loro capacità di rompere con il pensiero logico e di spingerci a esplorare la vita oltre il razionale. La nostra mente, spesso intrappolata nei meccanismi del pensiero analitico e dell'auto-discussione, tende a creare barriere che ci separano dall'esperienza diretta del momento presente. Le storie Zen, con i loro paradossi e la loro imprevedibilità, sfidano questa rigidità mentale, costringendoci a lasciare andare i nostri abituali schemi di pensiero per aprirci a una percezione più fluida e spontanea. Non si tratta di "capire" in senso intellettuale, ma di "sentire" e "vivere" il presente senza le sovrastrutture mentali che normalmente lo oscurano. Le storie Zen ci ricordano che il momento presente è una realtà dinamica, in continua evoluzione, e che solo aprendoci a questa dinamicità possiamo cogliere la sua verità.

Un altro punto chiave è la dimensione pratica della presenza mentale. Queste storie non si limitano a esporre concetti filosofici, ma mostrano come la consapevolezza del qui e ora possa essere applicata in ogni azione della nostra vita quotidiana. Lavare i piatti, camminare, parlare: ogni gesto, ogni momento, può essere un'opportunità per praticare la presenza mentale e vivere la realtà in modo più completo. Questo è uno degli insegnamenti più preziosi dello Zen: non esiste separazione tra il sacro e il profano, tra i momenti "importanti" e quelli "banali". Ogni istante della nostra vita è intrinsecamente prezioso se lo viviamo con consapevolezza. Le storie Zen ci spingono a rivalutare la nostra vita quotidiana, a vedere la bellezza e la profondità anche nelle azioni più semplici, e a riconoscere che ogni momento ha il potenziale per portarci più vicino a una comprensione profonda di noi stessi e della realtà.

Il tema del "lasciar andare" emerge con forza da molte di queste storie. Spesso, siamo intrappolati dalle nostre aspettative, dalle nostre paure e dai nostri desideri, il che ci impedisce di vivere pienamente il presente. Le storie Zen ci invitano a lasciare andare questi attaccamenti e a fidarci del flusso della vita. Non si tratta di una rinuncia passiva, ma di un'accettazione attiva e consapevole del fatto che non possiamo controllare ogni aspetto della nostra esistenza. Questa accettazione ci libera dal bisogno di lottare contro la realtà e ci permette di vivere con maggiore leggerezza e serenità. Quando lasciamo andare il desiderio di controllo e ci apriamo al momento presente, scopriamo una nuova libertà interiore, una pace che non dipende dalle circostanze esterne ma dal nostro atteggiamento verso di esse.

Inoltre, le storie Zen ci mostrano che il momento presente è l'unico luogo in cui possiamo realmente vivere. Quando siamo intrappolati nei pensieri sul passato o nelle preoccupazioni per il futuro, ci stacchiamo dalla realtà e perdiamo di vista l'unico momento che conta veramente: il qui e ora. La mente umana, con la sua tendenza a vagare, ci allontana costantemente dal presente, ma le storie Zen ci ricordano che la vera saggezza, la vera pace, si trovano solo in questo istante. Essere presenti significa essere vivi in modo completo, senza essere distratti dai fantasmi del passato o dai timori del futuro. La consapevolezza del momento presente ci permette di vivere con intensità e autenticità, sperimentando la vita in tutta la sua pienezza.

Le storie Zen ci insegnano anche che l'illuminazione o la comprensione profonda non sono mete lontane da raggiungere, ma esperienze che possono accadere in qualsiasi momento, quando siamo completamente presenti. Molti dei protagonisti di queste storie sperimentano un risveglio improvviso proprio quando smettono di cercare attivamente l'illuminazione e si arrendono completamente al momento presente. Questo ci insegna che non dobbiamo cercare di forzare la nostra crescita spirituale, ma che possiamo trovare la verità e la pace quando ci rilassiamo e ci apriamo a ciò che già esiste qui e ora. È un invito a smettere di rincorrere la felicità o la saggezza in un futuro lontano e a scoprire che tutto ciò che cerchiamo è già presente, proprio sotto i nostri occhi, in ogni istante.

Infine, queste storie ci portano a una riflessione profonda sul tempo. Viviamo spesso con la sensazione che il tempo sia qualcosa di lineare, che scorre in avanti, portandoci lontano dal presente verso un futuro incerto. Le storie Zen, però, ci invitano a considerare il tempo come un'esperienza ciclica e fluida, dove ogni momento contiene l'eternità. Quando siamo completamente presenti, il tempo sembra espandersi: non c'è più fretta, non c'è più ansia per ciò che deve accadere. C'è solo l'infinita pienezza dell'adesso. Questa comprensione del tempo trasforma la nostra vita, poiché ci libera dall'idea che dobbiamo correre o inseguire qualcosa. Siamo già qui, siamo già completi, e il momento presente è tutto ciò di cui abbiamo bisogno.

In definitiva, le storie Zen sono un invito costante a tornare alla semplicità del presente, a lasciare andare ciò che ci tiene intrappolati nel passato o nel futuro e a vivere ogni momento con consapevolezza, apertura e gratitudine. Ogni racconto ci ricorda che la vita non è altrove, ma proprio qui, in ogni respiro, in ogni gesto, in ogni pensiero che sorge e svanisce. Quando impariamo a vivere in questo modo, scopriamo una pace che non dipende dalle circostanze esterne, ma che nasce dalla nostra capacità di essere completamente presenti. Le storie Zen non offrono risposte definitive, ma ci mostrano una via: la via della presenza, della consapevolezza e dell'accettazione del momento presente, che è l'unico luogo in cui possiamo davvero trovare la pace e la verità che cerchiamo.

5. Esercizi di consapevolezza: Tecniche pratiche per sviluppare la consapevolezza in ogni azione quotidiana, come il respiro consapevole e la meditazione camminata.

La pratica della consapevolezza (*mindfulness*) non è riservata solo a momenti di meditazione formale, ma può essere applicata in ogni azione quotidiana. Coltivare la consapevolezza significa portare l'attenzione piena e intenzionale a ciò che stiamo facendo nel momento presente, senza giudizio o distrazioni. Questa attenzione può essere allenata attraverso una serie di esercizi pratici che ci aiutano a vivere ogni momento con maggiore presenza e profondità. Tecniche come il respiro consapevole, la meditazione camminata e la consapevolezza delle attività quotidiane sono strumenti semplici ma potenti per sviluppare una mente più calma, chiara e radicata nel "qui e ora". Di seguito alcuni esercizi di consapevolezza che puoi integrare nella tua vita quotidiana.

1. Respiro consapevole

Il respiro è uno degli strumenti più accessibili per coltivare la consapevolezza. Il respiro è sempre con noi e, concentrandoci su di esso, possiamo immediatamente riportare la nostra attenzione al presente. La pratica del respiro consapevole ci aiuta a rimanere centrati, soprattutto nei momenti di stress o ansia. Ecco come praticarlo:

Tecnica base del respiro consapevole:

- Trova una posizione comoda, seduto o in piedi, con la schiena dritta e le spalle rilassate.
- Chiudi delicatamente gli occhi (se lo desideri) e porta l'attenzione al tuo respiro.
- Inizia semplicemente osservando l'aria che entra e esce dal tuo corpo. Non cercare di modificare il respiro, limitati a notarlo.
- Segui il percorso dell'aria mentre entra nelle narici, scende nei polmoni, espande il torace e poi esce, svuotando i polmoni.

- Se la mente si distrae o cominci a pensare ad altro, semplicemente riporta l'attenzione al respiro, senza giudizio.
- Continua a osservare il respiro per alcuni minuti, notando ogni inspiro ed espiro come un'opportunità per radicarti nel presente.

Questo esercizio può essere praticato ovunque e in qualsiasi momento: al lavoro, durante una pausa, o anche durante una situazione stressante. Il respiro consapevole calma il sistema nervoso, riduce l'ansia e ci aiuta a rimanere più presenti.

2. Meditazione camminata

La meditazione camminata è un'altra tecnica di consapevolezza che ci permette di integrare la presenza mentale in una delle attività più naturali e quotidiane: il camminare. A differenza della camminata normale, in cui spesso siamo persi nei nostri pensieri o distratti dall'ambiente circostante, la meditazione camminata ci invita a prestare attenzione a ogni passo, portando la mente completamente nel corpo e nel movimento.

Come praticare la meditazione camminata:

- Trova un luogo tranquillo in cui puoi camminare in linea retta o in cerchio per alcuni minuti.
- Stai in piedi per un momento prima di iniziare, portando l'attenzione ai tuoi piedi a contatto con il suolo.
- Inizia a camminare lentamente, prestando attenzione a ogni passo. Nota come i piedi si sollevano e poi tornano a contatto con il suolo.
- Concentrati sulle sensazioni fisiche del movimento: il peso che si sposta da un piede all'altro, i muscoli che si attivano, il contatto con la terra.
- Se la mente si distrae o inizia a vagare, riportala gentilmente al movimento dei piedi e alla sensazione del camminare.
- Puoi anche sincronizzare il respiro con il passo: ad esempio, inspirare per alcuni passi ed espirare per altri.

- Cammina lentamente e consapevolmente per almeno cinque-dieci minuti.

La meditazione camminata è particolarmente utile per coloro che trovano difficile restare seduti in meditazione o che hanno bisogno di una pratica che coinvolga il movimento. È anche un ottimo modo per portare la consapevolezza nelle pause durante la giornata, mentre ci si sposta da un luogo all'altro.

3. Mangiare consapevole

Mangiare è un'attività che facciamo quotidianamente, ma spesso lo facciamo in modo automatico, distratti dalla televisione, dal telefono o dai nostri pensieri. La pratica del mangiare consapevole ci aiuta a riconnetterci con il nostro cibo, a gustarlo appieno e a sviluppare una relazione più sana con l'alimentazione.

Come praticare il mangiare consapevole:

- Prima di iniziare a mangiare, prendi un momento per osservare il cibo nel piatto: il colore, la forma, la consistenza.
- Prima di prendere il primo boccone, respira profondamente e porta la tua attenzione sul momento presente.
- Mentre mastichi, concentrati su ogni boccone: il sapore, la consistenza, la temperatura del cibo.
- Mastica lentamente, permettendo a te stesso di apprezzare il cibo senza fretta.
- Evita distrazioni come il telefono o la televisione e, se possibile, mangia in silenzio o con una conversazione leggera e consapevole.
- Nota le sensazioni del corpo mentre mangi: come il tuo stomaco si riempie, come ti senti soddisfatto o sazio.

Mangiare consapevolmente non solo aiuta a migliorare la digestione, ma promuove anche una maggiore gratitudine per il cibo e ci aiuta a riconoscere i segnali di sazietà, prevenendo l'eccesso di cibo.

4. Ascolto consapevole

L'ascolto consapevole è una pratica che può profondamente migliorare le nostre relazioni. Spesso, quando ascoltiamo, siamo già impegnati a pensare a cosa risponderemo o siamo distratti da altri pensieri. L'ascolto consapevole ci invita a essere completamente presenti con l'altra persona, dando loro la nostra attenzione totale.

Come praticare l'ascolto consapevole:

- Quando qualcuno parla, fai uno sforzo intenzionale per dare loro la tua piena attenzione. Non interrompere o pensare a cosa dire dopo.

- Ascolta con curiosità, come se fosse la prima volta che senti l'altra persona parlare.

- Notare il tono di voce, le emozioni che trasmettono, oltre al contenuto delle parole.

- Se noti che la tua mente si sta distraendo, gentilmente riportala all'ascolto, senza giudicarti.

- Puoi anche praticare l'ascolto consapevole con la natura: ad esempio, ascoltare attentamente il suono del vento, della pioggia o degli uccelli.

L'ascolto consapevole non solo migliora la qualità delle nostre relazioni, ma ci aiuta anche a sviluppare una maggiore empatia e comprensione verso gli altri, creando connessioni più autentiche e profonde.

5. Pausa consapevole

Le pause consapevoli sono brevi momenti durante la giornata in cui ci fermiamo per qualche istante, ci riconnettiamo con il nostro corpo e il nostro respiro, e ci radichiamo nel presente. Questi momenti di consapevolezza ci aiutano a spezzare il flusso di pensieri e distrazioni che spesso caratterizzano le nostre giornate frenetiche.

Come fare una pausa consapevole:

- Ovunque ti trovi, fermati per un attimo. Puoi farlo seduto alla scrivania, in piedi o durante una pausa.

- Porta l'attenzione al tuo respiro per tre cicli respiratori completi. Inspirando profondamente attraverso il naso ed espirando lentamente.
- Nota come ti senti fisicamente e mentalmente, senza cercare di cambiare nulla.
- Dopo qualche respiro, continua la tua attività con maggiore consapevolezza.

Le pause consapevoli possono durare anche solo 30 secondi e sono particolarmente utili per ridurre lo stress accumulato durante la giornata, aiutandoci a rimanere concentrati e calmi.

6. Consapevolezza del corpo

Essere consapevoli del corpo è un esercizio di mindfulness che ci aiuta a ristabilire il contatto con le sensazioni fisiche, spesso ignorate o represse. Questa pratica può essere particolarmente utile nei momenti di tensione o stress, poiché ci aiuta a riconoscere e a rilasciare le tensioni fisiche.

Come praticare la consapevolezza del corpo:

- Trova una posizione comoda, seduto o sdraiato, e chiudi gli occhi.
- Porta l'attenzione al tuo corpo, iniziando dai piedi. Nota come si sentono i piedi, le sensazioni di calore, pressione o formicolio.
- Lentamente, sposta l'attenzione su altre parti del corpo: le gambe, il busto, le braccia, il collo e la testa.
- Se noti tensioni o aree di disagio, semplicemente riconoscile senza cercare di modificarle. Respira dolcemente in quelle aree e rilassale, se possibile.
- Continua fino a che hai fatto un "viaggio" completo attraverso tutto il corpo.

La consapevolezza del corpo ci aiuta a riconnetterci con le sensazioni fisiche che a volte trascuriamo, sviluppando una maggiore sensibilità ai bisogni del nostro corpo.

Conclusione

Gli esercizi di consapevolezza offrono una via per riportare la mente al momento presente e sviluppare un'attitudine di attenzione e apertura verso la vita quotidiana. Ogni momento, ogni azione, può diventare un'opportunità per praticare la consapevolezza e per riscoprire la profondità e la bellezza del qui e ora. Queste pratiche non solo migliorano il nostro benessere mentale ed emotivo, ma ci permettono di vivere in modo più autentico e significativo. La consapevolezza, come una pianta, cresce lentamente con la pratica regolare, e con il tempo può trasformare profondamente la nostra esperienza della vita.

La pratica della consapevolezza non si limita a semplici tecniche o momenti specifici della giornata; essa è un'attitudine che può permeare ogni istante della nostra vita, cambiando radicalmente il nostro modo di interagire con il mondo e con noi stessi. Sviluppare la consapevolezza attraverso esercizi quotidiani non è un fine in sé, ma piuttosto un processo continuo che ci permette di vivere con maggiore presenza e autenticità. Ogni attività, per quanto banale possa sembrare, può diventare una porta d'accesso a una maggiore profondità di esperienza, un'opportunità per coltivare un senso di quiete interiore che non dipende dalle circostanze esterne ma nasce dal nostro rapporto diretto con il presente.

Uno degli aspetti più importanti della consapevolezza è il suo legame con il corpo. Spesso, nella vita frenetica di tutti i giorni, siamo così presi dai nostri pensieri che perdiamo contatto con le sensazioni fisiche. Il nostro corpo è sempre qui, radicato nel momento presente, ma la nostra mente è spesso altrove, intrappolata in preoccupazioni, desideri o rimpianti. Questo distacco tra mente e corpo può generare tensioni fisiche ed emotive, portandoci a vivere in uno stato di disconnessione e stress. Attraverso la pratica della consapevolezza, impariamo a ricollegare la mente al corpo, a notare le sensazioni fisiche che emergono in ogni momento e a rispondere con gentilezza e attenzione ai segnali che il corpo ci invia.

Ad esempio, mentre camminiamo, spesso lo facciamo in modo automatico, senza prestare attenzione a come il nostro corpo si muove. Tuttavia, la meditazione camminata ci invita a portare la nostra attenzione ai movimenti delle gambe, al contatto dei piedi con il terreno, al ritmo del respiro che si sincronizza con i nostri passi. Questo tipo di consapevolezza non solo migliora il nostro equilibrio e la nostra postura, ma ci aiuta a vivere l'atto del camminare come un'esperienza completa, piuttosto che come un semplice mezzo per arrivare da un punto all'altro. Quando camminiamo consapevolmente, ogni passo diventa significativo, un momento di connessione con la terra e con noi stessi, e possiamo sperimentare un senso di pace e presenza che trasforma un'attività ordinaria in un atto meditativo.

Il respiro, allo stesso modo, è un altro potente strumento per riportare la mente nel corpo e nel presente. Nonostante respiriamo continuamente, spesso lo facciamo senza consapevolezza, permettendo al respiro di scorrere in sottofondo, come una funzione automatica. La pratica del respiro consapevole, tuttavia, ci invita a tornare a questa funzione fondamentale e a osservarla con attenzione e curiosità. Il respiro è il filo che ci collega al momento presente: non possiamo respirare nel passato, né possiamo anticipare il respiro futuro. Quando portiamo l'attenzione al respiro, smettiamo automaticamente di pensare al passato o al futuro e ci radichiamo nell'istante presente. Questo semplice atto di osservare il respiro può avere un effetto profondo sul nostro stato mentale, calmando l'agitazione e riducendo l'ansia.

L'importanza del respiro consapevole non si limita alla meditazione formale; può essere integrato in ogni aspetto della nostra giornata. Ad esempio, durante un incontro di lavoro stressante, possiamo fare una pausa e portare l'attenzione al respiro per alcuni secondi, permettendo alla mente di calmarsi e al corpo di rilassarsi. Questo piccolo gesto di consapevolezza può cambiare radicalmente il nostro stato d'animo e renderci più presenti e concentrati. In questo modo, la consapevolezza del respiro diventa un'ancora che possiamo utilizzare ogni volta che ci sentiamo sopraffatti o distratti, riportandoci alla semplicità e alla chiarezza del momento presente.

Anche l'atto di mangiare può diventare una pratica di consapevolezza. Nella frenesia della vita quotidiana, spesso mangiamo senza pensarci troppo, distratti da altre attività o immersi nei nostri pensieri. Tuttavia, il mangiare consapevole ci invita a rallentare e a prestare attenzione a ogni boccone. Quando mangiamo consapevolmente, non solo gustiamo meglio il cibo, ma diventiamo anche più attenti ai segnali del nostro corpo, come la fame e la sazietà. Questo ci permette di sviluppare una relazione più equilibrata con il cibo, evitando di mangiare per noia, stress o abitudine. Inoltre, mangiare consapevolmente ci aiuta a riscoprire il piacere del cibo e a provare gratitudine per il nutrimento che riceviamo, creando un momento di connessione con la terra e con le persone che hanno contribuito a produrre quel cibo.

Un altro aspetto cruciale della consapevolezza è il modo in cui essa ci permette di gestire le emozioni difficili. Nella vita, è inevitabile provare emozioni come rabbia, tristezza, paura o frustrazione, ma spesso reagiamo a queste emozioni in modo automatico, senza prenderci il tempo per riconoscerle e comprenderle. La consapevolezza ci invita a osservare le emozioni mentre sorgono, senza giudicarle o reprimerle. Invece di essere travolti dalle emozioni o di cercare di evitarle, possiamo imparare a stare con esse, a sentirle nel corpo e a lasciarle fluire. Questa capacità di essere presenti con le emozioni ci aiuta a evitare reazioni impulsive e ci dà lo spazio per rispondere in modo più consapevole e saggio.

Ad esempio, quando proviamo rabbia, possiamo notare come questa emozione si manifesta nel corpo: il battito accelerato del cuore, la tensione nei muscoli, il calore nel petto. Invece di agire immediatamente sulla base della rabbia, possiamo fare una pausa e portare l'attenzione al respiro, permettendo all'emozione di essere sentita senza reagire. Questa pausa consapevole ci permette di avere una prospettiva diversa sull'emozione e di scegliere una risposta più calma e ponderata. Con il tempo, la pratica della consapevolezza ci insegna che le emozioni, come tutto il resto, sono impermanenti: sorgono, raggiungono un picco e poi svaniscono. Questo ci dà una maggiore libertà e ci aiuta a non essere schiavi delle nostre emozioni.

Oltre a essere uno strumento per gestire le emozioni, la consapevolezza ci permette anche di coltivare una maggiore gratitudine e apprezzamento per la vita. Spesso siamo così concentrati sui problemi o sulle cose che mancano nella nostra vita che dimentichiamo di apprezzare ciò che già abbiamo. La pratica della consapevolezza ci invita a prestare attenzione a tutte le piccole cose per cui possiamo essere grati: il calore del sole, un sorriso amichevole, il cibo nel nostro piatto. Questa attenzione consapevole ci aiuta a sviluppare un atteggiamento di gratitudine che non dipende dalle circostanze esterne, ma dal nostro modo di vedere il mondo. Quando siamo presenti, notiamo tutte le benedizioni nascoste che altrimenti passerebbero inosservate, e questo ci porta a vivere con maggiore gioia e soddisfazione.

Anche il modo in cui ci relazioniamo agli altri può essere profondamente trasformato dalla consapevolezza. Spesso, nelle conversazioni, siamo solo parzialmente presenti, pensando a cosa diremo dopo o distraendoci con altri pensieri. L'ascolto consapevole ci invita a essere completamente presenti con l'altra persona, a dare loro la nostra piena attenzione senza giudicare o anticipare. Questo tipo di ascolto non solo migliora la qualità delle nostre relazioni, ma crea anche uno spazio di connessione più autentico e profondo. Quando ascoltiamo consapevolmente, l'altra persona si sente veramente vista e compresa, e questo rafforza il legame tra di noi.

Infine, la consapevolezza ci aiuta a sviluppare una relazione più amorevole e compassionevole con noi stessi. Spesso siamo i nostri critici più severi, giudicando le nostre azioni, i nostri pensieri e persino le nostre emozioni. La pratica della consapevolezza ci invita a trattarci con gentilezza e comprensione, riconoscendo che siamo esseri umani imperfetti. Invece di criticarci o cercare di essere sempre "perfetti", possiamo imparare ad accettarci per quello che siamo, con tutte le nostre vulnerabilità e debolezze. Questa auto-compassione ci permette di vivere con maggiore leggerezza e di essere più gentili con noi stessi, soprattutto nei momenti di difficoltà.

In definitiva, la pratica della consapevolezza ci insegna che la vita è un insieme di momenti, e che ogni momento ha il potenziale di essere vissuto pienamente. Non dobbiamo aspettare condizioni perfette o momenti speciali per praticare la consapevolezza: ogni respiro, ogni passo, ogni azione quotidiana è un'opportunità per ritornare al presente e sperimentare la pienezza della vita. Con il tempo, la pratica della consapevolezza ci porta a vivere con maggiore autenticità, gratitudine e gioia, trasformando non solo la nostra esperienza interiore, ma anche il nostro rapporto con il mondo e con gli altri.

La consapevolezza, nella sua essenza, è uno stato di completa attenzione al presente, in cui la mente non vaga nel passato né si proietta nel futuro, ma è focalizzata su ciò che sta accadendo qui e ora. Questo stato, pur essendo accessibile a tutti, richiede una pratica intenzionale per diventare una parte stabile della nostra vita quotidiana. Più ci esercitiamo a essere consapevoli in ogni aspetto della nostra esistenza, più iniziamo a scoprire come la consapevolezza stessa diventi una lente attraverso cui possiamo vedere e vivere il mondo con una profondità e una chiarezza nuove.

Uno degli aspetti centrali della pratica della consapevolezza è imparare a vivere con attenzione deliberata. In ogni momento, siamo immersi in una miriade di stimoli sensoriali, emozionali e mentali, ma raramente prestiamo attenzione a queste esperienze con una vera presenza mentale. Spesso reagiamo automaticamente agli eventi, senza renderci conto di come la nostra mente filtri, giudichi o interpreti ciò che ci accade. La consapevolezza ci invita a sospendere questo giudizio automatico e a osservare la nostra esperienza in modo neutro, aperto, e senza pregiudizi. Questo approccio ci porta a sviluppare un tipo di curiosità nei confronti della nostra vita quotidiana: ogni evento, emozione o pensiero diventa un oggetto di esplorazione, anziché una fonte di reazione immediata.

Questa osservazione non giudicante ci aiuta a distaccarci dai modelli abituali di pensiero e comportamento che spesso ci tengono intrappolati in cicli di stress e insoddisfazione. Ad esempio, nelle situazioni di conflitto, potremmo essere abituati a reagire impulsivamente, alimentando tensioni e incomprensioni. Tuttavia, quando siamo consapevoli, possiamo osservare le nostre emozioni e reazioni mentre emergono, senza identificarci con esse o lasciare che prendano il controllo. Notiamo la rabbia o la frustrazione che sorge, ma invece di lasciarci trascinare da essa, la osserviamo come un fenomeno temporaneo, impermanente, che va e viene. Questo tipo di consapevolezza ci consente di rispondere con maggiore saggezza e calma, piuttosto che reagire in modo automatico e impulsivo.

La consapevolezza ci offre anche un'opportunità unica di esplorare i nostri pensieri e le storie che raccontiamo a noi stessi. Spesso siamo inconsapevoli del dialogo interiore che occupa la nostra mente, un flusso continuo di pensieri che commentano, giudicano, criticano e analizzano ogni aspetto della nostra vita. Questi pensieri, che spesso appaiono senza essere invitati, influenzano profondamente il nostro stato emotivo e il nostro modo di relazionarci con il mondo. Attraverso la pratica della consapevolezza, possiamo iniziare a vedere i pensieri per ciò che sono: solo pensieri, non necessariamente la realtà. Questa comprensione ci libera dalla schiavitù dei nostri schemi mentali abituali e ci permette di vivere con maggiore leggerezza e flessibilità.

Quando pratichiamo la consapevolezza, ci rendiamo conto che la vita è fatta di una serie infinita di momenti che si susseguono uno dopo l'altro, e che ciascun momento, se vissuto con piena attenzione, ha una sua qualità unica e irripetibile. Ogni esperienza, per quanto ordinaria, diventa un'occasione per sperimentare una connessione più profonda con la vita stessa. Anche le attività più semplici, come bere un bicchiere d'acqua o ascoltare il suono del vento, possono diventare momenti di risveglio e presenza se prestiamo loro la nostra piena attenzione. Questo tipo di attenzione porta una qualità di freschezza alla vita, come se vedessimo le cose per la prima volta, senza essere offuscati dai pensieri abituali o dalle distrazioni.

Uno degli effetti più trasformativi della pratica della consapevolezza è la capacità di coltivare una maggiore auto-compassione. Molti di noi vivono con un dialogo interiore critico, costantemente insoddisfatti di noi stessi e delle nostre azioni. La consapevolezza ci insegna a essere gentili con noi stessi, a riconoscere che l'errore, la vulnerabilità e l'incertezza fanno parte dell'esperienza umana. Quando portiamo la consapevolezza ai nostri pensieri e alle nostre emozioni, iniziamo a vedere come spesso ci giudichiamo severamente, e possiamo cominciare a sviluppare un atteggiamento più compassionevole verso noi stessi. Questa auto-compassione non è un segno di debolezza, ma una forma di cura profonda che ci permette di vivere con maggiore equilibrio e serenità.

La consapevolezza non solo ci aiuta a relazionarci meglio con noi stessi, ma trasforma anche le nostre relazioni con gli altri. Quando siamo completamente presenti nelle interazioni, possiamo ascoltare veramente l'altra persona, senza essere distratti dai nostri pensieri o dalle nostre reazioni. Questo tipo di ascolto consapevole crea uno spazio di connessione più autentica, in cui l'altra persona si sente veramente vista e compresa. Essere consapevoli nelle relazioni significa anche riconoscere i nostri schemi abituali di reazione e imparare a sospendere il giudizio, permettendoci di rispondere con maggiore apertura e comprensione.

Un altro aspetto importante della consapevolezza è la sua capacità di aiutarci a riconoscere e accettare l'impermanenza. Ogni esperienza, ogni emozione, ogni pensiero, è destinato a passare. Niente nella vita rimane statico, e uno dei maggiori motivi di sofferenza umana è il tentativo di trattenere ciò che inevitabilmente cambierà. La consapevolezza ci insegna a fluire con il cambiamento, a non aggrapparci alle esperienze piacevoli né a respingere quelle spiacevoli. Impariamo a vedere la vita come un flusso continuo di cambiamenti, e questo ci aiuta a sviluppare un senso di equilibrio interiore, anche nelle situazioni più difficili. Quando abbracciamo l'impermanenza, smettiamo di lottare contro la realtà e possiamo trovare una pace profonda, radicata nell'accettazione di ciò che è.

La consapevolezza, inoltre, ci porta a vivere con maggiore intenzionalità. Spesso siamo presi dalla routine quotidiana e agiamo in modo meccanico, senza fermarci a riflettere su ciò che stiamo facendo o perché lo stiamo facendo. Attraverso la pratica della consapevolezza, possiamo interrompere questi automatismi e portare maggiore attenzione alle nostre scelte e azioni. Ogni volta che agiamo con consapevolezza, siamo più presenti e più in sintonia con i nostri valori e le nostre intenzioni. Questo porta a una vita più autentica e significativa, in cui le nostre azioni sono in armonia con ciò che consideriamo importante e giusto.

Una delle tecniche più semplici e al tempo stesso più potenti per sviluppare la consapevolezza è quella delle pause consapevoli. Durante la giornata, possiamo fermarci per pochi secondi, fare un respiro profondo e riportare l'attenzione al presente. Queste pause non richiedono molto tempo, ma hanno un impatto profondo sul nostro stato mentale. Ci aiutano a uscire dal flusso costante dei pensieri e delle preoccupazioni e a riconnetterci con il momento presente. Ogni volta che facciamo una pausa consapevole, diamo alla mente lo spazio per riposare e al corpo la possibilità di rilassarsi. Questo semplice esercizio può essere praticato ovunque e in qualsiasi momento:

durante una riunione di lavoro, mentre camminiamo per strada o mentre aspettiamo in fila.

Anche le pratiche di consapevolezza più lunghe, come la meditazione seduta o la meditazione camminata, offrono enormi benefici. Queste pratiche formali ci insegnano a stabilizzare l'attenzione e a coltivare una consapevolezza profonda e stabile. Durante la meditazione, impariamo a osservare la mente senza giudicarla o cercare di controllarla. Lasciamo che i pensieri vadano e vengano, senza aggrapparci a essi. Questa pratica ci aiuta a sviluppare una maggiore chiarezza mentale e un senso di pace interiore, che poi possiamo portare con noi nelle attività quotidiane. Con il tempo, la meditazione ci aiuta a sviluppare una mente più calma e focalizzata, capace di affrontare le sfide della vita con maggiore serenità e resilienza.

Ma la consapevolezza non si esaurisce nella pratica individuale; è qualcosa che permea tutte le nostre relazioni e il modo in cui ci rapportiamo al mondo. Quando siamo consapevoli, sviluppiamo una maggiore sensibilità verso l'ambiente che ci circonda e verso le persone con cui interagiamo. Diventiamo più consapevoli del nostro impatto sugli altri e sul pianeta, e questo ci porta a vivere in modo più responsabile e compassionevole. La consapevolezza ci invita a prendere decisioni più consapevoli in tutti gli aspetti della vita: dal modo in cui trattiamo gli altri, a come ci prendiamo cura di noi stessi, fino a come utilizziamo le risorse del pianeta. Vivere con consapevolezza significa riconoscere la nostra interconnessione con tutto ciò che ci circonda e agire di conseguenza, con rispetto e attenzione.

In questo senso, la consapevolezza non è solo una pratica individuale, ma una via per trasformare il mondo intorno a noi. Quando viviamo in modo consapevole, influenziamo positivamente anche coloro che ci circondano, creando un ambiente di maggiore calma, presenza e apertura.

Concludere un punto sulla consapevolezza e sugli esercizi pratici per sviluppparla richiede di riconoscere l'ampiezza e la profondità di questa pratica, che va ben oltre una serie di tecniche o esercizi isolati. La consapevolezza è uno strumento trasformativo che ci permette di affrontare la vita con una qualità di attenzione, presenza e apertura che spesso manca nella nostra quotidianità. Attraverso il respiro consapevole, la meditazione camminata, l'ascolto profondo e la consapevolezza del corpo, impariamo non solo a rallentare e ad apprezzare il momento presente, ma anche a sviluppare un rapporto più sano con noi stessi, con gli altri e con l'ambiente che ci circonda.

Uno dei punti centrali della consapevolezza è la comprensione che la nostra esperienza di vita non è qualcosa di statico, ma è costantemente in evoluzione. Ogni emozione, pensiero e sensazione è come una nuvola che attraversa il cielo della nostra mente: transitoria, impermanente. Quando ci radichiamo nel momento presente, cominciamo a vedere questa realtà con maggiore chiarezza, comprendendo che la sofferenza nasce spesso dal nostro tentativo di resistere a questo cambiamento continuo, di attaccarci a ciò che desideriamo o di allontanare ciò che temiamo. La consapevolezza ci insegna a lasciar andare, ad accettare le cose così come sono, senza essere travolti dalle nostre reazioni emotive o dai pensieri ripetitivi. In questo modo, impariamo a vivere con maggiore equilibrio, serenità e saggezza.

La pratica della consapevolezza, in tutte le sue forme, ci offre l'opportunità di riscoprire la semplicità e la bellezza della vita quotidiana. Ogni azione, per quanto banale o ordinaria, può diventare un atto di consapevolezza, un momento sacro in cui siamo pienamente presenti e partecipi della nostra esperienza. Quando ci alleniamo a vivere in questo modo, scopriamo che la vita non è fatta solo di grandi eventi o di momenti straordinari, ma che è composta da una serie infinita di piccoli momenti che, se vissuti con attenzione, possono portare grande soddisfazione e pace interiore.

La consapevolezza ci insegna anche a sviluppare una profonda gratitudine per ciò che abbiamo, per il semplice fatto di essere vivi. Ogni respiro, ogni passo, ogni incontro con un'altra persona diventa un'opportunità per apprezzare la meraviglia della vita, anche nelle sue sfumature più semplici. Questa gratitudine non è solo un'emozione passeggera, ma una qualità interiore che ci radica nel presente e ci aiuta a vedere il valore di ogni istante, senza desiderare costantemente di essere altrove o di avere di più.

Un altro aspetto fondamentale della consapevolezza è la sua capacità di promuovere la compassione e la gentilezza, sia verso noi stessi che verso gli altri. Quando siamo consapevoli, iniziamo a vedere più chiaramente le nostre sofferenze, le nostre paure e i nostri bisogni. Questo ci permette di trattarci con maggiore comprensione e rispetto, riconoscendo che non dobbiamo essere perfetti o sempre all'altezza delle nostre aspettative. Allo stesso modo, la consapevolezza ci aiuta a comprendere meglio gli altri, a vedere le loro lotte e i loro dolori con maggiore empatia, e a rispondere con gentilezza e apertura. In questo modo, la consapevolezza diventa uno strumento per coltivare relazioni più autentiche, basate su una comprensione reciproca e su una connessione profonda.

La consapevolezza non è solo un rifugio per il benessere personale, ma è anche un mezzo per vivere in modo più responsabile e sostenibile nel mondo. Quando siamo consapevoli, diventiamo più attenti alle nostre azioni, alle nostre scelte e al loro impatto sugli altri e sull'ambiente. Invece di vivere in modo impulsivo o inconsapevole, impariamo a fare scelte più sagge, a considerare le conseguenze delle nostre azioni e a vivere in armonia con il mondo che ci circonda. Questo non significa rinunciare ai nostri desideri o alle nostre ambizioni, ma piuttosto vivere in modo più consapevole e intenzionale, allineando le nostre azioni con i nostri valori e con un senso di responsabilità verso il pianeta e le future generazioni.

La pratica della consapevolezza, quindi, non è un percorso che ha una fine o un obiettivo specifico da raggiungere. È un viaggio continuo, un processo di apprendimento e scoperta che ci accompagna per tutta la vita. Non esiste un momento in cui possiamo dire di essere arrivati, ma c'è sempre spazio per approfondire la nostra consapevolezza, per sviluppare una maggiore chiarezza e presenza. Ogni giorno, ogni momento, è un'opportunità per praticare, per ritornare al respiro, per osservare i nostri pensieri e le nostre emozioni, per riconnetterci con il nostro corpo e con il mondo che ci circonda.

Con il tempo, la pratica della consapevolezza diventa una parte integrante del nostro essere. Non è più solo un esercizio che pratichiamo in determinati momenti della giornata, ma diventa il modo in cui viviamo la nostra vita. La consapevolezza diventa la lente attraverso cui vediamo il mondo, una lente che ci permette di sperimentare ogni momento con maggiore intensità, chiarezza e gratitudine. E in questo processo, scopriamo che la vera pace, la vera felicità, non dipende da ciò che accade al di fuori di noi, ma dal modo in cui ci relazioniamo a ciò che accade. La consapevolezza ci insegna che la pace è sempre disponibile, proprio qui, nel momento presente, se solo siamo disposti a fermarci e a prestare attenzione.

In definitiva, la consapevolezza è una pratica che ci riporta continuamente a ciò che è essenziale nella vita: essere presenti, vivere con gratitudine e compassione, e riconoscere che ogni momento è un'opportunità per crescere, per imparare e per connetterci più profondamente con noi stessi e con gli altri. Non c'è bisogno di cercare altrove per trovare la pace o la felicità, perché tutto ciò che cerchiamo è già qui, nel respiro, nel corpo, nel momento presente. La consapevolezza ci guida verso questa realizzazione, offrendoci una via per vivere con maggiore equilibrio, serenità e gioia, in armonia con noi stessi e con il mondo che ci circonda.

6. Conoscere se stessi attraverso la riflessione: L'importanza di osservare e comprendere i propri pensieri, emozioni e comportamenti.

Conoscere se stessi è uno dei processi più profondi e trasformativi che possiamo intraprendere. La riflessione su noi stessi, che implica l'osservazione e la comprensione dei nostri pensieri, emozioni e comportamenti, è essenziale per vivere una vita consapevole e autentica. Attraverso questo processo di auto-osservazione, non solo impariamo a capire meglio chi siamo e cosa ci guida, ma sviluppiamo anche una maggiore capacità di navigare la vita con saggezza, equilibrio e compassione.

La riflessione consapevole ci aiuta a svelare i modelli mentali ed emotivi che influenzano le nostre scelte e reazioni. Spesso, molte delle nostre azioni sono il risultato di schemi abituali di pensiero che si sono formati nel corso della vita, spesso in risposta a esperienze passate o influenze esterne. Questi schemi possono diventare così radicati che non ne siamo nemmeno consapevoli, eppure guidano le nostre decisioni quotidiane, spesso in modi che non sono in linea con i nostri desideri più profondi o con il nostro benessere. La riflessione ci offre lo spazio per interrompere questo ciclo automatico e iniziare a vedere con maggiore chiarezza cosa sta realmente accadendo dentro di noi.

Osservare i propri pensieri è uno dei primi passi per conoscere se stessi. La mente, se lasciata a sé stessa, tende a vagare continuamente, passando da un pensiero all'altro senza sosta. Molti di questi pensieri sono ripetitivi, negativi o inutili, e possono creare stress, ansia o insoddisfazione. Quando iniziamo a osservare i nostri pensieri, senza giudicarli o cercare di cambiarli, sviluppiamo una maggiore consapevolezza del dialogo interiore che riempie la nostra mente. Questo ci dà l'opportunità di capire meglio come i nostri pensieri influenzano le nostre emozioni e i nostri comportamenti. Ad esempio, possiamo renderci conto che spesso, senza accorgercene, ci lasciamo trascinare da pensieri di preoccupazione per il futuro o rimpianti per il passato, perdendo di vista il momento presente. Solo attraverso l'osservazione possiamo cominciare a disidentificarci da questi pensieri e a comprendere che non siamo definiti da essi.

Oltre ai pensieri, **le emozioni giocano un ruolo centrale nella nostra vita interiore**. Le emozioni, come i pensieri, sorgono spontaneamente in risposta a stimoli interni ed esterni, e spesso ci influenzano profondamente. Tuttavia, molte persone tendono a evitare o reprimere le emozioni difficili, come la rabbia, la tristezza o la paura, poiché possono essere considerate scomode o indesiderabili. La riflessione consapevole ci invita a fare l'opposto: invece di evitare le emozioni, ci invita a osservarle e a comprenderle. Questo processo richiede coraggio e vulnerabilità, poiché ci chiede di entrare in contatto con le parti di noi stessi che potremmo preferire ignorare. Ma è proprio attraverso questa consapevolezza emotiva che possiamo iniziare a sciogliere i nodi che ci tengono intrappolati in schemi di reazione automatica.

Ad esempio, possiamo notare che dietro la rabbia spesso si nasconde una sensazione di vulnerabilità o di paura. Invece di reagire impulsivamente, come potremmo essere abituati a fare, la riflessione consapevole ci permette di esplorare queste emozioni con curiosità e apertura, chiedendoci: "Cosa sto veramente provando in questo momento? Da dove nasce questa emozione?". Quando ci permettiamo di sentire pienamente le nostre emozioni, senza cercare di respingerle o modificarle, possiamo sperimentare una forma di guarigione e accettazione. Questa comprensione ci offre l'opportunità di rispondere alle situazioni della vita in modo più consapevole e ponderato, piuttosto che essere governati da reazioni istintive.

I comportamenti sono spesso l'espressione esterna di ciò che pensiamo e sentiamo internamente. Quando osserviamo i nostri comportamenti, possiamo iniziare a vedere come essi siano influenzati dalle nostre convinzioni, dai nostri pensieri abituali e dalle emozioni non riconosciute. Questo processo di osservazione può rivelare schemi ripetitivi che non servono più al nostro benessere, come abitudini di procrastinazione, auto-sabotaggio o dipendenze emotive. Ad esempio, potremmo renderci conto che tendiamo a evitare certe situazioni per paura del fallimento o del giudizio altrui, o che ripetiamo lo stesso tipo di reazioni in risposta a determinati eventi stressanti. Osservare questi comportamenti ci permette di portare alla luce ciò che potrebbe essere stato nascosto o inconsapevole, dandoci l'opportunità di scegliere una strada diversa.

La riflessione consapevole non si limita a evidenziare i nostri schemi negativi; ci permette anche di **riconoscere i nostri punti di forza e le nostre qualità positive**. Spesso, nella fretta della vita quotidiana, ci concentriamo così tanto sui nostri errori o sui nostri difetti che dimentichiamo di riconoscere ciò che di buono c'è in noi. La consapevolezza ci aiuta a notare e a coltivare le qualità che vogliamo rafforzare, come la gentilezza, la pazienza, la generosità o il coraggio. Quando siamo in grado di vedere chiaramente queste qualità dentro di noi, possiamo iniziare a integrarle più pienamente nella nostra vita quotidiana, rendendole la base del nostro modo di essere e di agire nel mondo.

Un altro aspetto fondamentale della riflessione consapevole è **la capacità di distinguere tra il nostro vero sé e le costruzioni**

dell'ego. Spesso, ci identifichiamo con ruoli, titoli o identità che abbiamo acquisito nel corso della vita: il nostro lavoro, le nostre relazioni, i nostri successi o fallimenti. Ma attraverso la riflessione, possiamo cominciare a vedere che il nostro vero sé è molto più vasto e profondo di queste identità superficiali. La riflessione ci invita a chiederci: "Chi sono io veramente, al di là di questi ruoli e delle etichette che mi sono attribuito?". Questa domanda ci apre a una dimensione più autentica di noi stessi, in cui possiamo riconoscere il nostro valore intrinseco, indipendentemente dalle circostanze esterne o dalle aspettative degli altri.

Il processo di conoscere se stessi attraverso la riflessione richiede pazienza e gentilezza verso di sé. Non è un percorso lineare, e ci saranno momenti in cui potremmo sentirci confusi, frustrati o sopraffatti dalle scoperte che facciamo. Tuttavia, è proprio in questi momenti che la pratica della consapevolezza diventa particolarmente preziosa. La consapevolezza ci insegna a stare con ciò che emerge, senza cercare di forzare una soluzione o di evitare le difficoltà. Invece, ci invita a essere presenti con ciò che è, sapendo che ogni esperienza, anche quelle dolorose, può offrire insegnamenti e opportunità di crescita.

Infine, è importante ricordare che conoscere se stessi attraverso la riflessione non è un processo che ha una fine definitiva. È un viaggio continuo, in cui impariamo costantemente di più su di noi e sul mondo che ci circonda. Ogni nuova esperienza, ogni incontro, ogni sfida offre una nuova opportunità per esplorare e approfondire la nostra comprensione di chi siamo. La consapevolezza ci accompagna in questo viaggio, offrendoci una bussola che ci guida verso una maggiore autenticità, saggezza e libertà interiore.

Attraverso la riflessione consapevole, scopriamo che conoscere se stessi è una delle più grandi avventure della vita. Ci permette di vivere in modo più autentico, di prendere decisioni più allineate con i nostri valori e di costruire relazioni più profonde e significative. In definitiva, conoscere se stessi è il fondamento su cui si basa una vita piena, realizzata e consapevole. È un processo che ci porta a riconoscere che, al di là delle nostre paure, dei nostri dubbi e delle nostre insicurezze, esiste una parte di noi che è già completa, saggia e in pace.

Il processo di conoscere se stessi attraverso la riflessione è un'esplorazione costante, un viaggio che non ha mai veramente una fine definitiva. Ogni persona, nella sua complessità e profondità, è come un oceano: possiamo osservare la superficie, ma solo immergendoci possiamo scoprire le correnti nascoste, le profondità inesplorate e i misteri che vi abitano. La riflessione consapevole è il mezzo attraverso cui iniziamo a scoprire queste profondità, a esplorare i nostri pensieri, le emozioni e i comportamenti che spesso rimangono sotto la soglia della consapevolezza. Più riflettiamo, più ci rendiamo conto di quanto il nostro mondo interiore sia vasto e ricco di sfumature.

Uno degli aspetti più interessanti della riflessione su se stessi è che ci offre la possibilità di vedere come le nostre esperienze passate, spesso inconsapevoli, influenzano il nostro presente. Molti dei nostri comportamenti e reazioni automatiche sono radicati in eventi del passato, spesso legati a situazioni che ci hanno colpito emotivamente. Per esempio, una persona che ha vissuto esperienze di abbandono o rifiuto potrebbe sviluppare una tendenza a evitare l'intimità o a proteggersi con un atteggiamento distaccato, senza nemmeno rendersene conto. La riflessione consapevole, se praticata con onestà e apertura, ci permette di osservare questi schemi e di capire da dove provengono. Non si tratta di rimanere intrappolati nel passato, ma di vedere chiaramente come esso continui a influenzarci nel presente. Questo tipo di consapevolezza è il primo passo verso la liberazione da vecchi modelli che non ci servono più.

Quando iniziamo a comprendere le radici delle nostre reazioni, ci accorgiamo che molte delle nostre risposte emotive alle situazioni quotidiane non sono necessariamente innescate dall'evento stesso, ma piuttosto da una rete di associazioni mentali che abbiamo costruito nel tempo. Ad esempio, una critica sul lavoro potrebbe farci sentire insicuri o difensivi, non tanto per il contenuto della critica, ma perché tocca una ferita emotiva che risale a un momento precedente della nostra vita, come un'esperienza di umiliazione o fallimento. Riflettendo su queste dinamiche, possiamo iniziare a separare il passato dal presente, imparando a rispondere in modo più consapevole e meno reattivo. Questo tipo di auto-conoscenza ci dà la possibilità di fare scelte diverse, di agire non più in base a vecchi schemi, ma sulla base di una comprensione più chiara di ciò che stiamo veramente vivendo nel momento attuale.

La riflessione su se stessi ci invita anche a esplorare le nostre credenze e convinzioni più profonde, quelle che spesso diamo per scontate ma che guidano in modo sottile molte delle nostre decisioni e del nostro comportamento. Alcune di queste convinzioni potrebbero essere state adottate inconsciamente da modelli culturali o familiari, senza che le abbiamo mai messe in discussione. Ad esempio, potremmo credere che il valore di una persona dipenda dal suo successo professionale, o che dobbiamo sempre essere "forti" e non mostrare debolezza. Queste credenze non sono sempre visibili alla superficie della nostra consapevolezza, ma attraverso la riflessione, possiamo portarle alla luce e chiederci se sono davvero in linea con chi siamo o con chi vogliamo essere. Quando iniziamo a osservare criticamente queste convinzioni, scopriamo che molte di esse non ci servono più e che possiamo scegliere di lasciarle andare.

Un altro elemento importante nel conoscere se stessi attraverso la riflessione è il riconoscimento dei nostri **trigger emotivi**, quei momenti in cui reagiamo in modo sproporzionato o intensificato a una situazione. I trigger sono spesso il risultato di esperienze passate non risolte che emergono inaspettatamente nel presente. Quando ci troviamo in una situazione che ricorda, anche solo vagamente, un evento passato che ci ha ferito, la nostra reazione emotiva può essere amplificata, come se stessimo rivivendo quell'esperienza. La riflessione ci permette di osservare questi trigger e di riconoscerli per quello che sono: reazioni che appartengono a una versione passata di noi stessi. Quando diventiamo consapevoli di ciò, possiamo iniziare a rispondere in modo più equilibrato e appropriato, senza essere dominati dall'emozione del momento.

Osservare i nostri pensieri e le nostre emozioni non significa cercare di cambiarli o giudicarli. La riflessione consapevole non ha lo scopo di "correggere" ciò che troviamo dentro di noi, ma di creare uno spazio di accettazione e comprensione. Spesso, quando ci troviamo di fronte a pensieri o emozioni che consideriamo negativi, come la paura, la rabbia o la gelosia, possiamo sentirci inclini a reprimerli o a negarli. Ma attraverso la riflessione, impariamo che ogni emozione ha un suo scopo e che può insegnarci qualcosa di importante su noi stessi. Ad esempio, la rabbia può rivelarci che ci sentiamo feriti o non rispettati, mentre la paura può indicarci aree della nostra vita in cui ci sentiamo insicuri o vulnerabili. Invece di respingere queste emozioni, la riflessione consapevole ci invita a osservarle con curiosità e compassione, a chiederci cosa stanno cercando di dirci e come possiamo rispondere a esse in modo sano.

Un aspetto interessante del processo di auto-conoscenza è che spesso, man mano che approfondiamo la nostra comprensione di noi stessi, ci rendiamo conto che non siamo così fissi o definiti come pensavamo. Le etichette che ci attribuiamo – introverso, estroverso, sicuro di sé, insicuro, bravo in questo, pessimo in quello – sono solo semplificazioni di una realtà molto più complessa e fluida. La riflessione consapevole ci aiuta a vedere che siamo esseri in costante evoluzione e che, sebbene abbiamo certi tratti di personalità o abitudini, non siamo limitati da essi. Possiamo cambiare, crescere, espanderci. Questa consapevolezza ci dà una maggiore libertà interiore e ci permette di abbracciare un senso di possibilità nella nostra vita.

Un altro tema cruciale nella riflessione consapevole è l'idea che il processo di conoscenza di sé stesso non sia lineare. A volte possiamo sentirci come se stessimo facendo grandi progressi nella nostra comprensione di noi stessi, per poi attraversare periodi in cui ci sembra di tornare indietro o di perdere chiarezza. Questo fa parte del viaggio. La crescita personale non segue una linea retta, ma è caratterizzata da fasi di espansione e contrazione, di scoperta e confusione. Accettare questo aspetto del processo ci aiuta a essere più pazienti con noi stessi, a riconoscere che anche nei momenti di incertezza o difficoltà stiamo comunque imparando e crescendo.

La riflessione consapevole ci aiuta anche a sviluppare una maggiore **auto-accettazione**. Spesso ci avviciniamo al processo di auto-conoscenza con l'idea che ci sia qualcosa di "sbagliato" in noi che deve essere corretto o migliorato. Tuttavia, più riflettiamo su noi stessi, più ci rendiamo conto che gran parte della sofferenza deriva dal tentativo di conformarci a un'immagine ideale di chi dovremmo essere, piuttosto che accettare chi siamo realmente. L'auto-accettazione non significa smettere di crescere o di cercare di migliorarsi, ma significa accogliere ogni aspetto di noi stessi con gentilezza e comprensione, riconoscendo che siamo esseri umani, imperfetti e in continua evoluzione.

Nel lungo termine, la pratica della riflessione consapevole ci porta a una maggiore **integrazione** di tutte le parti di noi stessi. Invece di vedere le nostre emozioni, pensieri e comportamenti come separati o in conflitto tra loro, iniziamo a riconoscere che ogni parte di noi ha un ruolo e un significato. Questa integrazione ci dà un senso di coerenza interiore, una sensazione che tutte le parti di noi stessi, anche quelle che una volta abbiamo cercato di ignorare o reprimere, possono convivere in armonia. Questo stato di integrazione è profondamente liberatorio, poiché ci permette di vivere con maggiore autenticità, senza sentirci divisi o frammentati.

Alla fine, il processo di conoscere se stessi attraverso la riflessione non è solo un esercizio intellettuale o psicologico, ma un viaggio verso una maggiore **pienezza** e **realizzazione**. Ogni volta che riflettiamo su ciò che siamo e su come agiamo, ci avviciniamo un po' di più alla nostra vera essenza, al nostro nucleo più profondo.

Il processo di conoscenza di sé attraverso la riflessione è una continua scoperta di strati sempre più profondi della nostra mente, delle nostre emozioni e dei nostri comportamenti. Ogni volta che ci fermiamo a osservare ciò che accade dentro di noi, apriamo una porta verso una comprensione più autentica e sfumata di chi siamo, una comprensione che spesso trascende le immagini rigide o le etichette che ci diamo. È un percorso che non ha mai fine perché, come esseri umani, siamo in continua evoluzione, e ciò che scopriamo di noi stessi in un determinato momento è solo una parte di una verità più grande, sempre in movimento.

L'auto-riflessione ci porta a riconoscere quanto siamo influenzati da fattori che spesso non sono immediatamente evidenti. Gran parte di ciò che pensiamo e sentiamo è il risultato di una complessa rete di influenze, che vanno dalle esperienze infantili, alle aspettative della società, fino alle dinamiche familiari e culturali. Attraverso la riflessione, iniziamo a separare ciò che è veramente nostro, autentico, da ciò che è stato interiorizzato da influenze esterne. È un processo che richiede coraggio, perché ci mette di fronte a verità che possono essere scomode o destabilizzanti. Spesso, riconosciamo che molte delle convinzioni che abbiamo su noi stessi o sul mondo sono state ereditate, non scelte consapevolmente. Ci ritroviamo a vivere secondo aspettative che non ci appartengono, e questo può creare un senso di alienazione o insoddisfazione.

Osservando i nostri pensieri, notiamo come la mente sia continuamente impegnata in una sorta di dialogo interiore, una narrazione costante che interpreta, giudica e analizza ogni aspetto della nostra esperienza. La riflessione ci aiuta a prendere una certa distanza da questo dialogo, a riconoscere che non siamo i nostri pensieri, ma piuttosto gli osservatori di quei pensieri. Questa è una realizzazione liberatoria, poiché ci permette di vedere con maggiore chiarezza come la mente spesso crei storie e narrazioni che non corrispondono alla realtà. La nostra percezione del mondo è filtrata da queste storie interiori, e riconoscerle per ciò che sono ci aiuta a vivere con maggiore libertà e autenticità.

La riflessione ci porta anche a esplorare le nostre motivazioni più profonde, quelle che guidano le nostre scelte e i nostri comportamenti. Spesso, ci troviamo a reagire a situazioni o a prendere decisioni senza essere pienamente consapevoli del perché stiamo agendo in un certo modo. La riflessione consapevole ci permette di scavare sotto la superficie delle nostre azioni e di chiederci: "Qual è la motivazione reale dietro questo comportamento?". Potremmo scoprire che molte delle nostre azioni sono guidate dalla paura, dal desiderio di approvazione o dalla ricerca di sicurezza. Questi impulsi, se non riconosciuti, possono limitare la nostra capacità di vivere in modo autentico e libero. Riconoscere le nostre motivazioni profonde ci dà la possibilità di agire con maggiore intenzionalità e di fare scelte che siano in linea con i nostri valori più autentici.

Anche le emozioni, che spesso sembrano emergere in modo spontaneo e incontrollabile, sono un campo ricco di esplorazione nella pratica della riflessione. Molti di noi sono abituati a evitare o sopprimere emozioni difficili, come la rabbia, la tristezza o la paura, poiché le consideriamo negative o indesiderabili. Ma la riflessione ci insegna che tutte le emozioni, anche quelle che consideriamo spiacevoli, hanno qualcosa da insegnarci. Quando ci permettiamo di esplorare queste emozioni con curiosità e apertura, iniziamo a vedere che esse contengono informazioni preziose su ciò che sta accadendo dentro di noi. La rabbia, ad esempio, può indicare che sentiamo di essere stati trattati ingiustamente o che i nostri confini sono stati violati. La paura può rivelare aree della nostra vita in cui ci sentiamo vulnerabili o insicuri. La tristezza, invece, può emergere quando ci rendiamo conto di aver perso qualcosa di prezioso o quando ci confrontiamo con la fragilità e l'impermanenza della vita.

Attraverso la riflessione, impariamo a non giudicare le nostre emozioni, ma a vederle come parte integrante della nostra esperienza umana. Questo approccio ci aiuta a sviluppare una maggiore compassione verso noi stessi, poiché ci rendiamo conto che le emozioni non sono qualcosa di cui dobbiamo vergognarci o da cui dobbiamo fuggire, ma semplicemente segnali che ci guidano verso una comprensione più profonda dei nostri bisogni e desideri. Questo tipo di compassione ci aiuta a vivere con maggiore leggerezza e a smettere di lottare contro parti di noi stessi che consideriamo imperfette o sbagliate.

La consapevolezza del nostro comportamento è un altro aspetto cruciale della riflessione su di sé. Molte delle nostre azioni quotidiane sono guidate da abitudini e schemi che abbiamo sviluppato nel tempo, spesso senza rendercene conto. Queste abitudini possono essere il risultato di influenze esterne, di esperienze passate o semplicemente di comodità. La riflessione ci permette di osservare questi schemi comportamentali e di chiederci se sono davvero in linea con ciò che vogliamo essere. Ad esempio, potremmo notare che reagiamo in modo difensivo quando ci sentiamo criticati, o che tendiamo a procrastinare quando ci troviamo di fronte a compiti difficili. Questi comportamenti, se non osservati, possono diventare automatici, portandoci a ripetere gli stessi errori o a limitare il nostro potenziale.

Attraverso l'osservazione consapevole del nostro comportamento, iniziamo a riconoscere che abbiamo la capacità di scegliere come agire. Non siamo più schiavi delle nostre abitudini o reazioni automatiche, ma possiamo fare scelte più consapevoli e intenzionali. Questo non significa che smetteremo di fare errori o che diventeremo "perfetti", ma significa che avremo una maggiore consapevolezza di ciò che stiamo facendo e del perché lo stiamo facendo. Questa consapevolezza ci dà una sensazione di potere interiore, poiché ci rendiamo conto che abbiamo la capacità di cambiare e di crescere.

La riflessione ci porta anche a esaminare le relazioni che abbiamo con gli altri, poiché spesso è nelle interazioni con gli altri che emergono molti dei nostri schemi più profondi. Le relazioni sono come uno specchio che ci riflette, mostrando non solo ciò che amiamo negli altri, ma anche ciò che troviamo difficile accettare in noi stessi. Attraverso la riflessione, possiamo osservare come reagiamo nelle relazioni, quali emozioni emergono e quali dinamiche si ripetono. Questo ci offre l'opportunità di vedere i nostri punti ciechi e di lavorare su di essi. Ad esempio, potremmo notare che tendiamo a evitare il conflitto per paura di essere rifiutati, o che ci arrabbiamo facilmente quando ci sentiamo trascurati. Queste osservazioni non devono essere viste come giudizi, ma come opportunità per crescere e migliorare le nostre relazioni.

La riflessione sulle relazioni ci permette di comprendere meglio anche il concetto di confini. Spesso, nelle relazioni, i confini tra noi e gli altri possono diventare confusi, portandoci a sacrificare i nostri bisogni per compiacere gli altri o, al contrario, a diventare troppo difensivi quando ci sentiamo minacciati. Attraverso la riflessione, possiamo imparare a stabilire confini sani, che ci permettano di proteggere il nostro spazio personale senza isolare gli altri. Questo ci porta a una maggiore chiarezza e autenticità nelle relazioni, poiché impariamo a comunicare i nostri bisogni e desideri in modo aperto e rispettoso.

Un altro aspetto fondamentale della riflessione su se stessi è la capacità di riconoscere la nostra interconnessione con il mondo che ci circonda. Sebbene il processo di auto-riflessione sia spesso visto come un viaggio interiore, esso ci porta inevitabilmente a comprendere che non esistiamo in isolamento, ma siamo parte di una rete più ampia di relazioni e connessioni. Quando riflettiamo su noi stessi, scopriamo che molte delle nostre esperienze, emozioni e comportamenti sono influenzati dalle persone intorno a noi, dalla società in cui viviamo e dall'ambiente naturale. Questa consapevolezza ci porta a sviluppare un senso di responsabilità non solo verso noi stessi, ma anche verso gli altri e verso il mondo.

Concludere un discorso sulla conoscenza di sé attraverso la riflessione richiede di riconoscere l'importanza e la vastità di questo processo. La riflessione consapevole non è solo un mezzo per migliorare la nostra comprensione del mondo interiore, ma è anche uno strumento essenziale per vivere una vita più autentica, equilibrata e significativa. Conoscere se stessi non è un obiettivo statico che si raggiunge una volta per tutte, ma un viaggio continuo che evolve con noi, cambiando in base alle esperienze, alle relazioni e alla crescita personale.

Uno degli aspetti più significativi di questo processo è la capacità di sviluppare una maggiore consapevolezza di ciò che realmente siamo, al di là delle maschere che indossiamo, delle aspettative sociali e delle influenze esterne. Riflettere su noi stessi ci aiuta a distinguere tra ciò che è autentico e ciò che è il risultato di condizionamenti. Questa consapevolezza ci porta a una maggiore libertà interiore, poiché iniziamo a fare scelte che riflettono i nostri veri valori e desideri, invece di agire per compiacere gli altri o per aderire a norme che non risuonano con il nostro essere autentico.

La riflessione consapevole ci aiuta a diventare osservatori imparziali dei nostri pensieri, emozioni e comportamenti. Questo distacco, che non è disinteresse ma piuttosto un'attenzione gentile e non giudicante, ci permette di comprendere meglio i meccanismi che influenzano il nostro stato interiore. Diventare consapevoli di come reagiamo alle situazioni e di come certi schemi di pensiero ci condizionano ci consente di trasformare la nostra esperienza, passando da una modalità reattiva e automatica a una più consapevole e scelta. Questo ci dà la capacità di interrompere cicli di pensiero e comportamento che potrebbero essere dannosi o limitanti, permettendoci di rispondere in modo più saggio e ponderato.

Un aspetto fondamentale del conoscere se stessi è la scoperta e l'accettazione delle nostre vulnerabilità e imperfezioni. Spesso, viviamo sotto la pressione di essere sempre "perfetti", di nascondere le nostre debolezze o di apparire in un certo modo per ottenere l'approvazione degli altri. Attraverso la riflessione, impariamo che la nostra vulnerabilità non è qualcosa di cui vergognarsi, ma una parte intrinseca della nostra umanità. Imparare a essere gentili con noi stessi, a trattare le nostre imperfezioni con compassione, ci permette di vivere con maggiore serenità e autenticità. Non si tratta di rinunciare alla crescita personale, ma di riconoscere che la crescita autentica avviene solo quando siamo disposti ad accettarci pienamente per ciò che siamo, nel bene e nel male.

La riflessione ci porta anche a riconoscere il nostro potenziale di cambiamento. Spesso, ci sentiamo bloccati da vecchi schemi di comportamento o credenze limitanti, ma il processo di conoscenza di sé ci mostra che non siamo fissi o immutabili. Siamo esseri dinamici, in continua evoluzione, e ogni nuova comprensione di noi stessi apre la porta a nuove possibilità. Questa realizzazione ci dà speranza e ci motiva a continuare a lavorare su di noi, sapendo che abbiamo sempre la capacità di crescere, imparare e migliorare. Non importa quanto radicati possano sembrare certi schemi o abitudini, la riflessione ci insegna che con il tempo, la pratica e la consapevolezza, possiamo trasformarli e vivere una vita più allineata ai nostri veri desideri.

Un altro effetto positivo della riflessione consapevole è il miglioramento delle nostre relazioni. Quando impariamo a conoscere noi stessi più profondamente, diventiamo anche più consapevoli di come interagiamo con gli altri. Riconosciamo i nostri schemi relazionali, i nostri bisogni e le nostre paure, e questo ci permette di costruire relazioni più autentiche e sane. Invece di reagire automaticamente agli altri, siamo in grado di rispondere con maggiore chiarezza e compassione. Inoltre, la riflessione ci aiuta a sviluppare una maggiore empatia verso gli altri, poiché riconosciamo che anche loro, come noi, sono impegnati in un processo di crescita e auto-scoperta. Questo crea uno spazio di comprensione reciproca che rende le relazioni più profonde e significative.

Un ulteriore aspetto che emerge dal processo di riflessione è la consapevolezza dell'interconnessione. Attraverso la conoscenza di noi stessi, riconosciamo come le nostre esperienze siano strettamente legate a quelle degli altri e del mondo che ci circonda. Non esistiamo come entità separate e isolate, ma siamo parte di un tessuto più grande di relazioni, influenze ed energie. Questa consapevolezza ci porta a vivere con maggiore responsabilità e attenzione, sapendo che ogni nostra azione ha un impatto sugli altri e sull'ambiente. La riflessione ci invita a considerare le conseguenze delle nostre scelte non solo su noi stessi, ma anche sul benessere collettivo e sul pianeta.

Il processo di conoscenza di sé attraverso la riflessione, dunque, ci porta a sviluppare una vita più consapevole e intenzionale. Ci aiuta a smettere di vivere in modalità automatica, trascinati da pensieri e comportamenti inconsapevoli, e a iniziare a fare scelte più deliberate, allineate ai nostri valori e desideri più profondi. Questo porta a una vita più autentica, in cui possiamo esprimere pienamente chi siamo, senza paura di giudizio o rifiuto. Quando conosciamo noi stessi, impariamo anche a riconoscere e valorizzare il nostro potenziale unico, a vivere con maggiore fiducia e a trovare pace interiore.

In definitiva, la riflessione consapevole non è un atto isolato o un esercizio mentale, ma un modo di vivere. È un invito costante a ritornare a noi stessi, a osservare con curiosità e compassione ciò che accade dentro di noi, e a usare questa comprensione per vivere con maggiore saggezza, libertà e autenticità. Più ci conosciamo, più ci rendiamo conto che la conoscenza di sé non è una destinazione, ma un viaggio continuo di scoperta e crescita. Ogni momento di riflessione ci porta un passo più vicino alla verità di chi siamo veramente, e ci apre la possibilità di vivere una vita più piena, significativa e in armonia con noi stessi e con gli altri.

7. Storie Zen sull'auto-conoscenza: Racconti che insegnano il valore della riflessione personale e dell'auto-consapevolezza.

Le storie Zen sono strumenti straordinari per insegnare verità profonde in modo semplice e accessibile. Questi racconti, spesso brevi e paradossali, spingono chi li ascolta a guardare dentro di sé e a riflettere su questioni fondamentali della vita. Non offrono risposte dirette o razionali, ma invitano alla contemplazione, alla riflessione personale e all'auto-consapevolezza. In queste storie, l'auto-conoscenza non è presentata come un obiettivo da raggiungere, ma come un processo che si sviluppa attraverso l'osservazione, la consapevolezza e l'accettazione di sé. Di seguito sono riportate alcune storie Zen che illustrano il valore della riflessione personale e dell'auto-consapevolezza.

1. La ciotola d'acqua torbida Un giovane monaco, ansioso di trovare la saggezza, si rivolse al suo maestro Zen per chiedere consigli su come raggiungere la chiarezza interiore. "Maestro," disse il monaco, "il mio cuore e la mia mente sono confusi. Non riesco a vedere chiaramente ciò che devo fare. Come posso ottenere la saggezza?". Il maestro, senza dire una parola, prese una ciotola d'acqua torbida e la posò davanti al monaco. "Guarda quest'acqua," disse il maestro, "è come la tua mente: agitata e torbida. Se continui a muoverla, rimarrà confusa. Ma se la lasci riposare, la sporcizia si depositerà e l'acqua diventerà chiara." Il monaco guardò l'acqua per alcuni minuti, vedendo come lentamente la sporcizia si posava sul fondo e la superficie tornava limpida. "Capisco," disse il monaco, "la chiarezza non arriva con lo sforzo, ma con la calma e la pazienza."

Questa storia Zen ci insegna che la conoscenza di sé non può essere forzata. Proprio come l'acqua torbida diventa limpida solo quando la lasciamo riposare, anche la nostra mente ha bisogno di quiete per poter vedere chiaramente. Quando siamo presi dall'ansia o dall'agitazione, i nostri pensieri diventano caotici e distorti. Solo attraverso la riflessione calma e la pazienza possiamo vedere noi stessi con chiarezza, riconoscendo i nostri pensieri, emozioni e motivazioni per ciò che sono.

2. La freccia avvelenata Un discepolo chiese al suo maestro Zen: "Maestro, qual è la cosa più importante che devo sapere per raggiungere l'illuminazione?" Il maestro rispose con una domanda: "Immagina di essere colpito da una freccia avvelenata. Cosa faresti?". "Sarei preoccupato di tirare fuori la freccia e curarmi subito", rispose il discepolo. "Esatto," disse il maestro, "ma molti passano la vita a chiedersi chi ha tirato la freccia, perché, e da dove è venuta, senza mai occuparsi della ferita." Il discepolo rimase perplesso, e il maestro aggiunse: "Se vuoi raggiungere la saggezza, non passare la vita a cercare risposte teoriche. Guarda dentro di te, osserva la tua sofferenza e guarisci la tua mente."

Questa storia sottolinea l'importanza dell'auto-consapevolezza pratica, non teorica. Invece di perdersi in domande intellettuali o filosofiche, il maestro Zen invita il discepolo a concentrarsi su ciò che è essenziale:

l'auto-osservazione e il lavoro interiore. La vera auto-conoscenza nasce dall'attenzione ai nostri pensieri e comportamenti, non dall'analisi teorica. Solo attraverso la riflessione consapevole possiamo curare le ferite emotive e spirituali che ci impediscono di vedere chiaramente.

3. Il ponte spezzato Un monaco chiese al suo maestro: "Come posso attraversare il ponte della vita senza cadere nelle acque della confusione?". Il maestro gli rispose: "Non preoccuparti di attraversare il ponte. Prima chiediti se il ponte esiste davvero." Il monaco rimase confuso. "Maestro, come posso superare le difficoltà della vita senza un ponte?". Il maestro sorrise e disse: "Il ponte che immagini è un'illusione. La confusione nasce dal pensare che esista un ostacolo tra te e la tua vera natura. Quando lasci andare l'idea del ponte, scoprirai che non c'è nulla da attraversare."

Questa storia invita a riflettere su come spesso creiamo problemi e ostacoli che non esistono realmente. Molte delle nostre difficoltà nascono da credenze limitanti e da idee che ci separano dalla nostra vera essenza. La vera auto-consapevolezza non riguarda la costruzione di un percorso verso un ideale o una meta, ma il riconoscimento che siamo già ciò che cerchiamo di essere. La riflessione personale ci aiuta a smantellare queste costruzioni mentali, permettendoci di vivere in modo più libero e spontaneo.

4. Il maestro e il suo specchio Un maestro Zen un giorno mostrò un grande specchio ai suoi discepoli e disse loro: "Questo è il miglior insegnante che avrete mai. Guardate dentro di esso ogni giorno e vi mostrerà chi siete davvero." I discepoli cominciarono a chiedere come usare lo specchio per meditare, aspettandosi istruzioni complesse. Il maestro li interruppe: "Non c'è bisogno di fare nulla di speciale. Lo specchio non giudica, non interpreta, non distorce. Rende solo ciò che è. Il compito più difficile è guardare senza voler cambiare ciò che vedete."

Questa storia riflette sull'importanza dell'accettazione di sé. La riflessione e l'auto-consapevolezza non sono esercizi per giudicare o correggere ciò che troviamo dentro di noi, ma pratiche per osservare con chiarezza e accettazione. Come uno specchio, la nostra auto-osservazione deve essere imparziale, libera da giudizi o aspettative. Solo quando possiamo guardarci in questo modo, senza desiderare di essere diversi o migliori, possiamo veramente capire chi siamo e iniziare un processo di crescita autentico.

5. Il ladro che non trovava nulla da rubare Un giorno, un ladro entrò nella capanna di un maestro Zen, sperando di rubare qualcosa di valore. Dopo aver cercato ovunque senza successo, il ladro si accorse che non c'era nulla da prendere. Il maestro, vedendolo deluso, disse: "Hai fatto molta strada per venire qui, non dovresti andartene a mani vuote. Prendi i miei vestiti." Sorpreso dalla generosità del maestro, il ladro prese i vestiti e fuggì. Più tardi, mentre guardava la luna splendere nel cielo, il maestro sospirò: "Avrei voluto dargli anche questa luna."

Questa storia ci insegna che la vera ricchezza non si trova nelle cose esteriori, ma nella pace interiore e nella consapevolezza di sé. Il maestro Zen, privo di attaccamento ai beni materiali, aveva già trovato la sua ricchezza interiore nella serenità e nella comprensione di sé. Questo racconto ci ricorda che l'auto-conoscenza e la riflessione ci liberano dalla ricerca di soddisfazioni esterne e ci guidano verso una pace duratura che nessuno può rubare.

6. L'arciere e il bersaglio Un giovane arciere si vantava della sua abilità con l'arco e chiese al maestro Zen di guardarlo tirare. Il giovane prese una freccia, la scoccò e colpì il bersaglio al centro. Poi si voltò verso il maestro, aspettando elogi. Il maestro rimase in silenzio e poi disse: "Bene, ma non è ancora il vero tiro." Confuso, l'arciere chiese: "Cosa intendi, maestro? Ho colpito il bersaglio!" Il maestro rispose: "Il vero tiro non è nel colpire il bersaglio esterno, ma nel colpire il bersaglio dentro di te. Solo quando hai raggiunto la calma e la precisione nel tuo cuore puoi dire di aver davvero tirato."

Questa storia Zen ci insegna che la riflessione e l'auto-conoscenza sono il vero "bersaglio" della vita. Spesso, ci concentriamo solo sugli obiettivi esterni, sui successi o sui risultati visibili, ma la vera maestria sta nel raggiungere l'equilibrio e la comprensione dentro di noi. Questo tipo di riflessione ci guida a concentrarci meno sui risultati e più sulla qualità della nostra presenza e del nostro stato interiore.

Conclusione Le storie Zen sull'auto-conoscenza ci offrono lezioni preziose sul valore della riflessione personale e della consapevolezza interiore. Attraverso immagini semplici e metafore potenti, questi racconti ci spingono a guardare dentro di noi con chiarezza e accettazione, a non fuggire da ciò che troviamo, ma ad accoglierlo con gentilezza e apertura. Il processo di conoscenza di sé è continuo, non ha una fine, ma attraverso la riflessione costante possiamo scoprire una profondità di pace, saggezza e serenità che ci permette di vivere in armonia con noi stessi e con il mondo.

Le storie Zen sono straordinariamente efficaci perché condensano in poche parole profonde verità sull'esperienza umana, e la loro forza risiede proprio nella semplicità. Ogni racconto Zen diventa una finestra attraverso cui possiamo guardare noi stessi, riflettere su ciò che viviamo, e trovare risposte alle nostre domande interiori. I maestri Zen, con i loro insegnamenti paradossali e spesso enigmatici, non offrono soluzioni facili o immediate, ma spingono il praticante a cercare dentro di sé le risposte, a riconoscere che ogni esperienza è un'occasione per approfondire la conoscenza di sé e la consapevolezza.

Nelle storie Zen, l'auto-conoscenza viene spesso dipinta come un processo di sottrazione piuttosto che di aggiunta. Non si tratta di accumulare conoscenza o di costruire una nuova identità, ma di lasciar andare le idee preconcette, le aspettative e le immagini di sé che ci siamo costruiti nel tempo. Questo lasciar andare è alla base della riflessione Zen, che invita il praticante a "svuotare la tazza", come si dice in uno dei più celebri racconti Zen. In quella storia, un professore va a visitare un maestro Zen per imparare di più sul Buddismo, ma il maestro non gli dà subito istruzioni o insegnamenti. Invece, versa del tè nella tazza del professore fino a farlo traboccare, dicendogli che la tazza, come la sua mente, è già troppo piena. "Non puoi imparare nulla," dice il maestro, "se la tua mente è già colma di pensieri e preconcetti."

Questa metafora della tazza piena ci insegna che l'auto-conoscenza non è un processo di aggiunta, ma piuttosto uno di svuotamento. Non possiamo veramente capire chi siamo finché siamo troppo occupati a pensare a ciò che dovremmo essere, a costruire immagini o a confrontarci con aspettative esterne. Lo svuotamento diventa, dunque, un atto di liberazione, che ci permette di vedere noi stessi senza le distorsioni delle nostre idee preconcette o dei condizionamenti esterni. Solo attraverso la quiete della mente, la sospensione del giudizio e la riflessione profonda possiamo iniziare a esplorare il nostro vero sé.

Altre storie Zen illustrano il tema dell'impermanenza e di come questo concetto sia centrale per la comprensione di sé. Il Buddismo insegna che tutto è in costante cambiamento, e la vera saggezza consiste nell'accettare questa impermanenza piuttosto che cercare di resistervi o combatterla. Una famosa storia narra di un maestro Zen che, sapendo di essere prossimo alla morte, chiede ai suoi discepoli di portargli una tazza di tè. Quando la tazza arriva, il maestro la guarda per un momento, la solleva con cura e la beve lentamente. Dopo averla bevuta, dice semplicemente: "Ah, che buona è stata questa tazza di tè." Poco dopo, il maestro muore. Questa storia mostra come il maestro, anche di fronte alla morte, resti completamente presente, concentrato sul momento attuale, senza paura o rimpianti. La sua riflessione non è sulla morte imminente, ma sull'esperienza del momento – in questo caso, il semplice piacere di una tazza di tè.

Questo racconto ci insegna che l'auto-conoscenza non si trova in un luogo remoto o attraverso pratiche complesse, ma può essere scoperta in ogni momento della nostra vita quotidiana. Quando siamo pienamente presenti, senza essere distratti da pensieri su ciò che è stato o su ciò che potrebbe accadere, scopriamo un livello di consapevolezza più profondo. Ogni gesto, ogni esperienza, diventa un'opportunità per conoscere meglio noi stessi, per osservare le nostre reazioni, le nostre emozioni, e vedere con maggiore chiarezza chi siamo in quel preciso istante.

Un altro aspetto centrale delle storie Zen sull'auto-conoscenza è l'idea che il vero sé non possa essere conosciuto attraverso il pensiero logico o razionale. Spesso, nelle storie Zen, il maestro interrompe deliberatamente il flusso logico del pensiero del discepolo, ponendo domande paradossali o compiendo azioni apparentemente illogiche. Ad esempio, c'è una storia in cui un discepolo chiede al maestro: "Che cos'è la verità ultima?" Invece di rispondere con una definizione o una spiegazione, il maestro alza il dito e lo punta verso il cielo. Il discepolo, perplesso, non capisce subito il significato del gesto, ma il maestro lo invita a riflettere più profondamente. L'insegnamento in questo caso è che la verità ultima non può essere espressa attraverso le parole o compresa con il pensiero concettuale; deve essere esperita direttamente, come qualcosa che va al di là del linguaggio e della logica.

Questa enfasi sull'esperienza diretta piuttosto che sulla comprensione intellettuale è un tema ricorrente nelle storie Zen. L'auto-conoscenza non è qualcosa che possiamo acquisire leggendo libri o ascoltando insegnamenti esterni; deve emergere dall'interno, attraverso la nostra personale esperienza. È un tipo di conoscenza che non si basa su concetti o definizioni, ma su un'esperienza intuitiva della nostra essenza più profonda. Questa esperienza spesso emerge nei momenti in cui siamo pienamente presenti e aperti al flusso della vita, senza cercare di etichettare o controllare ciò che accade.

In molti racconti Zen, si sottolinea l'importanza del silenzio come via per l'auto-conoscenza. Il silenzio, in questo contesto, non è solo l'assenza di suoni, ma uno stato interiore di quiete e ricettività. In una storia, un discepolo chiede al maestro: "Come posso conoscere la mia vera natura?" Il maestro non risponde subito, ma rimane seduto in silenzio per un lungo momento. Dopo un po', il discepolo ripete la domanda, ma il maestro continua a rimanere in silenzio. Infine, il discepolo capisce che il silenzio stesso è la risposta: non ci sono parole che possano descrivere o catturare la nostra vera natura. Essa può essere conosciuta solo quando la mente è quieta, libera da pensieri e giudizi. Solo nel silenzio possiamo ascoltare la verità che emerge dal nostro essere più profondo.

Il silenzio nelle storie Zen ci invita a riflettere su quanto spesso siamo presi dal rumore mentale, dalle voci interne che giudicano, commentano e criticano continuamente. Queste voci, se non vengono osservate e comprese, possono impedirci di accedere a un livello più profondo di consapevolezza. La riflessione consapevole ci insegna a osservare il flusso dei pensieri senza identificarci con essi, a riconoscere che i pensieri non sono necessariamente verità, ma semplici fenomeni mentali che vanno e vengono. Quando possiamo vedere i nostri pensieri per ciò che sono, smettiamo di essere schiavi di essi e iniziamo a scoprire uno spazio interiore di quiete e chiarezza, da cui può emergere una comprensione più profonda di noi stessi.

Un'altra storia Zen illustra questo concetto: un discepolo chiede al maestro come raggiungere l'illuminazione. Il maestro, in risposta, dice: "Non c'è nulla da raggiungere. Devi solo smettere di cercare." Il discepolo, sconcertato, chiede: "Maestro, se non devo cercare, come posso trovare la verità?" Il maestro sorride e risponde: "La verità non è qualcosa da trovare, è qualcosa che emerge quando smetti di cercarla." Questo racconto ci mostra che spesso l'auto-conoscenza e la comprensione di sé emergono non attraverso uno sforzo attivo, ma attraverso la resa. Quando smettiamo di cercare di "essere" o "diventare" qualcosa e ci permettiamo semplicemente di essere, scopriamo che la nostra vera natura è già presente, proprio qui, nel momento attuale.

Questa idea di "non cercare" è uno dei pilastri della saggezza Zen. Il paradosso è che più ci sforziamo di trovare risposte, più ci allontaniamo da esse. La ricerca attiva spesso implica un'idea preconcetta di ciò che stiamo cercando, e questo ci impedisce di vedere ciò che è già davanti a noi. La riflessione consapevole, invece, ci invita a essere presenti a ciò che emerge nel momento, senza cercare di manipolarlo o controllarlo. In questo stato di apertura e ricettività, l'auto-conoscenza può fiorire in modo naturale e spontaneo.

In definitiva, le storie Zen sull'auto-conoscenza ci insegnano che il percorso verso la comprensione di sé non è lineare né guidato dalla mente razionale. È un viaggio che richiede pazienza, apertura e, soprattutto, la capacità di lasciar andare le idee fisse su chi pensiamo di essere. Attraverso la riflessione, il silenzio e l'osservazione consapevole, possiamo scoprire una profondità dentro di noi che va oltre i pensieri e le emozioni superficiali. Le storie Zen ci ricordano che la vera auto-conoscenza non si trova cercando all'esterno, ma esplorando il nostro mondo interiore con curiosità, gentilezza e una mente aperta a ciò che è, senza preconcetti o aspettative.

Le storie Zen rappresentano un terreno fertile per l'esplorazione dell'auto-conoscenza, ma non attraverso le convenzionali vie del pensiero analitico o dell'intelletto razionale. Esse, con la loro semplicità apparentemente disarmante, nascondono insegnamenti profondi che emergono solo quando ci si immerge nel loro significato sottile e simbolico. Ogni racconto, in un certo senso, è come uno specchio che riflette non tanto la verità in sé, ma il modo in cui guardiamo noi stessi, costringendoci a rivedere le nostre aspettative, le nostre convinzioni e le illusioni che ci siamo costruiti intorno a chi crediamo di essere. In questo modo, l'auto-conoscenza non è un processo lineare o progressivo, ma una serie di epifanie che ci colgono di sorpresa, spesso attraverso momenti di apparente assurdità o paradosso.

Uno degli aspetti più potenti delle storie Zen è che esse spingono il lettore o l'ascoltatore a confrontarsi con la propria mente e con le sue trappole. Molte di queste storie, infatti, non offrono una morale chiara o una conclusione definita, proprio perché mirano a scardinare il nostro bisogno costante di categorizzare e di dare un senso logico alle cose. Questa caratteristica sfida direttamente la nostra tendenza naturale a cercare certezze e risposte chiare, costringendoci invece a rimanere con la domanda aperta, con il mistero, con l'ambiguità. E proprio in questo spazio di incertezza, quando lasciamo andare il bisogno di comprendere intellettualmente tutto, può emergere una forma più profonda di conoscenza di sé.

Un esempio tipico di questa dinamica è la storia del maestro che, in risposta a una domanda del discepolo su come raggiungere l'illuminazione, invece di fornire una risposta logica, compie un'azione apparentemente inspiegabile, come colpire il discepolo o far cadere un oggetto a terra. Questa risposta non verbale è progettata per scuotere il discepolo, per rompere il suo abituale modo di pensare e portarlo a un livello di consapevolezza che va oltre le parole e i concetti. L'illuminazione, in questo caso, non è qualcosa che si può spiegare o insegnare attraverso il linguaggio, ma deve essere vissuta direttamente. Lo stesso vale per l'auto-conoscenza: non è qualcosa che può essere pienamente catturata o compresa attraverso il pensiero, ma qualcosa che si manifesta solo quando siamo presenti, aperti e disposti a vedere oltre le illusioni che la mente crea.

L'idea che l'auto-conoscenza emerga dal rompere gli schemi abituali del pensiero è alla base di molte delle storie Zen. In questi racconti, il maestro agisce spesso come un destabilizzatore, una figura che non fornisce risposte facili ma che invece spinge il discepolo a mettere in discussione le sue supposizioni più profonde. Questo riflette un principio fondamentale dello Zen: non possiamo veramente conoscere noi stessi finché siamo prigionieri delle nostre idee preconcette su chi siamo. La mente crea costantemente etichette e definizioni per cercare di afferrare la realtà, ma queste stesse etichette possono diventare ostacoli che ci separano dalla verità più profonda della nostra natura. Le storie Zen ci insegnano che l'auto-conoscenza non può essere raggiunta attraverso il pensiero concettuale, ma solo lasciando andare tutte le idee fisse e aprendo lo spazio per un'esperienza diretta e immediata della realtà.

Un altro tema ricorrente nelle storie Zen sull'auto-conoscenza è quello del ritorno alla semplicità. Nella frenesia della vita moderna, siamo spesso sommersi da stimoli, informazioni e distrazioni che ci allontanano dalla nostra essenza. Le storie Zen ci ricordano che la vera conoscenza di sé non è qualcosa che si acquisisce accumulando informazioni o esperienze, ma qualcosa che emerge quando torniamo a uno stato di semplicità e purezza. Un racconto Zen, ad esempio, parla di un maestro che, dopo anni di insegnamento, si ritira in una capanna di montagna per vivere una vita semplice e solitaria. Quando i suoi discepoli lo vanno a trovare e gli chiedono di condividere la saggezza che ha acquisito, il maestro risponde mostrando loro come spacca la legna e raccoglie l'acqua. Attraverso questo gesto, il maestro insegna che l'auto-conoscenza si trova non nelle grandi rivelazioni o nelle esperienze straordinarie, ma nelle azioni quotidiane, nei gesti semplici e pieni di consapevolezza.

Questo ritorno alla semplicità è strettamente legato all'idea di presenza. Le storie Zen ci insegnano che la conoscenza di sé emerge quando siamo pienamente presenti nel momento, quando ci immergiamo completamente in ciò che stiamo facendo senza essere distratti da pensieri sul passato o preoccupazioni per il futuro. In questo senso, l'auto-conoscenza non è qualcosa di separato dalla vita quotidiana, ma è intimamente legata al modo in cui viviamo ogni momento. Quando ci permettiamo di essere presenti, di fare attenzione a ciò che accade dentro di noi e intorno a noi, scopriamo che la verità su chi siamo si rivela spontaneamente, senza bisogno di sforzi o ricerche. La riflessione consapevole, quindi, non è un processo separato dalla vita, ma un modo di vivere in cui ogni momento diventa un'opportunità per conoscere meglio noi stessi.

Un altro aspetto interessante delle storie Zen sull'auto-conoscenza è che spesso ci mettono di fronte all'illusorietà del sé. Molti di questi racconti giocano con l'idea che ciò che consideriamo il nostro "io" non sia altro che un costrutto mentale, un'aggregazione di pensieri, emozioni e ricordi che cambia costantemente e che, in ultima analisi, non ha una realtà stabile o permanente. In un celebre racconto, un discepolo chiede al suo maestro: "Chi sono io?" Il maestro lo guarda e risponde: "Chi fa questa domanda?" Questa risposta spinge il discepolo a riflettere sulla natura del sé, mettendo in dubbio l'idea che esista un "io" fisso o separato che possa essere conosciuto. Il maestro invita il discepolo a guardare oltre l'ego, a vedere che ciò che consideriamo il nostro sé è in realtà un flusso di esperienze e fenomeni che emergono e svaniscono continuamente.

Questa visione del sé come illusione è uno dei principi fondamentali del Buddismo, e le storie Zen lo illustrano spesso in modi sottili e provocatori. La riflessione personale, in questo contesto, non è tanto un processo di approfondimento dell'identità, quanto un'indagine su ciò che sta dietro l'identità. Quando ci fermiamo a osservare i nostri pensieri e le nostre emozioni, ci rendiamo conto che essi sono transitori, che non esiste un "io" solido o permanente dietro di essi. Questa consapevolezza può essere destabilizzante all'inizio, ma apre la strada a una forma più profonda di libertà. Quando lasciamo andare l'idea di un sé fisso, smettiamo di aggrapparci a certe immagini o aspettative su chi dobbiamo essere, e possiamo iniziare a vivere con maggiore spontaneità e apertura.

Le storie Zen, quindi, ci portano a vedere che l'auto-conoscenza non è un processo che culmina con una definizione precisa di chi siamo, ma piuttosto un continuo scoprire e riscoprire, un viaggio senza fine che ci conduce sempre più profondamente dentro noi stessi, ma che allo stesso tempo ci invita a lasciar andare ogni idea rigida di identità. È un paradosso che caratterizza gran parte del pensiero Zen: cercando di conoscere noi stessi, scopriamo che non c'è nulla di fisso da conoscere. Più approfondiamo la nostra comprensione, più ci rendiamo conto che la nostra vera natura è oltre ogni concetto o definizione, e che può essere sperimentata solo vivendo pienamente nel presente, senza attaccamento al passato o al futuro.

Infine, le storie Zen ci ricordano che l'auto-conoscenza non è qualcosa che possiamo ottenere una volta per tutte, ma è un processo continuo, in cui ogni momento della vita diventa un'opportunità per esplorare e comprendere più a fondo chi siamo. Questa consapevolezza ci invita a vivere in modo più consapevole, più aperto e più gentile, sia con noi stessi che con gli altri. Siamo esseri in divenire, e la riflessione costante ci permette di navigare il flusso della vita con maggiore saggezza, accettando che la vera auto-conoscenza non è una meta, ma un viaggio che continua finché viviamo.

Concludere un discorso sull'auto-conoscenza attraverso le storie Zen richiede di abbracciare il concetto che questo percorso non è mai lineare o definitivo, ma piuttosto un processo dinamico, in continuo sviluppo. Le storie Zen offrono strumenti unici per riflettere su noi stessi, spingendoci a mettere in discussione ciò che pensiamo di sapere, non attraverso l'analisi razionale ma attraverso esperienze intuitive e spesso paradossali. Questi racconti, spesso brevi e apparentemente semplici, hanno un impatto profondo perché invitano a spostare l'attenzione dall'intelletto al cuore, dalla mente razionale a una consapevolezza più ampia e diretta della nostra vera natura.

Uno dei principali insegnamenti delle storie Zen sull'auto-conoscenza è che il sé che cerchiamo di comprendere non è un'entità fissa o permanente, ma piuttosto un flusso in costante cambiamento. Questa realizzazione è cruciale perché ci libera dall'idea che dobbiamo "trovare" o "definire" chi siamo. Le storie Zen ci insegnano che cercare di costruire un'identità rigida basata su concetti, ruoli o immagini è in realtà un ostacolo alla comprensione autentica di noi stessi. La vera conoscenza di sé non consiste nel raggiungere una definizione precisa del proprio essere, ma nell'essere aperti a vivere ogni momento in modo pieno e consapevole, accettando la nostra mutevolezza e impermanenza.

Questa accettazione della nostra natura fluida ci porta a un secondo insegnamento fondamentale delle storie Zen: l'importanza di lasciare andare le aspettative, i preconcetti e le illusioni che spesso ci impediscono di vedere chiaramente. Nelle storie Zen, i maestri spesso provocano i loro discepoli con azioni o risposte apparentemente illogiche proprio per scuoterli dalle loro abitudini mentali e portarli a vedere oltre le apparenze. L'auto-conoscenza, in questo senso, non è una conquista intellettuale, ma un processo di "svuotamento" della mente da tutte le idee fisse che ci impediscono di vivere la nostra vera natura. È un processo che richiede coraggio e disponibilità a guardare dentro di noi con onestà, abbandonando l'attaccamento a identità preconfezionate o a ruoli imposti.

Un'altra lezione centrale delle storie Zen è l'importanza della semplicità e della presenza nel momento presente. L'auto-conoscenza non è qualcosa che si trova in grandi rivelazioni o esperienze straordinarie, ma nella capacità di essere pienamente presenti a ciò che accade qui e ora. La riflessione Zen ci ricorda che non dobbiamo andare altrove o cercare fuori di noi per trovare la verità; è già qui, in ogni gesto quotidiano, in ogni respiro, in ogni incontro. Le storie Zen sottolineano che la saggezza e la conoscenza di sé emergono naturalmente quando ci permettiamo di vivere con semplicità e consapevolezza, senza essere distratti dai pensieri sul passato o preoccupazioni per il futuro.

Inoltre, le storie Zen ci invitano a riflettere sull'interconnessione tra la nostra auto-conoscenza e il mondo che ci circonda. La riflessione personale non è un processo solitario o isolato, ma è strettamente legata alle nostre relazioni con gli altri e con l'ambiente. Quando comprendiamo meglio noi stessi, diventiamo più consapevoli del nostro impatto sugli altri e più empatici verso le loro esperienze. La vera auto-conoscenza include la consapevolezza che non esistiamo come entità separate, ma siamo parte di un tutto più grande. Questa consapevolezza ci porta a vivere con maggiore compassione e responsabilità, sapendo che ogni nostra azione ha conseguenze che si estendono oltre il nostro sé individuale.

Un punto finale che le storie Zen ci insegnano è che la vera auto-conoscenza non è un traguardo statico, ma un percorso continuo. Ogni volta che crediamo di aver "capito" chi siamo, la vita ci offre nuove sfide, nuovi insegnamenti e nuove esperienze che ci spingono a riconsiderare le nostre certezze. Questo dinamismo è parte integrante del percorso di auto-consapevolezza: non possiamo mai considerare il processo concluso, poiché siamo in costante evoluzione. Le storie Zen, con il loro carattere paradossale e provocatorio, ci ricordano che l'illuminazione e la conoscenza di sé non sono stati permanenti che si raggiungono una volta per tutte, ma momenti di realizzazione che devono essere costantemente rinnovati attraverso la pratica e la riflessione.

In definitiva, le storie Zen sull'auto-conoscenza ci invitano a guardare dentro di noi con occhi nuovi, a mettere in discussione le nostre convinzioni e a essere aperti al mistero di ciò che siamo veramente. Ci insegnano che la vera comprensione di sé non può essere trovata attraverso il pensiero lineare o concettuale, ma solo attraverso l'esperienza diretta e immediata della nostra realtà interiore. Ci spingono a lasciar andare le illusioni che abbiamo creato su chi crediamo di essere e ad abbracciare la nostra natura autentica, che è fluida, interconnessa e in costante cambiamento.

Questo tipo di auto-conoscenza non è qualcosa che si può ottenere una volta per tutte, ma è un viaggio continuo di scoperta e riscoperta, un processo che ci accompagna per tutta la vita. Le storie Zen ci ricordano che la vita stessa è il nostro maestro più grande, e che ogni esperienza, per quanto semplice o ordinaria, è un'opportunità per riflettere su chi siamo e su come possiamo vivere in modo più autentico e consapevole. In questo senso, l'auto-conoscenza diventa non solo un percorso personale, ma una via per vivere in armonia con il mondo e con gli altri, accettando la bellezza e la complessità della nostra esistenza umana.

8. Diario interiore e riflessione quotidiana: Suggerimenti per sviluppare una pratica regolare di auto-riflessione attraverso la scrittura e la meditazione.

Lo sviluppo di una pratica regolare di auto-riflessione attraverso strumenti come il diario interiore e la meditazione può diventare uno dei mezzi più potenti per coltivare la consapevolezza di sé e il benessere mentale ed emotivo. Questi strumenti aiutano a creare uno spazio dedicato alla riflessione personale, permettendo di osservare i propri pensieri, emozioni e comportamenti in modo più chiaro e intenzionale. La scrittura di un diario interiore e la meditazione quotidiana non solo rafforzano l'auto-conoscenza, ma anche la capacità di affrontare le sfide della vita con maggiore saggezza e serenità.

Il Diario Interiore

Tenere un diario interiore è un modo efficace per trasformare i pensieri e le emozioni, che spesso fluttuano disordinati nella mente, in parole scritte, organizzate e concrete. Questo processo di mettere "nero su bianco" permette di prendere distanza dai propri pensieri e di vederli in modo più obiettivo, senza essere sopraffatti. Il diario diventa uno strumento di auto-riflessione profonda che facilita la comprensione dei modelli interiori, delle sfide emotive e dei desideri autentici. Ecco alcuni suggerimenti per sviluppare una pratica di diario interiore:

1. Scrittura libera e senza giudizio Il primo passo per iniziare un diario interiore è quello di abbandonare l'idea che ci sia un modo "giusto" di scrivere. Si tratta di una pratica personale e intima, quindi non ci sono regole da seguire. La scrittura libera consiste nel lasciare fluire i pensieri sulla pagina senza preoccuparsi della grammatica, dell'ortografia o della forma. È un modo per liberare la mente da qualsiasi filtro o censura, permettendo a tutto ciò che è dentro di noi di emergere in modo autentico. Inizia ogni sessione di scrittura dando spazio a qualunque pensiero o emozione che si presenti, senza giudicarlo o cercare di modificarlo.

2. Domande per l'auto-riflessione Se senti il bisogno di una guida o di un punto di partenza, puoi utilizzare domande stimolanti per facilitare l'auto-riflessione. Queste domande possono variare a seconda del tema su cui vuoi riflettere, ma alcune opzioni comuni potrebbero essere:

- Come mi sento in questo momento? Cosa mi preoccupa o mi entusiasma?
- Quali pensieri o emozioni dominano la mia mente oggi?
- Quali eventi recenti mi hanno fatto reagire in modo intenso, e perché?
- Quali sono le mie paure più profonde, e come stanno influenzando le mie scelte?
- In che modo sto coltivando la mia crescita personale o la mia felicità oggi?

Rispondere a queste domande può aprire uno spazio di consapevolezza che ti consente di esplorare i tuoi pensieri e le tue emozioni in profondità, aiutandoti a riconoscere schemi ricorrenti e aree che richiedono maggiore attenzione.

3. Gratitudine e auto-compassione Un'altra pratica molto utile da integrare nel diario interiore è quella della gratitudine e dell'auto-compassione. Alla fine di ogni sessione di scrittura, dedica del tempo a riflettere su ciò per cui sei grato e su come puoi trattarti con maggiore gentilezza. Può essere qualcosa di semplice, come apprezzare una piccola gioia della giornata, o un riconoscimento di uno sforzo personale che hai fatto. Questo ti aiuta a spostare l'attenzione dalle difficoltà alla gratitudine, che è una potente fonte di benessere interiore. Inoltre, riflettere su come praticare l'auto-compassione permette di abbracciare le tue imperfezioni e di accettare le difficoltà con maggiore serenità.

4. Riflessione su eventi ed emozioni Quando qualcosa ti disturba o ti provoca una reazione emotiva forte, il diario può diventare uno strumento di analisi prezioso. Scrivere in modo dettagliato ciò che è accaduto, come ti sei sentito e cosa ti ha fatto reagire può aiutarti a chiarire le dinamiche sottostanti. Ad esempio, potresti scoprire che una situazione apparentemente banale ha toccato una ferita emotiva più profonda o una paura nascosta. Questo tipo di riflessione ti permette di affrontare le emozioni e di capire cosa sta accadendo dentro di te, piuttosto che rimanere intrappolato nella reazione istintiva.

La Meditazione Quotidiana

La meditazione quotidiana è un complemento ideale alla pratica del diario interiore, poiché aiuta a sviluppare la presenza mentale e a calmare la mente. Attraverso la meditazione, impariamo a osservare i pensieri e le emozioni senza identificarci con essi, coltivando una qualità di attenzione che può poi essere portata anche nella scrittura. Meditare regolarmente rafforza la capacità di riflettere con maggiore chiarezza e tranquillità.

1. Creare uno spazio e un tempo dedicato Uno degli aspetti fondamentali per sviluppare una pratica regolare di meditazione è stabilire uno spazio e un momento specifici della giornata dedicati a essa. Non deve essere necessariamente un tempo lungo; anche dieci o quindici minuti al giorno possono fare una grande differenza se praticati con costanza. Trovare uno spazio tranquillo, libero da distrazioni, dove puoi sederti comodamente e iniziare a meditare, ti aiuterà a stabilire un'abitudine regolare.

2. Focalizzarsi sul respiro Uno degli esercizi meditativi più semplici e potenti è la concentrazione sul respiro. Osservare l'inspirazione e l'espirazione senza cercare di controllarle o modificarle ti aiuta a radicarti nel momento presente. Quando la mente inizia a vagare, come inevitabilmente accade, puoi semplicemente riportare delicatamente l'attenzione al respiro. Questo allenamento all'osservazione calma i pensieri e porta chiarezza, creando una base di tranquillità che può sostenere la riflessione quotidiana.

3. Meditazione di auto-riflessione Oltre alla meditazione di consapevolezza, puoi sviluppare una pratica di meditazione orientata specificamente all'auto-riflessione. Dopo aver calmato la mente con la concentrazione sul respiro, puoi portare l'attenzione su una domanda o un tema su cui desideri riflettere. Ad esempio:

- "Qual è la mia motivazione in questo momento della mia vita?"

- "Cosa mi impedisce di sentirmi pienamente in pace con me stesso?"
- "Come posso nutrire meglio il mio benessere mentale ed emotivo?"

Mantenendo un atteggiamento di curiosità e apertura, puoi lasciare che le risposte emergano spontaneamente, senza forzarle. Questo tipo di riflessione meditativa non richiede una risposta immediata, ma crea uno spazio in cui possono sorgere intuizioni che forse non sarebbero emerse attraverso il solo pensiero razionale.

4. Meditazione della gratitudine e della gentilezza amorevole Una forma di meditazione molto utile per integrare la riflessione quotidiana è la pratica della gratitudine e della gentilezza amorevole. Inizia portando alla mente cose, persone o situazioni per cui provi gratitudine, permettendo al cuore di espandersi e di sentire questa emozione positiva. Poi, estendi questo sentimento di gratitudine verso te stesso e gli altri, offrendo gentilezza e compassione. Questo tipo di meditazione non solo favorisce il benessere emotivo, ma coltiva anche un'attitudine di accettazione e gentilezza verso te stesso, che può facilitare una riflessione personale più aperta e meno giudicante.

Integrazione tra Diario e Meditazione

Uno degli approcci più potenti per sviluppare una pratica regolare di auto-riflessione è integrare la scrittura del diario con la meditazione quotidiana. La meditazione può preparare la mente per la scrittura, aiutandoti a calmarti e a entrare in uno stato di maggiore chiarezza e introspezione. Dopo una sessione di meditazione, potresti sentirti più aperto e disponibile a esplorare i tuoi pensieri ed emozioni attraverso la scrittura, poiché la meditazione avrà già ridotto il rumore mentale.

Allo stesso modo, la scrittura del diario può offrire spunti preziosi che puoi portare nella tua meditazione. Ad esempio, se durante la scrittura emergono emozioni difficili o temi ricorrenti, puoi portare questi temi nella tua meditazione e osservarli con curiosità e senza giudizio, permettendo che si sviluppi una comprensione più profonda.

L'integrazione di queste due pratiche crea un ciclo virtuoso: la meditazione aiuta a coltivare la presenza e la chiarezza necessarie per riflettere in modo più efficace, mentre la scrittura del diario ti fornisce uno spazio per esprimere e organizzare le intuizioni che emergono dalla meditazione.

In conclusione, sviluppare una pratica regolare di auto-riflessione attraverso la scrittura e la meditazione è un percorso che porta a una maggiore consapevolezza di sé, calma interiore e crescita personale. Entrambe le pratiche si sostengono a vicenda, creando un ambiente di introspezione e crescita continua, in cui possiamo esplorare la nostra mente e il nostro cuore con curiosità, accettazione e gentilezza.

La pratica quotidiana dell'auto-riflessione attraverso il diario interiore e la meditazione ha radici profonde nella nostra necessità di comprendere meglio noi stessi, le nostre motivazioni, le emozioni e i pensieri che ci attraversano. È una pratica che ci permette di navigare nel complesso mondo interiore con maggiore chiarezza e presenza, e ogni giorno, attraverso il semplice atto di scrivere o meditare, ci avviciniamo a una comprensione più profonda del nostro essere. Queste due pratiche si intrecciano in un modo che rafforza la nostra consapevolezza, rendendoci più attenti a ciò che accade dentro di noi, non solo nei momenti di quiete ma anche durante la vita quotidiana.

Scrivere un diario interiore è un atto di profonda connessione con sé stessi. Spesso, le nostre giornate sono piene di pensieri vaganti, preoccupazioni, desideri e riflessioni che passano rapidamente attraverso la mente senza essere pienamente esplorati. La scrittura del diario crea uno spazio dedicato in cui possiamo rallentare e dare voce a questi pensieri, permettendoci di esprimere senza fretta ciò che sentiamo e pensiamo. Ogni pagina diventa uno specchio che riflette la nostra mente in quel preciso momento, ed è in questa riflessione che possiamo iniziare a vedere pattern nascosti, a riconoscere ciò che ci preoccupa o ci ispira, e a scoprire nuove prospettive su situazioni apparentemente stagnanti.

Un aspetto fondamentale della scrittura del diario interiore è la sua capacità di liberarci dall'urgenza di trovare soluzioni immediate. Spesso, affrontiamo la nostra vita interiore con l'intento di "risolvere" problemi o "correggere" emozioni che consideriamo negative. Ma la scrittura del diario ci invita a lasciar andare questo impulso e semplicemente a esplorare ciò che è presente in noi in quel momento. Questo processo di esplorazione senza giudizio ci permette di osservare le nostre emozioni e i nostri pensieri per quello che sono, senza cercare di modificarli o interpretarli immediatamente. È come osservare un paesaggio interiore, in cui ogni emozione o pensiero ha il diritto di esistere e di essere visto, senza l'urgente necessità di cambiare il corso della sua espressione.

Allo stesso modo, la meditazione quotidiana agisce come un faro che illumina i pensieri e le emozioni che normalmente ci sfuggono. Attraverso la pratica regolare della meditazione, impariamo a osservare senza attaccamento i pensieri che attraversano la nostra mente, diventando testimoni silenziosi del flusso continuo di idee, emozioni, e sensazioni. Questa osservazione distaccata ci permette di riconoscere che i nostri pensieri non sono la nostra realtà assoluta, ma semplicemente fenomeni transitori che emergono e si dissolvono. Questo crea uno spazio di libertà interiore, dove non ci sentiamo più intrappolati nelle storie che la nostra mente racconta, ma possiamo vederle con maggiore obiettività e compassione.

Uno degli aspetti più potenti della meditazione è che ci aiuta a sviluppare una capacità di "stare" con ciò che è, senza cercare di scappare o di modificarlo. Quando meditiamo, non possiamo evitare ciò che emerge: emozioni scomode, ansie nascoste o paure latenti. Ma è proprio in questo stare presenti che si apre lo spazio per una comprensione più profonda. Spesso, quando siamo presi dalla frenesia quotidiana, cerchiamo di evitare o distrarre la mente da queste sensazioni difficili, ma la meditazione ci invita ad affrontarle con calma, a dare loro lo spazio necessario per esprimersi e, infine, a dissolversi. Questo processo ci insegna che non dobbiamo avere paura delle nostre emozioni o dei nostri pensieri più oscuri: essi sono parte della nostra umanità, e solo osservandoli senza giudizio possiamo veramente integrarli e comprendere il loro significato.

La connessione tra la scrittura del diario e la meditazione è evidente anche nel modo in cui entrambe le pratiche ci aiutano a sviluppare una maggiore auto-compassione. Nel diario, possiamo esplorare non solo ciò che ci preoccupa, ma anche ciò che ci rende grati, ciò che apprezziamo in noi stessi e nel mondo. La gratitudine è un elemento fondamentale per coltivare una mente e un cuore aperti, e scrivere regolarmente su ciò che di positivo c'è nelle nostre vite ci aiuta a spostare l'attenzione dalle preoccupazioni alle benedizioni. Questo atto di riconoscimento, per quanto semplice, ha il potere di trasformare il nostro stato d'animo e di ricordarci che, anche nei momenti più difficili, ci sono sempre cose per cui essere grati.

La meditazione, d'altro canto, ci insegna l'arte della gentilezza verso noi stessi. Spesso, durante la meditazione, ci rendiamo conto di quanto siamo duri con noi stessi, di quanto ci giudichiamo per non essere all'altezza delle nostre aspettative. Ma attraverso la pratica costante, impariamo a essere più gentili e comprensivi verso i nostri errori e le nostre imperfezioni. Questa auto-compassione, sviluppata nella meditazione, può essere portata nella scrittura del diario, dove possiamo riflettere sui nostri progressi e sui nostri fallimenti con maggiore accettazione e comprensione. Invece di vedere i nostri fallimenti come segni di debolezza, possiamo imparare a vederli come opportunità per crescere e per capire meglio noi stessi.

Il diario e la meditazione lavorano insieme per approfondire la nostra consapevolezza e per aiutarci a coltivare una maggiore presenza nella vita quotidiana. Quando pratichiamo regolarmente entrambe le attività, ci accorgiamo che iniziamo a vivere con più attenzione, a notare i piccoli dettagli delle nostre giornate e a rispondere agli eventi in modo più consapevole. La riflessione quotidiana diventa un'abitudine che si estende oltre i momenti dedicati alla scrittura o alla meditazione, permeando ogni aspetto della nostra vita. Iniziamo a vedere che le risposte alle nostre domande interiori non arrivano necessariamente sotto forma di grandi rivelazioni, ma spesso emergono nei momenti più semplici e ordinari, quando siamo pienamente presenti.

Un'altra caratteristica importante di queste pratiche è la loro capacità di aiutarci a navigare attraverso i cambiamenti della vita. Sia la scrittura del diario che la meditazione ci forniscono uno spazio sicuro in cui possiamo elaborare le nostre esperienze e adattarci ai cambiamenti, che siano essi esterni o interni. In un mondo che è in costante trasformazione, queste pratiche ci offrono stabilità e un punto di riferimento che possiamo sempre ritrovare dentro di noi. Scrivere del nostro viaggio personale ci permette di riconoscere i nostri progressi e di vedere come ci stiamo evolvendo nel tempo, mentre la meditazione ci offre la possibilità di radicarci nel presente, anche quando tutto intorno a noi sembra in movimento.

Le difficoltà che incontriamo lungo il cammino diventano anche esse parte integrante del processo di crescita. Attraverso la scrittura e la meditazione, impariamo che le sfide non sono ostacoli da superare, ma lezioni da abbracciare. Ogni difficoltà che incontriamo nella nostra pratica riflette un'area della nostra vita che richiede maggiore attenzione e cura. Ad esempio, potremmo scoprire attraverso la scrittura del diario che ci sentiamo costantemente sotto pressione o in ansia per il futuro, e questa consapevolezza ci porta a riflettere su cosa ci sta realmente spingendo a vivere con questa tensione. Allo stesso modo, la meditazione ci aiuta a entrare in contatto con queste sensazioni fisiche ed emotive, permettendoci di esplorarle senza reagire in modo impulsivo.

In definitiva, la pratica regolare della scrittura del diario interiore e della meditazione ci aiuta a coltivare una relazione più intima con noi stessi. Queste pratiche creano uno spazio sacro dove possiamo incontrare noi stessi in modo autentico, senza maschere o pregiudizi. La riflessione quotidiana diventa un atto di cura e di amore verso noi stessi, un momento in cui possiamo fermarci, respirare, e ascoltare ciò che il nostro cuore e la nostra mente ci stanno dicendo. Più pratichiamo queste attività, più ci rendiamo conto che la vera conoscenza di sé non è qualcosa che si raggiunge una volta per tutte, ma un processo continuo di esplorazione e scoperta. Le risposte che cerchiamo non sono "là fuori", ma emergono gradualmente quando ci permettiamo di ascoltare con attenzione ciò che è già dentro di noi.

La pratica del diario interiore e della riflessione quotidiana, in combinazione con la meditazione, rappresenta un viaggio ininterrotto verso una comprensione più profonda di chi siamo e di come interagiamo con il mondo. Ogni giorno, quando ci sediamo per scrivere o per meditare, non stiamo semplicemente compiendo un gesto formale, ma stiamo creando uno spazio per far emergere quelle parti di noi che spesso rimangono silenti o nascoste sotto il frastuono della vita quotidiana. È come scavare lentamente sotto la superficie per portare alla luce intuizioni, emozioni e pensieri che normalmente non vediamo, o che evitiamo di affrontare.

Il diario interiore, in particolare, diventa uno specchio fedele che ci rimanda indietro un'immagine più chiara di chi siamo nel momento presente. Spesso viviamo la nostra vita in modalità automatica, mossi da abitudini mentali che ci portano a reagire piuttosto che a rispondere consapevolmente agli eventi. La scrittura del diario ci aiuta a rompere questo schema, offrendoci un'opportunità di riflettere su come ci sentiamo veramente, senza filtri o pressioni esterne. Nel diario, non dobbiamo preoccuparci di apparire in un certo modo, possiamo essere onesti e trasparenti con noi stessi, il che ci permette di esplorare anche le emozioni e i pensieri più difficili da affrontare.

In questo processo, emerge una dinamica interessante: la scrittura diventa un atto di liberazione. Spesso, i pensieri e le preoccupazioni rimangono bloccati nella mente, girano in cerchio senza trovare una via d'uscita. Ma quando mettiamo per iscritto queste riflessioni, qualcosa cambia. La scrittura diventa un contenitore sicuro, dove possiamo lasciare andare i pensieri, sapendo che sono stati accolti e registrati su una pagina. Non è più necessario tenerli dentro o continuare a rimuginarli. Questo atto di "rilascio" ci permette di creare spazio mentale, di alleggerire il carico emotivo e di trovare un nuovo senso di chiarezza.

Parallelamente, la meditazione quotidiana agisce come un'ancora che ci radica nel momento presente, un momento che non è definito dai pensieri del passato o dalle preoccupazioni per il futuro. La pratica del sedersi in silenzio, dell'osservare il respiro e del portare attenzione a ciò che sorge nel qui e ora, ci insegna a essere presenti con ciò che c'è, senza giudizio o attaccamento. Questo stato di presenza ci permette di vedere noi stessi in modo più limpido, senza la lente distorta delle aspettative o delle paure. In meditazione, possiamo osservare come la mente tende a divagare, come spesso si attacca a pensieri ricorrenti, o come si ritrova intrappolata in ansie che, a ben vedere, non hanno radici reali nel presente.

C'è una sinergia naturale tra la scrittura del diario e la meditazione. Quando meditiamo regolarmente, diventiamo più consapevoli dei nostri pensieri e delle nostre emozioni, ma queste intuizioni spesso rimangono allo stato latente, senza essere completamente elaborate. La scrittura del diario, invece, ci permette di dare forma e sostanza a ciò che abbiamo osservato in meditazione. Ad esempio, potremmo notare durante la meditazione che una particolare preoccupazione continua a riaffiorare nella mente, ma solo quando ci sediamo a scrivere possiamo davvero esplorare da dove viene quella preoccupazione, quali pensieri l'accompagnano e cosa rappresenta per noi. Allo stesso modo, il diario può rivelare schemi mentali o emotivi che possiamo poi portare nella meditazione, per osservarli con maggiore distacco e compassione.

Un altro aspetto fondamentale della pratica del diario interiore è che ci permette di tracciare il nostro viaggio interiore nel tempo. Quando scriviamo regolarmente, possiamo rileggere ciò che abbiamo scritto settimane o mesi prima, e vedere come siamo cambiati, come certi temi ricorrenti si sono trasformati, o come certe sfide siano state affrontate e superate. Questo ci dà un senso di continuità e progresso, permettendoci di riconoscere i momenti di crescita personale che altrimenti potrebbero passare inosservati. Spesso, nella frenesia della vita quotidiana, non ci rendiamo conto di quanto stiamo evolvendo; il diario ci offre una prospettiva a lungo termine che ci aiuta a vedere il nostro cammino in modo più chiaro e consapevole.

Un ulteriore beneficio del diario interiore è la possibilità di esplorare i nostri sogni, aspirazioni e desideri più profondi. La scrittura ci permette di connetterci con ciò che vogliamo davvero nella vita, al di là delle aspettative sociali o delle pressioni esterne. A volte, possiamo sentirci disconnessi da ciò che ci motiva realmente, persi in un vortice di impegni e responsabilità. Ma il diario ci offre uno spazio per esplorare liberamente ciò che ci rende felici, ciò che ci appassiona e ciò che desideriamo coltivare nella nostra vita. In questo senso, diventa uno strumento non solo di riflessione ma anche di manifestazione, un luogo dove possiamo piantare i semi dei nostri sogni e vederli crescere attraverso il processo di auto-conoscenza.

Parallelamente, la meditazione ci aiuta a coltivare uno stato di accettazione e di non attaccamento che è fondamentale per l'auto-riflessione. Spesso, quando riflettiamo su noi stessi, tendiamo a giudicarci duramente per i nostri errori, o a provare frustrazione per non essere dove vorremmo essere. La meditazione, tuttavia, ci insegna a lasciare andare questi giudizi e a trattarci con maggiore gentilezza. Quando impariamo a osservare i nostri pensieri e le nostre emozioni con curiosità, senza reagire o etichettarli come "buoni" o "cattivi", diventiamo più tolleranti verso noi stessi e più aperti all'idea che il cambiamento e la crescita personale richiedono tempo e pazienza. Questo atteggiamento di compassione verso noi stessi può essere portato anche nella scrittura, dove possiamo imparare a scrivere non solo delle nostre sfide, ma anche dei nostri progressi e delle nostre piccole vittorie quotidiane.

Un altro aspetto che emerge con la pratica regolare della meditazione e della scrittura del diario è la capacità di affrontare l'incertezza e l'impermanenza con maggiore equilibrio. La vita è piena di cambiamenti, molti dei quali fuori dal nostro controllo, e questo può generare ansia e paura. Ma attraverso la meditazione, impariamo a vedere che tutto è in costante movimento: i pensieri, le emozioni, le situazioni esterne. Nulla rimane uguale, e questo vale anche per le difficoltà che affrontiamo. La pratica ci insegna a non aggrapparci né ai momenti piacevoli né a quelli spiacevoli, ma a fluire con ciò che emerge. Questo approccio può poi essere riflesso nel diario, dove possiamo osservare come i nostri pensieri e le nostre emozioni cambiano nel tempo, permettendoci di sviluppare una prospettiva più distaccata e resiliente di fronte ai cambiamenti della vita.

La pratica combinata del diario e della meditazione ci porta anche a riconoscere che l'auto-conoscenza non è un processo che si svolge solo nell'introspezione, ma si manifesta anche nel modo in cui interagiamo con il mondo esterno. Scrivere e meditare ci rendono più consapevoli delle nostre relazioni, del modo in cui comunichiamo e ci connettiamo con gli altri. Quando siamo più in sintonia con noi stessi, siamo anche in grado di essere più presenti e autentici nelle relazioni con gli altri. Invece di reagire automaticamente alle persone o alle situazioni, possiamo rispondere con maggiore consapevolezza e comprensione, creando relazioni più profonde e significative. Il diario, in questo senso, diventa uno spazio dove possiamo riflettere sulle nostre interazioni, sui nostri schemi relazionali e su come possiamo migliorare la qualità delle nostre connessioni con gli altri.

Infine, uno degli insegnamenti più preziosi che emerge dalla pratica del diario interiore e della meditazione è la comprensione che il viaggio verso la conoscenza di sé non ha una fine. Non c'è un punto di arrivo in cui possiamo dire di conoscerci completamente, poiché siamo in costante evoluzione. Ogni giorno porta nuove esperienze, nuove sfide e nuove opportunità per imparare qualcosa di più su di noi. La scrittura del diario e la meditazione ci aiutano a rimanere aperti a questo processo, a vedere la vita come un'opportunità continua di crescita e scoperta. Non si tratta di raggiungere una perfezione immaginaria, ma di accogliere ogni momento come un'opportunità per essere presenti, per imparare e per crescere

Concludere un discorso sulla pratica del diario interiore e della riflessione quotidiana attraverso la meditazione richiede di riconoscere la profondità e la vastità di questo percorso. Entrambe le pratiche, se coltivate con regolarità e dedizione, offrono un'opportunità unica per sviluppare una relazione più intima e consapevole con noi stessi, aiutandoci a navigare la complessità della nostra vita interiore con maggiore chiarezza, equilibrio e compassione.

Il diario interiore non è solo un mezzo per esprimere pensieri ed emozioni, ma diventa un vero e proprio strumento di scoperta personale. Scrivere permette di rivelare aspetti di noi stessi che spesso rimangono nascosti nel caos della vita quotidiana. Attraverso la scrittura, esploriamo non solo i nostri desideri e le nostre paure, ma anche i motivi più profondi che guidano le nostre azioni e reazioni. Il diario diventa uno specchio della nostra evoluzione, un luogo sicuro dove possiamo osservare i nostri progressi, riflettere sui nostri errori e apprezzare le lezioni apprese lungo il cammino.

Ma la forza del diario interiore si amplifica quando viene integrato con la meditazione quotidiana. La meditazione ci aiuta a coltivare la capacità di osservare i nostri pensieri e le nostre emozioni senza identificarci con essi. Impariamo a lasciare andare il giudizio, a sviluppare una mente calma e aperta, capace di accogliere ciò che emerge senza resistenza. Questo stato di consapevolezza silenziosa ci permette di essere presenti con noi stessi in modo più autentico e profondo, e di portare questa qualità di presenza nella scrittura del diario. In altre parole, la meditazione ci prepara a esplorare il nostro mondo interiore con maggiore attenzione e curiosità, senza la necessità di trovare risposte immediate o di risolvere problemi.

Questa combinazione di scrittura e meditazione crea una sinergia potente. Da un lato, il diario offre una struttura attraverso la quale possiamo esplorare e dare voce alle nostre esperienze interiori. Dall'altro, la meditazione ci fornisce gli strumenti per osservare queste esperienze con una mente più chiara e meno reattiva. Insieme, queste pratiche ci permettono di navigare con maggiore consapevolezza e saggezza non solo i nostri stati mentali ed emotivi, ma anche le sfide che incontriamo nella vita quotidiana.

Un altro aspetto centrale di queste pratiche è la loro capacità di sviluppare un senso di continuità e progressione nel nostro percorso di crescita personale. Quando meditiamo e scriviamo quotidianamente, possiamo osservare come la nostra comprensione di noi stessi si approfondisce nel tempo. Temi ricorrenti, schemi emotivi e sfide personali diventano più evidenti, e ci rendiamo conto di come stiamo evolvendo. Questo ci dà un senso di direzione, un filo conduttore che collega le nostre esperienze passate con il nostro presente e con la nostra visione del futuro.

Le pratiche del diario e della meditazione ci insegnano anche l'importanza della pazienza. La conoscenza di sé non arriva improvvisamente o attraverso momenti isolati di intuizione, ma è il risultato di un impegno costante e di una riflessione continua. Scrivere e meditare richiedono dedizione e costanza, ma i frutti di queste pratiche emergono gradualmente, rivelandosi in momenti di chiarezza, comprensione e accettazione che arricchiscono profondamente la nostra esperienza di vita.

In questo senso, il diario e la meditazione non sono strumenti separati dalla vita quotidiana, ma modalità attraverso cui possiamo vivere in modo più pieno e consapevole. Scrivere ci aiuta a organizzare i nostri pensieri e a dare un significato alle esperienze, mentre la meditazione ci radica nel presente, permettendoci di vedere la realtà senza le distorsioni dei pensieri compulsivi o delle emozioni incontrollate. Quando combiniamo queste due pratiche, ci rendiamo conto che l'auto-conoscenza non è un obiettivo finale, ma un processo dinamico, in continua evoluzione.

L'auto-riflessione quotidiana ci aiuta anche a sviluppare una relazione più compassionevole con noi stessi. Attraverso la meditazione, impariamo a non giudicare i nostri pensieri e a osservare con curiosità ciò che emerge. Allo stesso modo, il diario diventa uno spazio dove possiamo esprimere le nostre vulnerabilità, senza timore di essere giudicati. Questa capacità di trattarci con gentilezza e comprensione è fondamentale per il nostro benessere emotivo e per la nostra crescita personale. Invece di criticarci o cercare di cambiare immediatamente ciò che non ci piace di noi, impariamo a riconoscere i nostri limiti e le nostre difficoltà come parte del nostro percorso di crescita, abbracciando le nostre imperfezioni con amore e accettazione.

Infine, entrambe le pratiche ci insegnano a coltivare una maggiore gratitudine. Quando ci sediamo a scrivere o a meditare, ci fermiamo per un momento e ci rendiamo conto di tutto ciò che c'è di buono nella nostra vita, delle lezioni che abbiamo imparato e delle opportunità che ci sono state offerte. La gratitudine diventa una forza trasformativa che ci aiuta a vedere il lato positivo anche nelle sfide, riconoscendo che ogni esperienza, positiva o negativa, contribuisce alla nostra crescita e alla nostra comprensione di noi stessi.

In definitiva, la pratica del diario interiore e della meditazione quotidiana è un percorso che ci porta a una maggiore consapevolezza, compassione e comprensione di noi stessi. È un impegno che ci invita a tornare ogni giorno a noi stessi, a riflettere, a osservare e a scoprire, con curiosità e senza giudizio, chi siamo veramente. In questo processo, ci rendiamo conto che la conoscenza di sé non è un traguardo statico, ma un viaggio continuo che ci accompagna per tutta la vita, permettendoci di crescere, evolvere e vivere in modo più autentico e significativo.

9. Coltivare il pensiero positivo: L'importanza di scegliere pensieri positivi e di come questo influisca sulla pace interiore.

Coltivare il pensiero positivo è uno dei passi più importanti verso la pace interiore e il benessere mentale. La nostra mente è un terreno fertile in cui i pensieri, come semi, possono crescere e influenzare profondamente il nostro stato d'animo e la nostra visione del mondo. Scegliere consapevolmente pensieri positivi non significa ignorare o negare le difficoltà della vita, ma piuttosto sviluppare la capacità di orientare la nostra attenzione verso ciò che è costruttivo, arricchente e che ci sostiene nel trovare equilibrio e serenità.

L'importanza del pensiero positivo non risiede solo nel generare sentimenti di felicità momentanea, ma ha un impatto profondo sul nostro stato emotivo, sulla nostra resilienza e, in definitiva, sulla nostra capacità di affrontare le sfide quotidiane. Pensieri negativi costanti possono logorare il nostro benessere interiore, creando una spirale di ansia, stress e pessimismo. Al contrario, i pensieri positivi hanno il potere di sollevarci, rafforzare il nostro senso di speranza e aumentare la nostra fiducia nelle nostre capacità di superare le difficoltà.

Uno dei principi fondamentali per coltivare il pensiero positivo è riconoscere che abbiamo un certo grado di controllo sui nostri pensieri. Anche se non possiamo evitare che pensieri negativi emergano, possiamo scegliere come rispondere a essi. Questo non significa reprimere o negare i pensieri negativi, ma piuttosto riconoscerli per quello che sono – solo pensieri – e decidere consapevolmente di non lasciare che dominino il nostro stato mentale. Quando ci accorgiamo che stiamo scivolando in un ciclo di pensieri negativi, possiamo fare un passo indietro, osservare questi pensieri e reindirizzare la nostra attenzione verso pensieri più positivi e costruttivi.

Un altro aspetto importante del pensiero positivo è la gratitudine. La gratitudine è una pratica che ci permette di focalizzarci su ciò che di buono c'è nella nostra vita, anche nelle situazioni più difficili. Quando coltiviamo la gratitudine, cambiamo la nostra prospettiva: invece di concentrarci su ciò che manca o su ciò che non va, ci sintonizziamo su ciò che abbiamo e che funziona. Questo spostamento di attenzione non solo migliora il nostro stato d'animo, ma crea anche un senso di abbondanza interiore. Ogni giorno, possiamo fare un semplice esercizio di gratitudine, prendendoci del tempo per riflettere su tre cose per cui siamo grati. Anche nei giorni più difficili, possiamo sempre trovare qualcosa di positivo – un sorriso, un gesto gentile, o anche solo la bellezza della natura intorno a noi.

Coltivare il pensiero positivo significa anche sviluppare la capacità di riconoscere le opportunità nei momenti di difficoltà. La vita è piena di sfide, ma ogni difficoltà può essere vista come un'opportunità per crescere, imparare e rafforzarsi. Questo non significa negare il dolore o la sofferenza, ma piuttosto adottare un atteggiamento che ci permetta di vedere la luce anche nelle situazioni più buie. Quando affrontiamo un ostacolo, possiamo chiederci: "Cosa posso imparare da questa situazione? Come posso crescere attraverso questa sfida?". Questo tipo di riflessione ci aiuta a trasformare le difficoltà in opportunità di sviluppo personale, e questo, a sua volta, alimenta un ciclo di pensiero positivo.

La pratica della mindfulness, o consapevolezza, è un'altra risorsa chiave per coltivare il pensiero positivo. Quando siamo consapevoli, siamo più attenti a come i nostri pensieri influenzano il nostro stato emotivo e possiamo intervenire prima che i pensieri negativi prendano il sopravvento. La mindfulness ci insegna a osservare i pensieri con distacco, senza attaccarci a essi o identificarci con essi. In questo modo, possiamo notare quando stiamo cadendo in pensieri negativi e scegliere di lasciarli andare, concentrandoci invece su pensieri più positivi. Ad esempio, se durante la giornata ci accorgiamo che un pensiero di sconforto o ansia si è radicato nella nostra mente, possiamo fare una pausa, respirare profondamente e riportare l'attenzione a qualcosa di positivo o gratificante. Anche solo qualche minuto di consapevolezza può fare una grande differenza nel nostro stato d'animo.

È utile riconoscere che coltivare il pensiero positivo richiede pratica e pazienza. Come ogni abitudine mentale, richiede tempo per svilupparsi. Non possiamo aspettarci di cambiare il nostro modo di pensare da un giorno all'altro, soprattutto se siamo stati abituati a uno stile di pensiero più negativo o critico. Tuttavia, con il tempo e la pratica costante, possiamo allenare la nostra mente a orientarsi più naturalmente verso pensieri positivi. Questo non significa che non avremo mai più pensieri negativi, ma significa che svilupperemo una maggiore capacità di affrontarli in modo costruttivo e di non farci sopraffare da essi.

Il pensiero positivo ha anche un effetto profondo sul nostro corpo e sulla nostra salute fisica. Numerosi studi hanno dimostrato che le persone che coltivano un atteggiamento positivo tendono a sperimentare meno stress, una maggiore capacità di recupero dopo malattie e una maggiore longevità. Lo stress cronico, spesso alimentato da pensieri negativi, può indebolire il sistema immunitario e aumentare il rischio di malattie. Al contrario, un atteggiamento positivo riduce i livelli di cortisolo, l'ormone dello stress, e promuove un sistema immunitario più forte. Questo non significa che il pensiero positivo possa "curare" le malattie, ma che contribuisce a creare un ambiente mentale e fisico più sano, che supporta il benessere generale.

La coltivazione del pensiero positivo influisce anche profondamente sulle nostre relazioni. Quando siamo abituati a pensare positivamente, siamo più inclini a vedere il buono negli altri, ad essere più tolleranti e compassionevoli. Invece di concentrarci sui difetti o sugli errori delle persone che ci circondano, iniziamo a valorizzare le loro qualità e a creare un ambiente di interazione più armonioso e costruttivo. Questo non solo migliora le nostre relazioni, ma ci aiuta anche a sentirci più connessi e supportati dalla rete sociale che ci circonda, contribuendo così alla nostra pace interiore.

Un altro aspetto fondamentale del pensiero positivo è la fiducia in sé stessi e nella propria capacità di influenzare positivamente la propria vita. Quando scegliamo di coltivare pensieri positivi, stiamo anche rafforzando la nostra fiducia nelle nostre capacità di affrontare le sfide e di creare la vita che desideriamo. Questo atteggiamento di fiducia ci rende più proattivi, più disposti a prendere iniziative e a cercare soluzioni creative ai problemi che incontriamo. Il pensiero positivo, in questo senso, non è solo una questione di ottimismo, ma una vera e propria forza motivazionale che ci spinge ad agire in modo costruttivo e orientato agli obiettivi.

Un modo concreto per coltivare il pensiero positivo è l'uso di affermazioni. Le affermazioni sono frasi semplici ma potenti che possiamo ripetere a noi stessi per rafforzare i pensieri positivi e ristrutturare il nostro dialogo interiore. Queste frasi possono essere personalizzate in base alle nostre necessità, ad esempio: "Sono capace di affrontare questa sfida", "Merito di essere felice", "Mi concentro su ciò che posso controllare e lascio andare ciò che non posso cambiare". Le affermazioni, se ripetute regolarmente, aiutano a sostituire i pensieri negativi con quelli positivi, creando nuove connessioni neuronali che supportano un atteggiamento mentale più ottimistico e proattivo.

Infine, è importante sottolineare che il pensiero positivo non riguarda solo il singolo individuo, ma ha un effetto a catena sulle persone intorno a noi. Quando scegliamo di coltivare pensieri positivi, non solo miglioriamo il nostro benessere personale, ma contribuiamo a creare un'atmosfera più armoniosa e positiva anche per gli altri. Le nostre azioni, il nostro comportamento e il nostro atteggiamento influenzano chi ci sta accanto, e scegliere il pensiero positivo può ispirare gli altri a fare lo stesso. In questo modo, possiamo contribuire a creare un ambiente sociale più pacifico e sostenibile, che promuova il benessere collettivo.

In sintesi, coltivare il pensiero positivo è un processo intenzionale e continuo che richiede consapevolezza, pratica e pazienza. Non si tratta di negare la realtà o di vivere in un mondo di fantasia, ma di scegliere consapevolmente di orientare la nostra attenzione verso ciò che è costruttivo, utile e arricchente. Il pensiero positivo ci aiuta a costruire una mente più calma, resiliente e fiduciosa, e ci permette di affrontare la vita con maggiore equilibrio, contribuendo così in modo decisivo alla nostra pace interiore.

Il potere del pensiero positivo va ben oltre l'idea di mantenere un atteggiamento ottimistico. È una forza che, una volta coltivata, trasforma profondamente la nostra percezione della realtà e il nostro rapporto con noi stessi, gli altri e il mondo che ci circonda. Ciò che rende il pensiero positivo così potente è la sua capacità di influenzare il nostro stato d'animo, il nostro benessere fisico ed emotivo, e persino il nostro comportamento quotidiano. Tuttavia, non si tratta di forzarsi a pensare in modo positivo, né di negare la realtà dei pensieri negativi che inevitabilmente emergono. Piuttosto, coltivare il pensiero positivo significa imparare a scegliere consapevolmente come rispondere ai pensieri e alle situazioni, adottando un atteggiamento che ci permetta di affrontare la vita con più apertura, resilienza e fiducia.

Un aspetto essenziale del pensiero positivo è l'idea che la nostra mente tenda a rispecchiare ciò su cui ci concentriamo. Se ci abituiamo a concentrarci costantemente su ciò che non va, sulle preoccupazioni e sulle difficoltà, la nostra mente comincerà a identificarsi con questi pensieri, rafforzando uno stato mentale negativo. Ma se scegliamo di orientare la nostra attenzione verso ciò che è buono, possibile e positivo, iniziamo a spostare il nostro focus mentale e a costruire uno schema di pensiero più costruttivo. Questo processo non accade dall'oggi al domani, ma richiede una pratica consapevole e continua. Ogni volta che ci accorgiamo che la nostra mente sta scivolando in pensieri negativi, possiamo fare un passo indietro e reindirizzare la nostra attenzione su pensieri più positivi, anche se piccoli o semplici. Nel tempo, questa abitudine diventa più naturale, fino a quando il pensiero positivo diventa una parte integrante del nostro modo di vivere.

È importante comprendere che il pensiero positivo non significa essere ingenui o chiudere gli occhi di fronte alle sfide della vita. Ci saranno sempre situazioni difficili, eventi dolorosi o momenti di crisi, ma il pensiero positivo ci offre gli strumenti per affrontarli con una mente più aperta e resiliente. Piuttosto che farsi sopraffare dalle difficoltà, il pensiero positivo ci aiuta a vederle come opportunità per crescere e imparare. Questo non significa che dobbiamo accettare passivamente le cose negative o fingere che tutto vada bene, ma significa che possiamo scegliere come rispondere emotivamente e mentalmente a ciò che accade. Anche in mezzo alle difficoltà, possiamo sempre trovare qualcosa di positivo, anche se è solo una lezione che stiamo imparando o un'opportunità per esercitare la pazienza e la compassione verso noi stessi.

Un altro aspetto cruciale del pensiero positivo è la sua capacità di influenzare il modo in cui vediamo noi stessi. Spesso, siamo i nostri critici più severi. Tendiamo a giudicarci duramente per i nostri errori, per le nostre debolezze e per ciò che percepiamo come fallimenti. Questo dialogo interiore negativo può minare la nostra autostima e alimentare sensazioni di inadeguatezza. Al contrario, coltivare il pensiero positivo significa trattarci con la stessa gentilezza e compassione che offriremmo a un amico. Significa riconoscere i nostri punti di forza e celebrare i nostri progressi, anche quelli piccoli. Quando ci focalizziamo su ciò che facciamo bene, su ciò che abbiamo già realizzato, ci sentiamo più motivati e fiduciosi nelle nostre capacità. Questo non significa ignorare le aree in cui possiamo migliorare, ma affrontarle da una posizione di accettazione e fiducia, piuttosto che di critica e insoddisfazione.

Il pensiero positivo influisce anche sulla nostra capacità di attrarre esperienze e persone positive nella nostra vita. Questo non è solo un concetto astratto o esoterico, ma ha una base psicologica ben fondata. Le persone che adottano un atteggiamento positivo tendono a trasmettere energia positiva agli altri, creando un effetto a catena nelle loro relazioni e nell'ambiente che li circonda. Quando affrontiamo la vita con una mentalità positiva, siamo più aperti alle opportunità, più disposti a correre rischi calcolati e più inclini a vedere possibilità dove altri vedono solo ostacoli. Questo atteggiamento proattivo e positivo attrae naturalmente esperienze più gratificanti, poiché siamo più disposti a cogliere le opportunità e a costruire relazioni sane e nutrienti.

Coltivare il pensiero positivo non significa cercare costantemente di "pensare rosa" o evitare i sentimenti negativi. Tutti noi, di tanto in tanto, attraversiamo momenti di tristezza, rabbia, frustrazione o paura. Il pensiero positivo, invece, ci offre un modo per affrontare queste emozioni con un atteggiamento più equilibrato. Non si tratta di negare le emozioni difficili, ma di vederle come parte della nostra esperienza umana, sapendo che, come tutte le emozioni, sono transitorie. Questo ci dà la forza di non rimanere intrappolati in cicli di pensiero negativo, ma di accettare ciò che sentiamo e, allo stesso tempo, cercare di vedere la situazione da una prospettiva più ampia, includendo anche ciò che di positivo potrebbe emergere.

Un ulteriore vantaggio del pensiero positivo è che ci rende più resilienti di fronte alle difficoltà. La resilienza è la capacità di affrontare le avversità senza lasciarsi abbattere completamente da esse. Le persone resilienti non sono necessariamente quelle che non provano dolore o sofferenza, ma quelle che sanno trovare la forza per rialzarsi e andare avanti. Il pensiero positivo è una componente chiave della resilienza perché ci aiuta a mantenere la speranza e a credere che, anche nelle situazioni più difficili, ci sia sempre una via d'uscita. Quando manteniamo una visione positiva, anche di fronte alle sfide, siamo più inclini a cercare soluzioni piuttosto che rimanere bloccati nei problemi.

Inoltre, il pensiero positivo influenza il nostro sistema nervoso. Pensieri negativi continui possono attivare una risposta di "lotta o fuga", che aumenta i livelli di stress e di cortisolo nel corpo, portando a una serie di conseguenze negative per la salute, come l'indebolimento del sistema immunitario, l'aumento della pressione sanguigna e il rischio di malattie cardiovascolari. Al contrario, il pensiero positivo attiva il sistema parasimpatico, che favorisce il rilassamento e il ripristino del corpo. Questo crea uno stato di calma interiore che ci aiuta a gestire meglio lo stress e a mantenere il corpo in uno stato di equilibrio e benessere.

Un modo concreto per iniziare a coltivare il pensiero positivo è attraverso la visualizzazione. La visualizzazione è una tecnica che consiste nell'immaginare mentalmente scenari positivi e desiderabili. Quando visualizziamo con vividezza i nostri obiettivi, i nostri desideri o anche semplicemente immagini di pace e serenità, il nostro cervello reagisce come se stessimo vivendo realmente quell'esperienza. Questo stimola una risposta emotiva positiva che ci aiuta a creare uno stato mentale più ottimista e proattivo. Prendersi alcuni minuti al giorno per visualizzare uno scenario positivo – che si tratti di una situazione di successo, di una relazione armoniosa o di un momento di pace interiore – può influenzare positivamente il nostro stato d'animo e il nostro approccio alla giornata.

Il potere del pensiero positivo si estende anche alla creatività e alla capacità di risolvere i problemi. Quando siamo intrappolati in pensieri negativi, la nostra mente tende a restringersi, a vedere solo i limiti e gli ostacoli. Ma quando coltiviamo il pensiero positivo, la nostra mente si espande, diventiamo più creativi e flessibili nel trovare soluzioni. Pensare positivamente ci permette di essere più aperti a nuove idee, di vedere le situazioni da diverse prospettive e di trovare modi innovativi per affrontare le sfide. Questo è particolarmente importante nel lavoro, nelle relazioni e in qualsiasi contesto in cui sia richiesto pensiero strategico o innovativo.

Infine, coltivare il pensiero positivo ci aiuta a vivere con maggiore serenità e pace interiore. Quando scegliamo di pensare positivamente, stiamo scegliendo di allentare la presa dell'ansia, del risentimento e del pessimismo. Stiamo scegliendo di vivere con maggiore fiducia, con la consapevolezza che, indipendentemente dalle circostanze esterne, abbiamo il potere di determinare come ci sentiamo e come rispondiamo a ciò che accade. Questo senso di controllo interiore ci porta a una pace più profonda, poiché sappiamo che possiamo affrontare la vita con un atteggiamento che ci sostiene e ci nutre, piuttosto che indebolirci o abbatterci.

In definitiva, coltivare il pensiero positivo è un atto di cura verso noi stessi. È una scelta che facciamo ogni giorno per nutrire la nostra mente, il nostro cuore e il nostro spirito con pensieri che ci rafforzano e ci aiutano a vivere con maggiore gioia, equilibrio e gratitudine. Non si tratta di evitare le sfide, ma di affrontarle con un atteggiamento che ci permette di vedere il buono che c'è, anche nelle situazioni difficili, e di sapere che, alla fine, abbiamo sempre il potere di scegliere come vivere la nostra vita.

Il concetto di coltivare il pensiero positivo non riguarda semplicemente l'idea di vedere sempre il bicchiere mezzo pieno o di mantenere un ottimismo forzato di fronte a tutte le situazioni. È molto più profondo, poiché coinvolge un cambiamento fondamentale nel modo in cui ci relazioniamo con i nostri pensieri, le nostre emozioni e la nostra esperienza della vita quotidiana. Il pensiero positivo è un approccio intenzionale che ci permette di scegliere consapevolmente quali pensieri nutrire e quali lasciar andare. Questo approccio non ignora le difficoltà, le preoccupazioni o le emozioni negative, ma ci dà la possibilità di riorientare la mente verso qualcosa di più costruttivo, arricchente e potenziante.

Ogni giorno siamo immersi in una marea di stimoli e informazioni, e spesso la mente, per sua natura, tende a focalizzarsi su ciò che è problematico o stressante. Questa inclinazione verso il negativo non è necessariamente un difetto, ma piuttosto una funzione evolutiva che ci ha aiutato a sopravvivere in un mondo pieno di pericoli. Tuttavia, nella vita moderna, questa tendenza può diventare un ostacolo al nostro benessere mentale ed emotivo. Continuare a soffermarsi su pensieri di paura, ansia, preoccupazione o dubbio può creare uno stato mentale di negatività costante, che non solo influenza il nostro umore, ma colora anche la nostra percezione del mondo, rendendo difficile vedere le opportunità, le possibilità e la bellezza che ci circonda.

È qui che entra in gioco la pratica del pensiero positivo. Non si tratta di eliminare completamente i pensieri negativi, ma piuttosto di riconoscerli quando emergono e decidere come gestirli. Una delle chiavi per coltivare un pensiero più positivo è la consapevolezza. Diventare consapevoli dei nostri pensieri è il primo passo per poterli influenzare. Spesso, i pensieri negativi appaiono nella nostra mente senza che ne siamo pienamente coscienti; iniziamo a rimuginare su una preoccupazione o su un fallimento, e senza rendercene conto, ci troviamo intrappolati in un ciclo di pensieri negativi che si autoalimentano. Quando, però, iniziamo a prestare attenzione ai nostri schemi di pensiero, possiamo notare questi cicli e scegliere di interromperli prima che prendano piede. Possiamo fermarci, fare un respiro profondo e domandarci: "Questo pensiero mi sta aiutando o mi sta danneggiando?". Questo semplice atto di consapevolezza è il primo passo per liberarsi dalla presa del pensiero negativo e per coltivare uno stato mentale più positivo.

Il pensiero positivo ha anche un'influenza diretta sulla nostra autostima e sulla nostra percezione di ciò che è possibile per noi. Quando ci abituiamo a pensare in modo negativo, spesso limitiamo noi stessi e le nostre capacità. Potremmo iniziare a credere che non siamo in grado di affrontare certe sfide, o che non meritiamo certi successi o esperienze positive. Questi pensieri limitanti diventano come barriere invisibili che ci impediscono di agire o di prendere iniziative, e, col tempo, possono minare la nostra fiducia in noi stessi. Al contrario, il pensiero positivo ci incoraggia a credere nelle nostre capacità, a vedere le nostre sfide come opportunità di crescita e a coltivare un senso di fiducia nelle nostre possibilità. Quando adottiamo una mentalità positiva, non vediamo più i fallimenti come segni di inadeguatezza, ma come passi inevitabili nel processo di apprendimento e miglioramento.

Un altro elemento centrale nel coltivare il pensiero positivo è l'idea di auto-compassione. Molte persone che lottano con il pensiero negativo sono particolarmente dure con se stesse. Tendono a giudicarsi severamente per i propri errori, a confrontarsi continuamente con gli altri o a sentire di non essere mai abbastanza. Questo dialogo interiore critico può diventare una fonte costante di stress e ansia, che ci tiene bloccati in una mentalità negativa. Coltivare il pensiero positivo richiede di sviluppare una maggiore compassione verso noi stessi. Ciò significa essere gentili con noi stessi quando commettiamo errori, riconoscendo che sbagliare fa parte dell'essere umani e che ogni errore è un'opportunità per imparare e crescere. La compassione verso sé stessi ci permette di affrontare le difficoltà con un atteggiamento più equilibrato, evitando di cedere alla tentazione di auto-criticarci e di sprofondare in pensieri negativi.

Un'altra componente fondamentale del pensiero positivo è la gratitudine. Coltivare la gratitudine è uno degli strumenti più potenti per reindirizzare la nostra mente verso pensieri più positivi. Quando pratichiamo la gratitudine, spostiamo consapevolmente l'attenzione da ciò che manca o da ciò che non va, verso ciò che abbiamo e ciò che funziona nella nostra vita. Anche nei momenti difficili, c'è sempre qualcosa di cui essere grati: può essere una piccola gioia quotidiana, un'esperienza passata che ci ha arricchito, o una qualità personale che ci rende unici. Tenere un diario della gratitudine, in cui scriviamo ogni giorno alcune cose per cui siamo grati, è una pratica semplice ma estremamente efficace per allenare la mente a concentrarsi sugli aspetti positivi della vita. Col tempo, questo spostamento dell'attenzione può trasformare il nostro modo di vedere il mondo, aiutandoci a sviluppare una prospettiva più equilibrata e serena.

La capacità di coltivare il pensiero positivo si riflette anche nelle relazioni che abbiamo con gli altri. Quando siamo intrappolati in pensieri negativi, tendiamo a proiettare queste negatività anche nelle nostre interazioni. Potremmo diventare più critici, impazienti o frustrati con gli altri, il che finisce per danneggiare le relazioni e creare tensioni. Al contrario, quando ci abituiamo a pensare in modo positivo, diventiamo più tolleranti, empatici e disponibili. Questo non solo migliora la qualità delle nostre relazioni, ma crea anche un ciclo virtuoso: le relazioni più armoniose e positive alimentano ulteriormente il nostro benessere mentale ed emotivo, rendendo più facile mantenere una mentalità positiva.

Il pensiero positivo è profondamente legato anche alla nostra capacità di essere presenti nel momento. Quando siamo persi nei pensieri negativi, spesso la nostra mente vaga nel passato, rivivendo esperienze dolorose, o si proietta nel futuro, anticipando preoccupazioni o problemi che potrebbero non verificarsi mai. Questo ci impedisce di vivere pienamente il momento presente, di godere delle piccole cose che ci circondano e di apprezzare ciò che abbiamo proprio ora. La pratica del pensiero positivo ci aiuta a riportare la nostra attenzione al presente, a ciò che possiamo fare in questo momento per migliorare il nostro stato d'animo e la nostra esperienza. Essere presenti ci consente di vedere le opportunità e le bellezze che altrimenti passerebbero inosservate, semplicemente perché la nostra mente è troppo occupata da pensieri negativi su ciò che è stato o ciò che potrebbe accadere.

Un altro aspetto importante del pensiero positivo è la sua capacità di influenzare il nostro comportamento. Quando pensiamo positivamente, siamo più propensi ad agire in modo proattivo, a cercare soluzioni e a prendere iniziative. Il pensiero negativo, invece, tende a paralizzarci, a farci dubitare di noi stessi e a farci evitare le sfide per paura del fallimento. Pensare positivamente ci dà la motivazione per andare avanti, per affrontare le difficoltà con coraggio e per continuare a cercare modi per migliorare la nostra situazione, anche quando sembra difficile. Questo non significa che il pensiero positivo elimini i problemi, ma ci mette in una posizione mentale ed emotiva più forte per affrontarli.

Coltivare il pensiero positivo non è solo un atto individuale, ma può avere un impatto collettivo. Quando adottiamo una mentalità positiva, influenziamo le persone intorno a noi. La nostra energia positiva può essere contagiosa, ispirando gli altri a vedere il lato positivo delle situazioni e a credere nelle loro capacità. Le famiglie, i gruppi di amici e i team di lavoro che si basano su un pensiero collettivo positivo tendono a essere più coesi, più resilienti e più creativi nel risolvere i problemi. Il pensiero positivo, quindi, non solo migliora la nostra vita personale, ma contribuisce anche a creare ambienti sociali più sani e armoniosi.

In sintesi, coltivare il pensiero positivo è un viaggio continuo che richiede pratica, consapevolezza e pazienza. Non si tratta di negare le difficoltà o di ignorare i pensieri negativi, ma di scegliere consapevolmente di reindirizzare la nostra attenzione verso ciò che ci rafforza, ci arricchisce e ci sostiene. Con il tempo, questa pratica può trasformare il nostro modo di vedere noi stessi, il mondo e le sfide che affrontiamo, portandoci a una maggiore pace interiore, a una vita più equilibrata e a relazioni più armoniose.

Concludere un discorso sul coltivare il pensiero positivo implica riconoscere la profondità e l'impatto che questa pratica ha non solo sul nostro benessere mentale ed emotivo, ma anche su ogni aspetto della nostra vita. Coltivare il pensiero positivo non è un semplice esercizio di ottimismo superficiale, ma un vero e proprio impegno verso una vita più consapevole e intenzionale. Significa scegliere con attenzione quali pensieri nutrire, comprendendo che i pensieri hanno un effetto diretto sulle nostre emozioni, sul nostro comportamento e sulle relazioni che intratteniamo con gli altri.

Uno degli insegnamenti centrali del pensiero positivo è che non possiamo controllare tutto ciò che accade intorno a noi, ma possiamo sempre controllare come reagiamo a ciò che accade. Questa consapevolezza ci restituisce un senso di potere e di responsabilità personale. Quando scegliamo di coltivare pensieri positivi, stiamo di fatto scegliendo di reagire alla vita in modo più costruttivo, meno reattivo e con una maggiore apertura mentale. Invece di lasciarci sopraffare dalle difficoltà o dai problemi, ci orientiamo verso soluzioni, crescita e opportunità.

Un punto essenziale è che il pensiero positivo non consiste nel negare o reprimere i pensieri negativi. Non significa chiudere gli occhi di fronte alla realtà, alle difficoltà o alle emozioni spiacevoli. Al contrario, il pensiero positivo riconosce la presenza di pensieri negativi come parte naturale dell'esperienza umana, ma ci invita a non soffermarci su di essi. La pratica del pensiero positivo ci insegna a guardare oltre il problema, a cercare la luce anche nei momenti bui, e a ricordarci che, per quanto le cose possano sembrare difficili, abbiamo sempre la capacità di trovare un punto di vista più utile e potenziante. È la capacità di lasciare che i pensieri negativi passino senza rimanere bloccati in essi, di dare loro il giusto peso senza permettere che controllino la nostra mente o il nostro stato d'animo.

La coltivazione del pensiero positivo richiede consapevolezza, e la consapevolezza si sviluppa attraverso la pratica quotidiana. È una disciplina mentale che si costruisce nel tempo, attraverso piccoli atti di attenzione verso i propri pensieri. Inizialmente, potrebbe sembrare difficile spostare l'attenzione dai pensieri negativi a quelli positivi, soprattutto se abbiamo l'abitudine di focalizzarci su ciò che non va. Ma come qualsiasi altra abilità, anche il pensiero positivo si sviluppa con la pratica costante. Più ci alleniamo a identificare e modificare i nostri pensieri, più diventa naturale pensare in modo positivo, e meno i pensieri negativi avranno il controllo su di noi.

Un altro punto fondamentale è che il pensiero positivo è profondamente legato alla gratitudine. La gratitudine ci aiuta a spostare l'attenzione da ciò che manca nella nostra vita a ciò che abbiamo già. Quando pratichiamo la gratitudine, stiamo coltivando una mentalità di abbondanza piuttosto che di scarsità. Questo semplice ma potente spostamento di prospettiva può avere un impatto profondo sul nostro benessere emotivo e sulla nostra visione del mondo. Prendersi del tempo ogni giorno per riflettere su ciò di cui siamo grati ci aiuta a radicarci nel presente e a sviluppare una sensazione di appagamento che ci accompagna anche nelle sfide. La gratitudine non cambia le circostanze, ma cambia il modo in cui le viviamo.

Inoltre, il pensiero positivo ha un effetto a cascata che influisce non solo sul nostro stato interiore, ma anche sulle nostre azioni. Quando pensiamo positivamente, siamo più propensi a prendere iniziative, a rischiare, a uscire dalla nostra zona di comfort e a cercare nuove opportunità. Il pensiero negativo, al contrario, tende a paralizzarci, a farci dubitare delle nostre capacità e a impedirci di agire. Adottare una mentalità positiva ci permette di essere più proattivi e creativi nelle nostre scelte, portandoci a vivere una vita più piena e significativa. Più crediamo nella nostra capacità di affrontare le difficoltà e di superare gli ostacoli, più diventa naturale intraprendere azioni che ci spingono verso i nostri obiettivi.

Le relazioni interpersonali beneficiano enormemente del pensiero positivo. Le persone che coltivano pensieri positivi tendono a comunicare in modo più empatico, a vedere il buono negli altri e a mantenere un atteggiamento di apertura e accoglienza. Questo crea un ciclo virtuoso nelle relazioni: quando siamo positivi, gli altri rispondono positivamente, e le interazioni diventano più armoniose e nutrienti. Al contrario, quando siamo dominati da pensieri negativi, tendiamo a proiettare questa negatività nelle nostre relazioni, il che può creare tensioni, malintesi o conflitti. Imparare a pensare positivamente non solo migliora la nostra vita interiore, ma rende anche le nostre relazioni più forti, più aperte e più autentiche.

Infine, la coltivazione del pensiero positivo è strettamente collegata al concetto di resilienza. La vita è inevitabilmente piena di sfide e difficoltà, ma ciò che fa la differenza è come scegliamo di affrontarle. Il pensiero positivo non elimina le difficoltà, ma ci fornisce gli strumenti mentali ed emotivi per affrontarle con una maggiore forza interiore. Quando scegliamo di vedere le difficoltà come opportunità di crescita, sviluppiamo la resilienza necessaria per attraversare i momenti difficili senza essere spezzati. Questa capacità di rialzarsi dopo le cadute, di trovare un significato anche nelle esperienze dolorose, è ciò che ci permette di mantenere la pace interiore anche di fronte alle avversità.

In conclusione, coltivare il pensiero positivo è una pratica che richiede intenzionalità, consapevolezza e impegno. Non è un atto passivo, ma una scelta attiva che facciamo ogni giorno per orientare la nostra mente verso ciò che ci sostiene, ci rafforza e ci permette di vivere in modo più autentico e gratificante. Non significa negare i problemi o le emozioni negative, ma riconoscerli e scegliere di non lasciarsi definire da essi. Attraverso il pensiero positivo, impariamo a sviluppare una maggiore fiducia in noi stessi, a trovare la bellezza nelle piccole cose e a vedere ogni sfida come un'opportunità per crescere. Il risultato di questo percorso non è solo una maggiore pace interiore, ma anche una vita più ricca, più equilibrata e più connessa con il mondo e con le persone intorno a noi.

10. Storie Zen sul pensiero positivo: Racconti che illustrano la potenza del pensiero positivo nella trasformazione personale.

Le storie Zen sono potenti strumenti per illustrare concetti complessi come il pensiero positivo attraverso esempi semplici e diretti, ma spesso paradossali. Questi racconti, brevi ma profondamente significativi, sono progettati per far riflettere e spingere alla contemplazione piuttosto che offrire risposte definitive. Attraverso l'esperienza e la pratica, si può scoprire il vero significato nascosto dietro le parole. Nelle storie Zen, il pensiero positivo non è visto come semplice ottimismo, ma come una prospettiva trasformativa che ci permette di vedere la realtà sotto una luce diversa, favorendo la crescita interiore e la pace.

1. La storia della tazza spezzata Un giorno, un discepolo si recò dal suo maestro Zen con un atteggiamento depresso. Aveva rotto accidentalmente una tazza molto preziosa, e il rimorso lo consumava. Preoccupato per la reazione del maestro, decise di confessare il suo errore: "Maestro, mi dispiace molto, ho rotto la tua tazza preferita. Non riesco a smettere di sentirmi in colpa."
Il maestro Zen, senza esitare, rispose con un sorriso: "Ah, davvero? Allora lascia che la tazza sia spezzata per sempre."
Il discepolo, sorpreso dalla tranquillità del maestro, chiese spiegazioni. "Perché non sei arrabbiato? Non ti dispiace perdere la tua tazza preferita?"
Il maestro sorrise di nuovo e disse: "Ogni cosa è destinata a cambiare. Prima o poi la tazza si sarebbe rotta. Scegliere di vedere questa realtà come parte del ciclo naturale delle cose mi permette di accettare il cambiamento senza sofferenza."

Questa storia insegna che il pensiero positivo non è legato al desiderio di evitare le difficoltà, ma all'accettazione del cambiamento. Quando smettiamo di aggrapparci al passato o ai nostri errori, permettiamo a noi stessi di vivere in pace con ciò che è. La mente diventa libera dal rimorso e dalla colpa, consentendoci di vedere la vita attraverso una lente di accettazione e serenità, anziché di giudizio.

2. Il ponte sul fiume Un giovane monaco attraversava un periodo difficile nella sua pratica spirituale. Si sentiva costantemente sopraffatto dai suoi pensieri negativi e dalle sue insicurezze. Decise quindi di chiedere consiglio al suo maestro: "Maestro, come posso superare i pensieri negativi che mi impediscono di progredire nel cammino?"
Il maestro Zen lo condusse a un ponte sopra un fiume e disse: "Guarda l'acqua sotto di noi. Vedi come scorre senza fermarsi, anche quando incontra ostacoli lungo il suo cammino?"
Il monaco annuì, confuso. "Cosa ha a che fare questo con i miei pensieri?"
Il maestro sorrise: "Proprio come l'acqua, i tuoi pensieri scorrono costantemente. Se cerchi di bloccare o combattere i pensieri negativi, diventeranno come un fiume trattenuto da una diga: accumuleranno forza e ti travolgeranno. Invece, lascia che i pensieri negativi scorrano come l'acqua. Accoglili e lasciali andare, senza trattenerti. Solo così potrai fare spazio per pensieri più positivi e sereni."

Questa storia sottolinea che il pensiero positivo non è il risultato della repressione dei pensieri negativi, ma della capacità di lasciarli andare senza resistenza. Quando accettiamo che i pensieri negativi facciano parte della nostra esperienza, smettiamo di identificarci con essi e apriamo la porta a una mente più libera e leggera, pronta ad accogliere pensieri positivi e rigeneranti.

3. Il contadino e il cavallo In un piccolo villaggio, viveva un contadino anziano noto per il suo atteggiamento calmo e positivo di fronte a ogni evento della vita. Un giorno, il suo unico cavallo scappò e i vicini si recarono da lui per esprimere le loro condoglianze: "Che sfortuna perdere il tuo cavallo!"
Il contadino, con un sorriso pacato, rispose: "Forse sì, forse no."
Qualche giorno dopo, il cavallo tornò, portando con sé altri cavalli selvaggi. I vicini accorsero per congratularsi: "Che fortuna incredibile! Ora hai molti cavalli!"
Il contadino rispose ancora: "Forse sì, forse no."
Il giorno successivo, il figlio del contadino tentò di domare uno dei cavalli selvaggi e cadde, rompendosi una gamba. I vicini tornarono per esprimere la loro tristezza: "Che sfortuna per tuo figlio!"
Il contadino, con lo stesso atteggiamento sereno, disse: "Forse sì, forse no."

La settimana successiva, arrivarono i soldati per reclutare giovani uomini per la guerra, ma il figlio del contadino, essendo ferito, fu risparmiato. I vicini, ancora una volta, lo considerarono fortunato. Il contadino rispose sempre allo stesso modo: "Forse sì, forse no."

Questa storia Zen illustra perfettamente la natura mutevole della vita e il potere del pensiero positivo nel non attaccarsi agli eventi, etichettandoli come "buoni" o "cattivi". Il contadino ha scelto di non reagire emotivamente agli eventi, sapendo che la realtà è in costante cambiamento. Questa prospettiva ci insegna che il pensiero positivo non è solo una questione di vedere il lato buono delle cose, ma di mantenere una mente equilibrata e aperta, senza lasciarsi trasportare da giudizi immediati o reazioni impulsive.

4. La storia della scimmia inquieta C'era una volta una scimmia che non riusciva mai a fermarsi. Continuava a saltare da un albero all'altro, inseguendo pensieri, desideri e preoccupazioni. Anche quando trovava del cibo, lo abbandonava subito per cercare qualcosa di meglio, preoccupata di poter perdere un'opportunità più grande. Un giorno, mentre era particolarmente agitata, una tartaruga anziana le parlò: "Perché ti affanni così tanto? Non ti rendi conto che non troverai mai la pace se continui a rincorrere ogni pensiero?"
La scimmia rispose: "Non posso farci niente, la mia mente non smette mai di pensare. Cosa dovrei fare?"
La tartaruga sorrise: "Smetti di inseguire ogni pensiero. Siediti e lascia che siano i pensieri a venire a te. Non devi seguirli, devi solo osservarli. Solo allora troverai la pace che cerchi."

La scimmia rappresenta la mente agitata e i pensieri incessanti che ci travolgono. La tartaruga ci insegna che il pensiero positivo non è una questione di rincorrere l'ideale perfetto o di cercare costantemente la felicità, ma di trovare pace nell'accettazione di ciò che è. Quando smettiamo di inseguire ogni pensiero e ci fermiamo per osservarlo, creiamo spazio per la tranquillità e la riflessione positiva.

5. Il monaco e il temporale Un giovane monaco, nel mezzo di un temporale, corse terrorizzato verso il tempio dove viveva il suo maestro. Il tuono rimbombava e i lampi illuminavano il cielo, mentre il monaco sentiva crescere dentro di sé un senso di angoscia. Trovò il maestro seduto in perfetta calma, osservando la pioggia.
"Maestro, non sei spaventato dalla tempesta? Non temi che la

distruzione sia vicina?" chiese il monaco.
Il maestro lo guardò e rispose: "Il temporale è parte della natura, e come tutto, passerà. Se lo temi, ti aggrapperai alla paura, e la tua mente sarà come il cielo scosso dai lampi. Se invece lo accetti, la tua mente sarà come l'acqua del lago dopo la tempesta: calma e limpida."
Il monaco, ancora agitato, chiese: "Ma come posso mantenere una mente calma di fronte a tale potenza distruttiva?"
Il maestro rispose: "Accetta il temporale, come accetti il sole. Sappi che entrambi passano. Questo è il potere del pensiero positivo: non fuggire, non combattere, ma accogliere ogni cosa, sapendo che tutto è transitorio."

Questa storia ci mostra che il pensiero positivo non significa evitare o negare le tempeste della vita, ma accoglierle con serenità, sapendo che sono temporanee. Anche nei momenti più difficili, possiamo mantenere una mente positiva e calma se ci ricordiamo che tutto è transitorio e che dietro ogni tempesta c'è sempre un ritorno alla pace.

In conclusione, le storie Zen sul pensiero positivo ci insegnano che la vera trasformazione personale non deriva dal cercare di controllare le circostanze esterne, ma dal coltivare una mente aperta, serena e capace di accogliere ogni esperienza con equilibrio e saggezza. Il pensiero positivo, nel contesto Zen, non è una semplice reazione agli eventi, ma una scelta consapevole di vedere ogni situazione come parte di un flusso più grande, dove tutto ha il suo posto e il suo scopo, e dove ogni difficoltà può portare a una nuova comprensione e crescita interiore.

Le storie Zen offrono una finestra unica sulla comprensione profonda del pensiero positivo e di come esso possa trasformare la nostra esperienza di vita. Ogni racconto è progettato per stimolare una riflessione silenziosa, e spesso il loro significato non è immediatamente evidente, proprio perché la tradizione Zen ci invita a superare l'interpretazione logica e razionale per accedere a una comprensione più intuitiva. Il pensiero positivo, visto attraverso la lente delle storie Zen, non è un semplice ottimismo, ma una forma di accettazione e consapevolezza che ci permette di fluire con la vita, invece di resistere ai suoi alti e bassi.

Nelle storie Zen, la trasformazione personale attraverso il pensiero positivo avviene non tanto attraverso un cambiamento delle circostanze esterne, quanto attraverso una trasformazione interna, una nuova visione di come la mente può approcciarsi agli eventi. La mente, spesso descritta come "scimmia" in molte storie Zen, rappresenta l'inquietudine che proviamo quando siamo presi dai pensieri negativi, dalle preoccupazioni e dall'ansia. Le storie Zen ci mostrano che il pensiero positivo non si ottiene reprimendo o combattendo questi pensieri negativi, ma accogliendoli e permettendo loro di scorrere come parte dell'esperienza umana. Proprio come l'acqua di un fiume che scorre senza fermarsi di fronte agli ostacoli, la mente può imparare a lasciar fluire i pensieri, senza attaccarsi a essi o farli crescere a dismisura.

Uno degli aspetti più affascinanti delle storie Zen è che non offrono risposte dirette o soluzioni immediate. Invece, pongono una domanda o presentano un paradosso che ci invita a riflettere e a scoprire il significato attraverso l'esperienza diretta. Questo approccio riflette perfettamente la natura del pensiero positivo nel contesto Zen: non si tratta di forzarsi a vedere tutto in modo roseo, ma di permettere a ogni situazione di essere ciò che è, senza etichettarla come buona o cattiva. Questa accettazione radicale è ciò che porta alla trasformazione personale. Quando smettiamo di resistere alla realtà, smettiamo anche di alimentare i pensieri negativi. Invece di lottare contro la corrente della vita, impariamo a fluire con essa, e in questo flusso nasce una mente più serena, equilibrata e positiva.

Una delle storie Zen che meglio esprime questa idea di accettazione e trasformazione è quella del monaco che osserva la pioggia. In questo racconto, un giovane monaco, spaventato dalla violenza di una tempesta, cerca rifugio nel tempio e si rivolge al suo maestro per un consiglio su come mantenere la calma. Il maestro, invece di offrire rassicurazioni o spiegazioni, invita il monaco a osservare la pioggia e a notare come la tempesta, per quanto potente, alla fine si placherà. Questa storia ci insegna che il pensiero positivo non consiste nel negare la presenza della tempesta – sia essa fisica o metaforica – ma nel riconoscere che, come tutte le cose, anche la tempesta passerà. Questa consapevolezza ci permette di mantenere la calma e di affrontare le difficoltà con una mente chiara, sapendo che niente è permanente e che ogni difficoltà contiene in sé il seme della sua risoluzione.

Le storie Zen ci insegnano che il pensiero positivo è intrinsecamente legato al concetto di impermanenza. Nel Buddismo Zen, tutto è visto come in costante cambiamento, e questa consapevolezza ci libera dall'attaccamento alle situazioni e ai risultati. Quando comprendiamo che ogni evento, positivo o negativo, è destinato a cambiare, diventiamo meno inclini a soffermarci sui pensieri negativi. Il pensiero positivo, quindi, nasce da una profonda comprensione dell'impermanenza: sappiamo che anche nei momenti più difficili, c'è la certezza che le cose cambieranno, e questo ci permette di coltivare la pazienza, la resilienza e la fiducia.

Un'altra lezione importante che emerge dalle storie Zen sul pensiero positivo è il concetto di non-attaccamento. Molte delle storie coinvolgono personaggi che affrontano situazioni difficili, ma che riescono a mantenere una calma interiore grazie alla loro capacità di non attaccarsi né alle circostanze né ai risultati. Questo atteggiamento di non-attaccamento non è un disinteresse o un distacco emotivo, ma una forma di accettazione profonda. Nelle storie, spesso un maestro Zen affronta una perdita o una sfida con una calma disarmante, perché ha capito che l'attaccamento al desiderio di controllare gli eventi o di ottenere un certo risultato è la fonte della sofferenza. Il pensiero positivo, in questo contesto, emerge quando siamo in grado di lasciar andare l'attaccamento alle aspettative e di accogliere ogni esperienza con apertura.

L'atteggiamento Zen verso il pensiero positivo implica anche una profonda fiducia nella vita stessa. Le storie ci mostrano che non è necessario avere tutte le risposte o sapere esattamente come si evolverà una situazione per mantenere una visione positiva. La fiducia è una parte centrale di questa mentalità: fiducia nel fatto che, qualunque cosa accada, abbiamo la capacità di affrontarla; fiducia che la vita ci porterà dove dobbiamo andare, anche se non sempre nel modo che ci aspettavamo. Questo senso di fiducia è uno degli elementi che distingue il pensiero positivo nel contesto Zen dall'ottimismo superficiale. Non è una questione di sperare semplicemente che tutto andrà per il meglio, ma di avere la certezza che, indipendentemente da ciò che accade, possiamo trovare una via per affrontarlo con serenità.

La saggezza Zen ci invita anche a considerare che spesso siamo noi stessi a creare la sofferenza attraverso la nostra resistenza agli eventi. Il pensiero negativo spesso nasce dal nostro desiderio di cambiare ciò che non possiamo controllare o di evitare esperienze spiacevoli. Le storie Zen ci insegnano che il pensiero positivo non consiste nell'ignorare le difficoltà, ma nel cambiare il nostro atteggiamento verso di esse. Quando accettiamo la realtà così com'è, smettiamo di lottare contro di essa, e questa accettazione genera una pace interiore che si traduce in pensieri più positivi e costruttivi. In questo senso, il pensiero positivo diventa un atto di saggezza: riconosciamo che il nostro potere non sta nel cambiare il mondo esterno, ma nel cambiare il modo in cui lo percepiamo.

Le storie Zen mostrano anche che il pensiero positivo è legato alla semplicità. Spesso, nelle storie, i maestri Zen trovano gioia e soddisfazione nelle cose più semplici, come bere una tazza di tè o contemplare la natura. Questa semplicità di vita e di pensiero ci insegna che non abbiamo bisogno di grandi eventi o di successi esterni per essere felici o in pace. Il pensiero positivo emerge quando impariamo a trovare gratitudine e soddisfazione nelle piccole cose quotidiane, nel momento presente. Non è necessario aspettare che qualcosa di straordinario accada per sentirsi positivi; possiamo coltivare pensieri positivi semplicemente apprezzando ciò che abbiamo qui e ora.

Un'altra caratteristica delle storie Zen è la capacità di sfidare le nostre percezioni abituali. Molti racconti coinvolgono situazioni in cui ciò che sembra una sfortuna si rivela essere una benedizione, o viceversa. Questo ci insegna che il pensiero positivo è anche una questione di prospettiva: ciò che inizialmente sembra negativo può avere aspetti positivi che non riusciamo a vedere subito. Le storie ci invitano a non essere troppo rapidi nel giudicare gli eventi come "buoni" o "cattivi", ma a mantenere una mente aperta e a permettere che il tempo riveli il vero significato delle nostre esperienze. Questo atteggiamento ci aiuta a mantenere una visione positiva anche di fronte a difficoltà, sapendo che spesso le sfide contengono in sé i semi di opportunità future.

Infine, le storie Zen ci mostrano che il pensiero positivo è strettamente collegato alla compassione, sia verso noi stessi che verso gli altri. Molti racconti includono momenti in cui i maestri Zen dimostrano una profonda gentilezza e comprensione, non solo per i loro discepoli, ma anche per loro stessi. Coltivare pensieri positivi significa anche essere compassionevoli verso noi stessi nei momenti difficili, accettando le nostre imperfezioni e riconoscendo che tutti, indipendentemente dalle circostanze, meritano gentilezza e comprensione. Quando pratichiamo la compassione, siamo più inclini a vedere il buono in noi stessi e negli altri, e questo rafforza ulteriormente il nostro pensiero positivo.

In conclusione, le storie Zen ci offrono una prospettiva profonda e sfumata sul pensiero positivo. Attraverso esempi concreti e simbolici, ci mostrano che il pensiero positivo non è una semplice tecnica per sentirsi meglio, ma un modo di vivere che richiede consapevolezza, accettazione e fiducia. È una pratica che ci invita a lasciar andare l'attaccamento, a coltivare la semplicità e la gratitudine, e a trovare pace e gioia nel momento presente, indipendentemente dalle circostanze. In questo modo, il pensiero positivo diventa una fonte di trasformazione personale, una via verso una vita più serena, equilibrata e ricca di significato.

Le storie Zen sul pensiero positivo, oltre a essere un potente veicolo di insegnamento, riescono a rivelare una profonda connessione tra il modo in cui percepiamo la realtà e il modo in cui la viviamo. Spesso, la chiave per accedere a un cambiamento interiore significativo non risiede tanto nel modificare il mondo esterno, quanto nel trasformare la nostra percezione. Questa trasformazione è il cuore del pensiero positivo secondo la filosofia Zen, dove il cambiamento reale avviene attraverso il risveglio di una nuova consapevolezza, una nuova modalità di vedere e vivere la realtà.

In molte storie Zen, ci viene mostrato come il pensiero negativo nasca spesso dall'attaccamento e dal desiderio di controllo. Siamo abituati a desiderare che le cose vadano in un certo modo, che la vita segua le nostre aspettative, e quando questo non accade, la mente cade nella negatività. Ci lamentiamo, ci frustriamo e ci chiudiamo di fronte alle opportunità che potrebbero nascere dalle difficoltà. Una delle lezioni più potenti delle storie Zen sul pensiero positivo è l'invito a lasciare andare il bisogno di controllo e a sviluppare un'attitudine di apertura verso ciò che accade, anche quando non corrisponde ai nostri desideri.

Prendiamo, per esempio, la storia del contadino e del cavallo. Questo racconto mette in luce quanto sia facile, e spesso fuorviante, giudicare gli eventi come "buoni" o "cattivi" nel momento in cui accadono. Il pensiero positivo, nella visione Zen, non consiste semplicemente nel forzarsi a vedere il lato buono delle cose, ma piuttosto nel mantenere una mente aperta e flessibile, capace di accogliere gli eventi senza etichettarli immediatamente. Questo atteggiamento di non giudizio ci permette di attraversare le difficoltà con una maggiore serenità, sapendo che il significato reale di ciò che accade può rivelarsi solo con il tempo.

Un aspetto spesso trascurato del pensiero positivo è il ruolo della presenza mentale, o mindfulness. Molte storie Zen ci insegnano che quando siamo pienamente presenti nel momento, la mente non ha spazio per essere trascinata da pensieri negativi. È solo quando ci perdiamo nei ricordi del passato o nelle preoccupazioni per il futuro che i pensieri negativi trovano terreno fertile per crescere. Il pensiero positivo, nella pratica Zen, si sviluppa naturalmente quando impariamo a vivere con piena consapevolezza nel momento presente. In questo stato di presenza, la mente diventa calma e ricettiva, capace di rispondere agli eventi con una maggiore saggezza e tranquillità.

Le storie Zen dimostrano anche che il pensiero positivo è una forma di responsabilità personale. Spesso ci troviamo a incolpare le circostanze esterne o le persone intorno a noi per il nostro malessere. Tuttavia, le storie Zen ci invitano a riflettere sul fatto che, sebbene non possiamo controllare gli eventi esterni, abbiamo il potere di scegliere come rispondere a essi. Il pensiero positivo, quindi, non è solo un modo per sentirsi meglio, ma un atto di empowerment. È la consapevolezza che abbiamo sempre una scelta: possiamo permettere ai pensieri negativi di prendere il controllo, oppure possiamo decidere di orientare la nostra mente verso una visione più costruttiva e utile. Questo non significa che dobbiamo ignorare o reprimere le emozioni negative, ma che possiamo imparare a non farci trascinare da esse.

Le storie Zen ci mostrano anche che il pensiero positivo è profondamente radicato nell'accettazione. Accettare la realtà non significa rassegnarsi o smettere di cercare di migliorare le cose, ma piuttosto smettere di lottare contro ciò che non possiamo cambiare. L'accettazione apre la porta alla pace interiore, perché ci libera dalla resistenza che spesso crea sofferenza. Quando accettiamo ciò che è, la mente diventa più serena, più aperta e più capace di trovare soluzioni creative alle sfide che incontriamo. Il pensiero positivo nasce da questa accettazione, perché quando smettiamo di lottare contro la realtà, possiamo iniziare a vedere le opportunità e le possibilità che essa ci offre.

La compassione è un'altra qualità centrale che emerge dalle storie Zen sul pensiero positivo. Nella filosofia Zen, la compassione verso sé stessi e gli altri è considerata una chiave per vivere in pace e armonia. Molti dei racconti Zen ci mostrano come, quando sviluppiamo una maggiore gentilezza e comprensione verso noi stessi, diventa più facile vedere il lato positivo delle situazioni e trattare gli altri con maggiore pazienza e amorevolezza. Il pensiero positivo, in questo senso, non è un esercizio mentale isolato, ma parte di una pratica più ampia di vivere in modo più consapevole e compassionevole. Quando impariamo a essere gentili con noi stessi, a non giudicarci troppo duramente per i nostri errori, coltiviamo un terreno fertile per far fiorire pensieri positivi.

Un'altra lezione che emerge spesso nelle storie Zen è la capacità di trovare la bellezza nelle piccole cose della vita quotidiana. La filosofia Zen è intrinsecamente legata al concetto di semplicità, e molte storie ci insegnano che il pensiero positivo non richiede grandi successi o eventi straordinari, ma può nascere dalla capacità di apprezzare le piccole gioie del momento presente. Quando ci sintonizziamo su questa semplicità, il pensiero positivo diventa un naturale riflesso della nostra gratitudine per ciò che abbiamo, piuttosto che un'aspirazione a qualcosa di esterno. Il pensiero positivo non è, quindi, un tentativo di mascherare le difficoltà, ma un modo per vivere pienamente il presente, trovando soddisfazione in ciò che è già qui.

Le storie Zen spesso sottolineano che il pensiero positivo può essere sviluppato attraverso la pratica costante e la disciplina mentale. Non si tratta di un cambiamento improvviso o di una trasformazione immediata, ma di un processo graduale che richiede pazienza e costanza. Ogni giorno, possiamo allenare la nostra mente a riconoscere i pensieri negativi e a scegliere di non alimentarli. Invece di lasciare che la nostra mente vaghi incontrollata, come una scimmia inquieta, possiamo guidarla con gentilezza verso pensieri che ci aiutano a vivere con maggiore equilibrio e serenità. Le storie Zen ci insegnano che questo processo richiede dedizione, ma i benefici che ne derivano sono profondi e duraturi.

Un altro aspetto cruciale del pensiero positivo che emerge dalle storie Zen è la capacità di vedere ogni difficoltà come un'opportunità di crescita. Nella visione Zen, le sfide e le avversità non sono viste come ostacoli, ma come parte del percorso verso l'illuminazione e la comprensione più profonda. Ogni difficoltà, ogni momento di sofferenza, è un'occasione per imparare qualcosa su noi stessi e sulla vita. Questo atteggiamento trasforma completamente la nostra relazione con le difficoltà: invece di evitarle o temerle, possiamo accoglierle come insegnanti. Il pensiero positivo, in questo contesto, diventa una forma di saggezza, perché ci permette di vedere la crescita e l'evoluzione anche nei momenti più difficili.

Le storie Zen mostrano anche come il pensiero positivo sia strettamente legato alla pace interiore. Quando la nostra mente è calma e centrata, diventa più facile mantenere un atteggiamento positivo, indipendentemente dalle circostanze esterne. Molte storie Zen descrivono maestri che affrontano situazioni difficili con una serenità disarmante, perché hanno imparato a non farsi turbare dagli eventi esterni. Questa calma interiore non è il risultato di un ottimismo superficiale, ma di una profonda consapevolezza che tutto è transitorio e che la vera pace viene da dentro, non dalle condizioni esterne. Il pensiero positivo, quindi, non è solo un atteggiamento mentale, ma una manifestazione di questa pace interiore che ci permette di navigare la vita con equilibrio e saggezza.

In definitiva, le storie Zen ci insegnano che il pensiero positivo è un'arte che si coltiva con attenzione e consapevolezza. Non è un atto di forza, né una semplice tecnica per evitare i pensieri negativi, ma un modo di vivere in armonia con la realtà, accettando ciò che è e vedendo le opportunità in ogni situazione. Il pensiero positivo, nella sua essenza, è una forma di libertà: la libertà di non essere schiavi dei nostri pensieri negativi, la libertà di scegliere come reagire alla vita e la libertà di trovare pace e gioia nel momento presente. Le storie Zen ci invitano a esplorare questa libertà e a scoprire, attraverso l'esperienza diretta, come il pensiero positivo possa trasformare non solo la nostra mente, ma anche la nostra vita.

Concludere un discorso sulle storie Zen e il pensiero positivo richiede di cogliere l'essenza stessa della saggezza che queste storie trasmettono e di comprendere il significato profondo che il pensiero positivo assume all'interno di questo contesto. Nelle storie Zen, il pensiero positivo non è un semplice strumento per sentirsi meglio o per migliorare temporaneamente il nostro stato emotivo, ma piuttosto una via per trasformare radicalmente la nostra percezione della vita. È un invito a guardare oltre le circostanze immediate e a sviluppare una consapevolezza più ampia e più calma di fronte a tutto ciò che incontriamo.

Le storie Zen ci mostrano che il pensiero positivo non nasce dalla negazione o dall'evitamento del negativo, ma da una comprensione più profonda della natura della mente e della realtà. Queste storie ci insegnano che la vita è intrinsecamente piena di sfide, cambiamenti e incertezze, ma ciò che conta non è tanto ciò che accade, quanto il modo in cui scegliamo di rispondere. Il pensiero positivo, in questo senso, è un esercizio di saggezza e maturità: implica la capacità di accettare ciò che non possiamo cambiare, di trovare serenità anche nei momenti di difficoltà, e di coltivare una prospettiva che ci permetta di vedere ogni esperienza come parte di un processo più ampio di crescita e trasformazione.

Una delle lezioni centrali che emergono dalle storie Zen è l'idea che il pensiero positivo non è qualcosa che si impone o si forza, ma qualcosa che si coltiva naturalmente quando impariamo a vivere con maggiore consapevolezza e accettazione. Quando smettiamo di resistere alla realtà e impariamo ad accogliere ogni situazione per ciò che è, la mente diventa più calma e aperta, e in questo stato di apertura, il pensiero positivo emerge spontaneamente. È un processo che richiede pazienza, pratica e una disposizione mentale flessibile, ma i benefici sono profondi e duraturi. Attraverso la pratica del pensiero positivo, iniziamo a sviluppare una mente più resiliente, capace di affrontare le sfide senza esserne sopraffatta, e più capace di vedere le opportunità di crescita che ogni situazione porta con sé.

Le storie Zen evidenziano anche l'importanza di coltivare il pensiero positivo non solo come strumento personale per il benessere individuale, ma come parte di un processo più ampio di armonizzazione con il mondo e con gli altri. Quando sviluppiamo una mente positiva, diventiamo più capaci di relazionarci con gli altri in modo autentico e compassionevole. Il pensiero positivo ci rende più aperti, più disponibili e più capaci di riconoscere il buono negli altri, migliorando così le nostre relazioni e creando un ambiente più armonioso intorno a noi. Le storie Zen ci mostrano come il pensiero positivo sia un atto di gentilezza verso noi stessi e verso il mondo: quando scegliamo di vedere il positivo, contribuiamo a creare un'energia di pace e serenità che si riflette in tutto ciò che facciamo.

Un altro aspetto importante che emerge dalle storie Zen è che il pensiero positivo non è statico o rigido, ma è fluido e adattabile. La vita è in costante cambiamento, e il pensiero positivo, secondo la filosofia Zen, consiste nella capacità di adattarsi a questo cambiamento con grazia e leggerezza. Le storie ci insegnano che, indipendentemente dalle circostanze, possiamo sempre trovare un modo per mantenere la nostra serenità e la nostra visione positiva, anche quando le cose non vanno come avevamo sperato. Questa capacità di adattamento è ciò che rende il pensiero positivo così potente: ci permette di vivere con maggiore flessibilità mentale ed emotiva, di affrontare le difficoltà con un cuore aperto e una mente chiara, e di mantenere la pace interiore in ogni situazione.

Inoltre, le storie Zen ci ricordano che il pensiero positivo è profondamente radicato nel concetto di impermanenza. La consapevolezza che tutto è temporaneo, che le emozioni, i pensieri e persino le situazioni difficili passano, ci aiuta a non rimanere intrappolati nei momenti di sconforto. Il pensiero positivo non è una negazione del dolore o della sofferenza, ma una comprensione che ogni esperienza è parte di un ciclo più grande, in cui tutto cambia e si evolve. Questa consapevolezza ci permette di affrontare i momenti difficili con maggiore serenità, sapendo che nulla dura per sempre e che anche le difficoltà sono destinate a trasformarsi. Questa visione amplia la nostra capacità di speranza e ci permette di affrontare la vita con una mente più equilibrata e serena.

Le storie Zen ci insegnano anche che il pensiero positivo può emergere dalla semplicità. Spesso siamo portati a cercare la felicità e la pace in grandi realizzazioni o in esperienze straordinarie, ma la saggezza Zen ci invita a trovare il valore e la bellezza nelle cose semplici della vita quotidiana. Il pensiero positivo non richiede condizioni straordinarie, ma può nascere dalla capacità di apprezzare il momento presente, di essere grati per le piccole cose e di vivere con consapevolezza. Questa semplicità non solo rende il pensiero positivo più accessibile, ma lo radica profondamente nella nostra esperienza quotidiana, permettendoci di vivere in armonia con noi stessi e con il mondo.

In conclusione, le storie Zen sul pensiero positivo ci offrono una visione profonda e trasformativa di come possiamo approcciarci alla vita. Attraverso l'accettazione, la consapevolezza, la compassione e la presenza, possiamo coltivare una mente più calma, resiliente e positiva, capace di affrontare le sfide con saggezza e serenità. Il pensiero positivo, nella visione Zen, non è solo un mezzo per sentirsi meglio, ma una via per vivere in modo più autentico, più aperto e più consapevole. È un percorso che richiede pratica e dedizione, ma che ci porta a una maggiore pace interiore e a una vita più equilibrata e significativa. Le storie Zen ci invitano a esplorare questo percorso e a scoprire, attraverso l'esperienza diretta, come il pensiero positivo possa trasformare profondamente non solo la nostra mente, ma anche la nostra intera esistenza.

11. Tecniche per trasformare la negatività: Strumenti pratici per riformulare pensieri negativi e coltivare una mentalità positiva attraverso la meditazione e l'auto-suggerimento.

La trasformazione della negatività in positività è un processo che richiede consapevolezza, impegno e l'uso di strumenti pratici. Spesso i pensieri negativi nascono da una mente che vaga senza controllo o che reagisce in modo automatico alle situazioni, creando ansia, stress o sofferenza. Tuttavia, con pratiche mirate, come la meditazione e l'auto-suggerimento, è possibile riformulare questi pensieri e coltivare una mentalità positiva che promuove il benessere e la serenità interiore.

Uno dei primi strumenti pratici per trasformare la negatività è la **meditazione di consapevolezza** (mindfulness), una tecnica che permette di osservare i pensieri senza giudicarli o identificarci con essi. Quando pratichiamo la mindfulness, impariamo a diventare testimoni della nostra mente, notando i pensieri negativi quando emergono, ma senza lasciarci sopraffare da essi. La chiave qui è l'osservazione distaccata: riconoscere che i pensieri sono semplicemente pensieri, non la realtà. La meditazione di consapevolezza ci aiuta a sviluppare la capacità di "osservare" i pensieri negativi mentre passano, come nuvole nel cielo, senza attaccarci a essi o farli crescere. Questo distacco riduce la presa che i pensieri negativi hanno su di noi e crea lo spazio per una maggiore chiarezza e serenità.

Un esercizio pratico di meditazione consiste nel sedersi in un luogo tranquillo e dedicare qualche minuto alla respirazione consapevole. Durante questo tempo, osserva attentamente i tuoi pensieri. Quando emerge un pensiero negativo, come una preoccupazione o un'autocritica, nota la sua presenza senza giudicarlo o cercare di cambiarlo. Prendi semplicemente atto: "Sto pensando a questo", e poi lascia andare, riportando l'attenzione al respiro. Questo allenamento, praticato regolarmente, aiuta a sviluppare una maggiore consapevolezza e a indebolire l'effetto dei pensieri negativi. Nel tempo, diventa più facile riconoscere i pensieri che ti appesantiscono e lasciarli andare, piuttosto che rimanere intrappolato in essi.

Un altro strumento efficace per trasformare la negatività è l'**auto-suggerimento** o le affermazioni positive. Questa tecnica consiste nel ripetere consapevolmente frasi positive e costruttive che ristrutturano il nostro dialogo interiore. I pensieri negativi spesso nascono da convinzioni limitanti o da abitudini mentali consolidate nel tempo. Utilizzare affermazioni positive permette di sostituire queste convinzioni con nuove idee che rafforzano una mentalità positiva. Le affermazioni possono essere semplici frasi come: "Sono capace di affrontare qualsiasi sfida", "Merito di essere felice" o "Scelgo di vedere il lato positivo della situazione".

Per ottenere risultati, le affermazioni devono essere praticate regolarmente e con intenzione. Un buon metodo è scriverle su un quaderno ogni giorno o ripeterle durante la meditazione mattutina. Le affermazioni funzionano meglio se sono formulate al presente, in modo positivo, e se rispecchiano ciò che vuoi davvero coltivare nella tua vita. Questo esercizio rinforza progressivamente le nuove convinzioni positive nella mente, permettendoti di sostituire gradualmente i pensieri negativi con pensieri più edificanti. Anche se inizialmente può sembrare artificiale, con il tempo queste affermazioni diventano parte del tuo modo di pensare quotidiano, influenzando il tuo atteggiamento generale verso te stesso e la vita.

Un'altra tecnica potente per trasformare la negatività è la **riformulazione cognitiva**, una pratica che deriva dalla psicologia cognitiva e comportamentale. Si tratta di prendere consapevolezza dei pensieri negativi automatici e riformularli in modo più realistico e positivo. Questo processo implica tre passaggi: identificare il pensiero negativo, metterlo in discussione e sostituirlo con una prospettiva più utile. Ad esempio, se ti trovi a pensare "Non riuscirò mai a superare questa difficoltà", puoi fermarti e chiederti: "Questa affermazione è davvero vera? Ci sono prove che la confutino?" Una volta messo in discussione il pensiero negativo, puoi riformularlo in modo più equilibrato: "Anche se questa sfida è difficile, ho affrontato altre difficoltà in passato e posso trovare una soluzione."

Questa tecnica richiede pratica, poiché i pensieri negativi spesso si presentano automaticamente e senza riflessione. Tuttavia, con il tempo, riformulare i pensieri negativi diventa più facile, e inizia a formarsi un'abitudine mentale più positiva. La riformulazione cognitiva non significa ingannarsi o negare la realtà, ma piuttosto imparare a guardare le situazioni da diverse angolazioni, scoprendo che spesso esiste un lato più positivo e costruttivo che prima non avevamo considerato.

Un'altra tecnica utile è quella della **meditazione della gentilezza amorevole** (metta), che non solo trasforma la negatività, ma rafforza anche la compassione verso noi stessi e gli altri. Questa meditazione si concentra sull'invio di pensieri positivi di gentilezza e amorevolezza prima verso se stessi, poi verso gli altri e infine verso il mondo. Spesso i pensieri negativi nascono da un atteggiamento di autocritica o di giudizio, che può essere indebolito coltivando la compassione. Durante la meditazione, puoi ripetere frasi come: "Possa io essere felice, possa io essere in pace, possa io vivere con facilità" e poi estendere questi desideri agli altri: "Possa tu essere felice, possa tu essere in pace."

Questa pratica aiuta a ridurre l'ostilità interiore e a creare uno stato mentale più aperto e positivo. Inviando intenzioni positive a noi stessi e agli altri, cominciamo a trasformare l'energia negativa che circonda i nostri pensieri e le nostre emozioni, favorendo una mentalità più amorevole e comprensiva. La meditazione della gentilezza amorevole è particolarmente efficace nei momenti in cui ci sentiamo frustrati o arrabbiati, poiché ci permette di spostare l'attenzione dalla rabbia alla compassione, trasformando così l'emozione alla radice.

Un altro strumento molto pratico per trasformare la negatività è la **tecnica del diario della gratitudine.** Scrivere quotidianamente alcune cose per cui siamo grati ci aiuta a focalizzare l'attenzione sugli aspetti positivi della nostra vita, anziché su ciò che non va. La gratitudine è una delle pratiche più efficaci per coltivare una mentalità positiva, perché ci permette di spostare l'attenzione da ciò che manca a ciò che abbiamo. Anche nei giorni difficili, possiamo sempre trovare qualcosa per cui essere grati, come la salute, le persone care, un momento di bellezza naturale o semplicemente il fatto di essere vivi. Mantenere un diario della gratitudine non solo migliora il nostro umore a breve termine, ma crea una mentalità più ottimista e resiliente nel lungo periodo.

Un ulteriore approccio consiste nell'**utilizzare la visualizzazione positiva**, una tecnica che aiuta a trasformare pensieri negativi attraverso l'immaginazione. La nostra mente risponde alle immagini mentali come se fossero esperienze reali, quindi visualizzare scenari positivi può influenzare profondamente il nostro stato d'animo. Se ci accorgiamo di essere intrappolati in pensieri negativi, possiamo fermarci e chiudere gli occhi, immaginando uno scenario più positivo o desiderabile. Per esempio, se ti senti sopraffatto da una situazione difficile, puoi immaginarti mentre superi con successo la sfida, sentendoti forte e sicuro di te. Questa tecnica aiuta a rafforzare la fiducia e a spostare il focus mentale dal problema alla soluzione.

Infine, una tecnica potente è la **pratica del distanziamento cognitivo**, che consiste nel distaccarsi dai propri pensieri negativi e vederli per ciò che sono: semplici eventi mentali, non fatti assoluti. Possiamo immaginare i nostri pensieri come foglie che galleggiano su un ruscello, osservandoli mentre scorrono via, o come nuvole nel cielo che passano e si dissolvono. Questo esercizio ci aiuta a prendere una certa distanza dai pensieri, riducendone l'impatto emotivo e aprendo lo spazio per una riflessione più consapevole e positiva.

In conclusione, trasformare la negatività non significa eliminare completamente i pensieri negativi, che fanno parte dell'esperienza umana, ma sviluppare la capacità di gestirli in modo più costruttivo. Le tecniche di meditazione, auto-suggerimento, riformulazione cognitiva, gratitudine e visualizzazione offrono strumenti pratici per coltivare una mentalità positiva e migliorare il benessere interiore. Queste pratiche, se applicate con costanza e intenzione, permettono di ridurre l'impatto della negatività e di favorire una vita più equilibrata, serena e soddisfacente.

Trasformare la negatività in positività è un processo che richiede una combinazione di consapevolezza, intenzionalità e tecniche pratiche che possiamo applicare quotidianamente. Quando parliamo di pensieri negativi, ci riferiamo spesso a quei cicli di pensiero che si autoalimentano e che creano un ambiente mentale denso di preoccupazioni, ansie e insicurezze. Questi pensieri possono diventare abitudini automatiche che rafforzano il nostro stress e ci impediscono di vivere con serenità e apertura. Tuttavia, con la giusta pratica e l'uso di strumenti mentali, possiamo imparare a gestirli e a coltivare una mentalità più positiva.

Uno dei fondamenti della trasformazione della negatività è la capacità di diventare consapevoli dei nostri pensieri. Gran parte della nostra sofferenza deriva dal fatto che non siamo pienamente coscienti dei modelli mentali che influenzano il nostro stato d'animo. La meditazione di consapevolezza, o mindfulness, è uno degli strumenti più potenti per sviluppare questa consapevolezza. Quando meditiamo, ci alleniamo a notare i nostri pensieri senza reagire a essi immediatamente. È un allenamento che ci permette di osservare come la mente tenda a creare storie su situazioni, storie che spesso amplificano la negatività e ci fanno sentire sopraffatti. Attraverso la mindfulness, impariamo a riconoscere questi pensieri come semplici "eventi" mentali, piuttosto che come verità assolute. Questa distinzione è cruciale perché, una volta che capiamo che i pensieri non definiscono la nostra realtà, possiamo iniziare a scegliere quali pensieri nutrire e quali lasciar andare.

Un esempio pratico potrebbe essere il seguente: immagina di trovarti di fronte a una situazione stressante, come un conflitto con un collega o una scadenza imminente al lavoro. La mente potrebbe iniziare a generare una serie di pensieri negativi: "Non riuscirò mai a finire tutto in tempo" o "Non sono abbastanza bravo per risolvere questo problema". La meditazione di consapevolezza ti insegna a riconoscere questi pensieri, ma senza lasciarti travolgere. Puoi semplicemente notarli, accettare che ci siano, e poi scegliere di non alimentarli ulteriormente. Questo non significa ignorare la realtà della situazione, ma significa che non devi permettere ai pensieri negativi di controllare il tuo stato d'animo o di amplificare lo stress. Invece, puoi riportare l'attenzione al respiro, rilassarti per un momento, e poi affrontare la situazione con una mente più calma e chiara.

Un'altra tecnica che gioca un ruolo cruciale nella trasformazione della negatività è l'auto-suggerimento. I pensieri negativi spesso nascono da convinzioni limitanti o da un dialogo interiore critico, che può essere profondamente radicato. L'auto-suggerimento, attraverso affermazioni positive, ci permette di sostituire queste convinzioni negative con messaggi più positivi e potenzianti. Questo non significa cercare di negare i problemi o le sfide, ma piuttosto reindirizzare la nostra mente verso pensieri che ci sostengono, anziché ostacolarci. Le affermazioni devono essere realistiche e basate su ciò che desideriamo veramente coltivare nella nostra vita. Per esempio, se ci rendiamo conto di nutrire pensieri come "Non sono mai all'altezza delle aspettative", possiamo sostituirli con affermazioni come "Faccio del mio meglio ogni giorno e imparo costantemente".

La ripetizione di affermazioni positive ha un effetto cumulativo nel tempo. Più ci ripetiamo frasi che incoraggiano un dialogo interiore positivo, più la nostra mente inizia a credere e adottare quelle nuove convinzioni. Questo non avviene in modo immediato, ma con la pratica costante, l'auto-suggerimento diventa una forma di allenamento mentale. Un modo pratico per integrare questa tecnica nella vita quotidiana è scrivere le affermazioni su biglietti o note che possiamo tenere a portata di mano durante la giornata, oppure iniziare la giornata ripetendo mentalmente alcune affermazioni che vogliamo rafforzare. In questo modo, stiamo costruendo consapevolmente una rete di pensieri positivi che contrasta la tendenza automatica della mente a scivolare nella negatività.

Oltre all'auto-suggerimento, la pratica del diario della gratitudine è una tecnica incredibilmente efficace per cambiare il nostro focus mentale. Il diario della gratitudine ci incoraggia a concentrarci su ciò che abbiamo, piuttosto che su ciò che manca o su ciò che non va. Ogni giorno, scrivere anche solo tre cose per cui siamo grati – che siano piccole o grandi – ci aiuta a sviluppare una visione della vita più positiva e a ridurre la tendenza della mente a focalizzarsi esclusivamente sulle difficoltà. La gratitudine non è semplicemente un'emozione passeggera, ma una pratica intenzionale che cambia il nostro stato mentale nel lungo termine. Quando ci abituiamo a cercare il buono nelle cose, anche nei momenti difficili, la nostra prospettiva cambia radicalmente e diventa più facile mantenere un atteggiamento positivo.

Il concetto di "reframing", o riformulazione cognitiva, è un altro strumento essenziale per trasformare i pensieri negativi. Questa tecnica implica la capacità di vedere le situazioni da prospettive diverse, trovando nuove interpretazioni che ci aiutano a gestire meglio le difficoltà. Spesso, quando ci troviamo in una situazione difficile, tendiamo a interpretarla attraverso una lente negativa. Ad esempio, potremmo pensare: "Questo problema è insormontabile" o "Sono destinato a fallire". Il reframing ci invita a fare un passo indietro e a chiederci: "C'è un altro modo di vedere questa situazione? Cosa posso imparare da questo?" Un esempio di riformulazione potrebbe essere passare da "Questo ostacolo è troppo grande" a "Questo ostacolo mi sta insegnando qualcosa di importante". Questo cambio di prospettiva non cambia necessariamente la realtà esterna, ma cambia il nostro atteggiamento mentale verso di essa, permettendoci di affrontarla con più resilienza e fiducia.

Una pratica complementare è la visualizzazione positiva. La nostra mente risponde alle immagini mentali quasi allo stesso modo in cui risponde alle esperienze reali. Quando ci visualizziamo mentre affrontiamo una situazione con successo, mentre superiamo una difficoltà o mentre viviamo un'esperienza di benessere, stiamo letteralmente allenando il cervello a rispondere in modo più positivo e costruttivo. La visualizzazione ci permette di creare uno scenario mentale che rafforza la nostra fiducia e la nostra capacità di affrontare le sfide. Se, ad esempio, ci troviamo di fronte a una prova importante o a un incontro stressante, possiamo chiudere gli occhi e immaginarci mentre affrontiamo quella situazione con calma e successo. Questa pratica, ripetuta nel tempo, prepara la mente a rispondere meglio alle situazioni reali quando si presentano.

Un altro approccio utile per affrontare la negatività è quello del distanziamento cognitivo. Spesso, ci identifichiamo troppo con i nostri pensieri, credendo che rappresentino una verità assoluta. Il distanziamento cognitivo ci aiuta a vedere i pensieri per ciò che sono: semplici eventi mentali che non necessariamente corrispondono alla realtà. Immaginare i pensieri negativi come foglie che scorrono su un ruscello o come nuvole che attraversano il cielo può essere un modo visivo per prendere le distanze dai pensieri, riducendo la loro presa emotiva su di noi. Questo distacco ci dà lo spazio per rispondere ai pensieri con maggiore saggezza, piuttosto che reagire automaticamente a essi.

Infine, un altro strumento chiave per trasformare la negatività è la pratica della gentilezza amorevole (metta). Coltivare la gentilezza verso noi stessi e gli altri è un modo potente per contrastare la negatività interiore. Spesso, i pensieri negativi nascono da un atteggiamento di autocritica severa o da aspettative irrealistiche verso noi stessi. La gentilezza amorevole ci invita a trattarci con la stessa compassione e gentilezza che riserveremmo a un amico. Durante la meditazione di metta, possiamo ripetere frasi come "Possa io essere felice, possa io essere in pace", estendendo poi questi desideri agli altri. Questa pratica crea un ambiente mentale positivo, riducendo la negatività e rafforzando la nostra capacità di affrontare la vita con amore e comprensione.

In definitiva, trasformare la negatività richiede un approccio olistico che coinvolge la consapevolezza, il cambiamento delle abitudini mentali e l'applicazione di tecniche pratiche che ci permettono di affrontare i pensieri e le emozioni con maggiore equilibrio e positività.

La meditazione, l'auto-suggerimento, la gratitudine, il reframing e la visualizzazione sono tutti strumenti che possiamo utilizzare per ristrutturare il nostro dialogo interiore e coltivare una mentalità che ci sostiene nel vivere con maggiore serenità e fiducia. Questi strumenti, se applicati con costanza, ci aiutano non solo a ridurre la negatività, ma a vivere in modo più pieno e soddisfacente, coltivando una pace interiore che può resistere anche alle sfide più difficili.

La trasformazione della negatività attraverso strumenti come la meditazione e l'auto-suggerimento è un viaggio complesso e continuo, che coinvolge molteplici livelli del nostro essere. Ogni giorno, la nostra mente è bombardata da stimoli esterni e interni, che spesso innescano pensieri automatici negativi. Questi pensieri possono assumere la forma di preoccupazioni per il futuro, rimpianti per il passato, autocritica o giudizi sugli altri. Sono, in molti casi, reazioni automatiche e inconsce a ciò che percepiamo come una minaccia o un fallimento. Tuttavia, il modo in cui affrontiamo e trasformiamo questi pensieri può fare una differenza significativa nella qualità della nostra vita, poiché ogni pensiero che scegliamo di nutrire influisce sul nostro benessere mentale, emotivo e persino fisico.

Un aspetto centrale della trasformazione della negatività è la comprensione che i pensieri non sono fatti. Spesso, trattiamo i nostri pensieri negativi come verità assolute, ma essi sono semplicemente il risultato di schemi mentali che abbiamo appreso nel corso del tempo. Quando adottiamo la consapevolezza che i pensieri negativi non hanno alcun potere su di noi se non quello che gli diamo, ci apriamo alla possibilità di scegliere quali pensieri lasciare andare e quali coltivare. In questo senso, la pratica della meditazione diventa uno strumento essenziale per disidentificarsi dai pensieri. Durante la meditazione, possiamo osservare i pensieri mentre emergono nella mente senza sentirci costretti a reagire o ad alimentarli. Questa pratica ci insegna che i pensieri vanno e vengono come nuvole nel cielo, e che noi non siamo definiti da ciò che la nostra mente produce in un determinato momento.

In questo processo di osservazione, un'abilità cruciale è imparare a non giudicare i pensieri negativi. Spesso, quando ci accorgiamo di avere pensieri negativi, la nostra reazione immediata è quella di giudicarli come sbagliati o indesiderabili. Questo giudizio, però, non fa altro che amplificare la negatività, perché ci induce a resistere ai nostri stessi pensieri e a provare frustrazione per non riuscire a controllarli. La meditazione di consapevolezza ci insegna a osservare i pensieri con una curiosità distaccata, accettando che siano presenti senza doverli modificare immediatamente. Questo atteggiamento non giudicante crea uno spazio mentale in cui la negatività può essere vista con maggiore chiarezza e, quindi, trasformata gradualmente.

Uno dei meccanismi più potenti per riformulare i pensieri negativi è il dialogo interiore positivo, spesso implementato attraverso l'uso di affermazioni. L'auto-suggerimento è un metodo molto semplice, ma estremamente efficace, per influenzare il nostro stato mentale. Ripetere a noi stessi frasi che promuovono un senso di fiducia e benessere ci aiuta a sovrascrivere gli schemi di pensiero negativi che tendono a ripresentarsi. Per esempio, se ci troviamo in un momento di incertezza o di bassa autostima, affermazioni come "Sono capace e posso affrontare questa situazione con successo" o "Ho il potere di scegliere come reagire agli eventi" possono lentamente trasformare il nostro modo di percepire la realtà. La mente, infatti, è altamente influenzabile: più ripetiamo un'idea o una convinzione, più questa diventa parte integrante del nostro modo di pensare e di vedere il mondo.

Un'altra tecnica correlata che può amplificare l'effetto dell'auto-suggerimento è la visualizzazione. La mente non distingue sempre tra ciò che immaginiamo vividamente e ciò che accade realmente, e utilizzare la visualizzazione per creare scenari positivi può essere estremamente potente nel plasmare il nostro stato mentale. Quando ci visualizziamo mentre affrontiamo una situazione difficile con successo, stiamo praticamente preparando il nostro cervello ad agire in quel modo quando la situazione reale si presenta. Questa pratica può essere integrata nella meditazione quotidiana o usata come strumento separato, soprattutto prima di affrontare situazioni stressanti. Visualizzare se stessi in uno stato di calma e fiducia può aiutare a ridurre l'ansia e preparare la mente a reagire in modo più positivo e proattivo.

Anche il potere della gratitudine è strettamente collegato alla trasformazione della negatività. Il semplice atto di riflettere su ciò di cui siamo grati, in qualsiasi momento, può cambiare immediatamente il nostro stato mentale. Quando siamo immersi in pensieri negativi, tendiamo a concentrarci su ciò che manca, su ciò che è sbagliato o su ciò che ci preoccupa. Il diario della gratitudine è uno strumento concreto che ci aiuta a rompere questo ciclo, ricordandoci che c'è sempre qualcosa di positivo su cui possiamo focalizzarci. La gratitudine, praticata regolarmente, ci aiuta a reindirizzare l'attenzione verso gli aspetti della vita che ci arricchiscono, anche nei momenti più difficili. Scrivere tre cose ogni giorno per cui siamo grati, per quanto piccole o insignificanti possano sembrare, ci permette di costruire un'abitudine di pensiero positiva che, nel tempo, riduce la tendenza della mente a soffermarsi sulla negatività.

Le tecniche per trasformare la negatività spesso richiedono una comprensione più profonda delle nostre convinzioni e dei nostri schemi di pensiero radicati. La riformulazione cognitiva è una pratica che mira proprio a identificare e sfidare i pensieri negativi automatici che emergono in determinate situazioni. Spesso, i pensieri negativi che ci attraversano la mente sono il risultato di interpretazioni distorte della realtà, come il catastrofismo, la generalizzazione e il pensiero dicotomico (pensare in termini di tutto o niente). Imparare a riconoscere questi schemi e metterli in discussione è fondamentale per trasformarli. Un modo per farlo è chiedersi se esistano prove reali a sostegno dei nostri pensieri negativi, o se stiamo semplicemente reagendo in base a vecchie paure o insicurezze. Quando iniziamo a riformulare i pensieri in modo più equilibrato e realistico, la negatività perde il suo potere e lascia spazio a una visione più ottimista e costruttiva.

Inoltre, è importante riconoscere che il corpo e la mente sono strettamente collegati. Le emozioni negative spesso si manifestano anche fisicamente, sotto forma di tensioni muscolari, respiro affannoso o disagio fisico. Imparare a rilassare il corpo attraverso tecniche di rilassamento come la respirazione profonda o il rilassamento progressivo può contribuire a ridurre la negatività mentale. Quando rilassiamo il corpo, inviamo un segnale al cervello che ci dice che siamo al sicuro, riducendo così la risposta allo stress. Questo, a sua volta, rende più facile mantenere una mentalità positiva e affrontare i pensieri negativi con maggiore calma e lucidità.

Un altro aspetto che merita attenzione è la pratica della compassione, sia verso noi stessi che verso gli altri. Molti dei nostri pensieri negativi nascono da un atteggiamento di autocritica severa. Spesso ci giudichiamo duramente per i nostri errori o per non essere all'altezza delle nostre aspettative, e questo dialogo interiore critico alimenta ulteriormente la negatività. Coltivare la compassione significa imparare a trattarci con la stessa gentilezza e comprensione che riserveremmo a un amico. La meditazione della gentilezza amorevole, ad esempio, è una pratica specifica che ci aiuta a sviluppare un cuore più aperto e compassionevole, prima verso noi stessi e poi verso gli altri. Ripetere frasi di benessere e gentilezza verso di sé, come "Possa io essere felice, possa io essere in pace", può trasformare profondamente il nostro atteggiamento mentale e favorire un ambiente interiore in cui i pensieri negativi trovano meno spazio per radicarsi.

Infine, la pazienza e la perseveranza sono qualità fondamentali per trasformare la negatività. Cambiare il modo in cui pensiamo richiede tempo e pratica costante. È facile sentirsi frustrati quando i vecchi schemi mentali continuano a ripresentarsi, ma è importante ricordare che il processo di trasformazione della mente è graduale. Ogni passo che facciamo verso una maggiore consapevolezza, ogni volta che scegliamo di riformulare un pensiero negativo o di praticare la gratitudine, contribuiamo a costruire una base di positività che, col tempo, diventa sempre più forte. La chiave è rimanere costanti nella pratica e non scoraggiarsi di fronte alle difficoltà, sapendo che ogni sforzo ci avvicina a una mentalità più equilibrata e positiva.

In questo percorso, è essenziale mantenere un atteggiamento di gentilezza verso noi stessi. Non sempre sarà facile, e ci saranno giorni in cui la negatività sembrerà prevalere. Tuttavia, ogni momento in cui scegliamo di trasformare un pensiero negativo o di coltivare un atteggiamento positivo è un passo avanti verso una vita più serena e soddisfacente.

Concludere un discorso sulla trasformazione della negatività attraverso tecniche come la meditazione, l'auto-suggerimento e altre pratiche richiede di mettere in evidenza l'importanza del processo continuo di consapevolezza e crescita interiore. La trasformazione dei pensieri negativi non avviene all'improvviso o attraverso una soluzione immediata; è un percorso che richiede pazienza, impegno e soprattutto una profonda accettazione di sé. Non si tratta di eliminare completamente i pensieri negativi, poiché fanno parte della nostra natura umana e della nostra esperienza quotidiana, ma di imparare a gestirli in modo più equilibrato e costruttivo.

Uno degli elementi centrali in questo processo è lo sviluppo di una **consapevolezza costante**. La meditazione, in particolare, ci insegna a riconoscere i nostri pensieri senza giudizio e a prendere una certa distanza da essi. Questo ci permette di vedere i pensieri negativi come eventi temporanei, che non definiscono la nostra identità né la nostra vita. Quando pratichiamo la mindfulness, diventiamo testimoni dei nostri pensieri, e questa consapevolezza ci dà il potere di scegliere come rispondere ad essi. Invece di reagire impulsivamente ai pensieri negativi, impariamo a osservarli, a lasciarli andare e a riportare la nostra attenzione a pensieri più positivi e utili.

La trasformazione dei pensieri negativi, attraverso strumenti come il **dialogo interiore positivo** e le **affermazioni**, implica una ristrutturazione delle convinzioni profonde che sostengono la negatività. Spesso, i pensieri negativi sono il risultato di schemi mentali radicati nel tempo, che abbiamo interiorizzato attraverso esperienze passate o influenze esterne. L'auto-suggerimento, ripetuto regolarmente e con intenzione, ci permette di sovrascrivere queste convinzioni limitanti con nuove credenze che promuovono la fiducia in sé, la serenità e l'apertura mentale. Questa pratica non solo modifica il nostro dialogo interiore, ma ha anche un impatto diretto sulle nostre emozioni e azioni, creando un circolo virtuoso che rafforza la mentalità positiva nel lungo termine.

Un altro elemento cruciale è la **gratitudine**, che ci aiuta a spostare l'attenzione dalla carenza all'abbondanza. Il diario della gratitudine è uno strumento estremamente semplice ma potente per allenare la mente a focalizzarsi su ciò che funziona nella nostra vita, anche quando tutto sembra difficile. Quando ci abituiamo a praticare la gratitudine quotidianamente, la mente diventa più predisposta a notare le piccole gioie e le opportunità, invece di soffermarsi esclusivamente sui problemi o sulle sfide. Questa pratica non solo riduce la negatività, ma aumenta anche il nostro senso di appagamento e benessere, rendendoci più resilienti di fronte alle difficoltà.

Il **reframing cognitivo** è un'altra tecnica essenziale per trasformare la negatività. Questa pratica ci invita a rivedere le nostre interpretazioni delle situazioni, trovando nuove prospettive che ci aiutino a gestirle con maggiore equilibrio. Il pensiero negativo spesso nasce da distorsioni cognitive, come il vedere una situazione in termini assoluti o il catastrofismo. Quando impariamo a mettere in discussione queste interpretazioni e a riformularle in modo più realistico, riduciamo l'impatto emotivo della negatività e apriamo la strada a una visione più equilibrata e positiva della realtà. Questo non significa ignorare i problemi, ma affrontarli con una mentalità che vede le sfide come opportunità di crescita, piuttosto che come ostacoli insormontabili.

Anche la **visualizzazione positiva** gioca un ruolo importante nel rafforzare la mentalità positiva. Quando ci visualizziamo in situazioni di successo o benessere, stiamo letteralmente allenando il cervello a rispondere in modo più positivo alle sfide reali. La mente, attraverso l'immaginazione, crea percorsi neurali che facilitano le risposte comportamentali future. Visualizzare scenari positivi non è un semplice esercizio di fantasia, ma una tecnica concreta per preparare la mente a reagire in modo costruttivo e sereno nelle situazioni quotidiane.

Un altro aspetto fondamentale di questo percorso di trasformazione è la **compassione**, sia verso noi stessi che verso gli altri. Spesso, la negatività nasce da un dialogo interiore eccessivamente critico, che ci spinge a giudicarci duramente per i nostri errori o a metterci costantemente a confronto con standard irrealistici. Coltivare la compassione verso noi stessi ci aiuta a sviluppare una maggiore accettazione e a trattarci con la gentilezza e la comprensione che riserviamo agli altri. La meditazione della gentilezza amorevole, o metta, è uno strumento eccellente per rafforzare questo sentimento di compassione, permettendoci di ridurre la negatività che deriva dall'autocritica e di costruire un ambiente mentale più amorevole e accogliente.

Infine, è essenziale sottolineare che la trasformazione della negatività richiede **tempo, pazienza e costanza**. I pensieri negativi non scompariranno immediatamente, e ci saranno momenti in cui sarà più difficile mantenere una mentalità positiva. Tuttavia, ogni volta che scegliamo di praticare la consapevolezza, di riformulare un pensiero negativo o di coltivare la gratitudine, stiamo compiendo un passo importante verso una maggiore serenità e resilienza. La pratica regolare di queste tecniche crea una base mentale e emotiva più solida, che ci sostiene nei momenti di difficoltà e ci permette di vivere con maggiore equilibrio e positività.

In sintesi, la trasformazione della negatività non è un obiettivo da raggiungere in modo lineare, ma un percorso che richiede consapevolezza, gentilezza verso se stessi e una pratica quotidiana costante. Attraverso la meditazione, l'auto-suggerimento, la gratitudine, la riformulazione cognitiva, la visualizzazione e la compassione, possiamo progressivamente ristrutturare la nostra mente e creare uno spazio interiore in cui i pensieri negativi hanno meno potere e i pensieri positivi possono prosperare. Questo processo ci porta non solo a migliorare la nostra qualità di vita, ma anche a vivere in modo più autentico, sereno e in armonia con noi stessi e con il mondo che ci circonda.

12. Il concetto di armonia interiore nel Buddismo Zen: Comprendere l'unità di mente, corpo e spirito per raggiungere l'equilibrio interiore.

Il concetto di armonia interiore nel Buddismo Zen si radica profondamente nell'idea di una connessione equilibrata tra mente, corpo e spirito. Questa unione è vista come essenziale per raggiungere uno stato di pace interiore e un'esistenza in sintonia con il flusso naturale della vita. L'armonia interiore non è semplicemente l'assenza di conflitti o tensioni, ma un equilibrio dinamico, in cui ogni aspetto dell'essere – il mentale, il fisico e lo spirituale – agisce in cooperazione e armonia, senza eccessi né carenze.

Nel Buddismo Zen, si crede che molte delle nostre sofferenze derivino dalla disconnessione tra mente, corpo e spirito. Spesso la mente vaga nel passato o nel futuro, creando ansia, rimpianto o desiderio. Il corpo, invece, vive nel presente, e quando non è in sintonia con la mente, ci sentiamo disallineati. La spiritualità nel Buddismo Zen non è qualcosa di separato da mente e corpo, ma un aspetto profondamente interconnesso con essi, che emerge quando siamo presenti, consapevoli e radicati nella realtà dell'attimo presente. L'armonia interiore si manifesta quando questi tre aspetti si allineano e operano come un'unità, senza contrasti o separazioni.

Uno dei principi fondamentali del Buddismo Zen è la **consapevolezza del momento presente**. La pratica della mindfulness (zazen) è centrale nel processo di raggiungimento dell'armonia interiore, poiché ci aiuta a ritrovare questo allineamento tra mente, corpo e spirito. Quando ci sediamo in meditazione, non stiamo cercando di raggiungere una qualche dimensione spirituale superiore o di fuggire dalla realtà, ma piuttosto stiamo cercando di vivere pienamente il momento presente. In questo stato di consapevolezza, la mente si calma, il corpo diventa rilassato e la nostra dimensione spirituale si espande, rivelando una sensazione di equilibrio e pace interiore.

Questa unità tra mente, corpo e spirito non è qualcosa che accade solo durante la meditazione formale. Nel Buddismo Zen, l'armonia interiore può e deve essere portata in ogni aspetto della vita quotidiana. Ogni azione, ogni gesto, ogni respiro può diventare un'opportunità per coltivare questa armonia. Questo si riflette nel concetto Zen di **meditazione in azione**, dove attività quotidiane come camminare, mangiare o lavorare vengono eseguite con piena presenza e consapevolezza. Quando la mente è completamente presente in ciò che il corpo sta facendo e lo spirito è connesso a questo flusso, si genera un senso profondo di unità e armonia.

L'armonia interiore, tuttavia, non significa evitare o negare le emozioni o le difficoltà. Nel Buddismo Zen, si accetta che la vita è impermanente e piena di cambiamenti, e che le emozioni, sia positive che negative, fanno parte di questa realtà. Raggiungere l'armonia interiore non implica sopprimere queste emozioni, ma sviluppare una capacità di **osservare e accogliere** tutto ciò che emerge, senza esserne sopraffatti. Attraverso la meditazione e la consapevolezza, impariamo a osservare le emozioni come fenomeni transitori, proprio come i pensieri. Questo distacco consapevole ci permette di mantenere un equilibrio interiore, anche quando attraversiamo momenti di tempesta emotiva.

Un altro aspetto chiave del concetto di armonia interiore nel Buddismo Zen è il **non attaccamento**. Molta della nostra sofferenza mentale e spirituale deriva dal desiderio di possedere, controllare o attaccarci a ciò che pensiamo ci renderà felici. L'attaccamento a idee fisse, persone o cose può creare disarmonia, poiché la realtà è costantemente mutevole e fluida. Il Buddismo Zen insegna che per raggiungere l'armonia interiore, dobbiamo imparare a lasciar andare, ad accettare il cambiamento e a vivere in accordo con il flusso naturale della vita. Questo atteggiamento non significa rinunciare alla partecipazione attiva nella vita, ma piuttosto smettere di aggrapparci rigidamente a ciò che non possiamo controllare.

L'armonia interiore è strettamente connessa anche al **concetto di vuoto** (Shunyata) nel Buddismo Zen. Il vuoto, in questo contesto, non è un'assenza, ma piuttosto un riconoscimento che tutte le cose sono interconnesse e prive di un sé permanente. Questo riconoscimento porta a un senso di unità con l'intero universo. Quando comprendiamo che non siamo separati dal mondo, ma parte di un continuo flusso di interconnessioni, sviluppiamo una pace interiore che deriva dalla consapevolezza di essere parte di qualcosa di più grande. Questo senso di interconnessione ci aiuta a superare la sensazione di isolamento e ci porta verso una più profonda armonia con noi stessi e con tutto ciò che ci circonda.

Il concetto di armonia interiore nel Buddismo Zen non è solo teorico, ma profondamente pratico. Ci invita a riconoscere che la mente, il corpo e lo spirito sono interconnessi e che la nostra salute mentale ed emotiva dipende da quanto bene questi aspetti sono bilanciati. Ad esempio, se la mente è troppo attiva e piena di pensieri, il corpo può diventare teso, creando disarmonia. Allo stesso modo, se ignoriamo le esigenze del nostro corpo o trascuriamo la nostra spiritualità, la mente può diventare irrequieta o insoddisfatta. L'armonia interiore, quindi, richiede una cura attenta di tutti questi aspetti. Ciò può significare praticare regolarmente la meditazione per calmare la mente, mantenere il corpo in salute attraverso l'esercizio fisico e una dieta equilibrata, e nutrire lo spirito attraverso la contemplazione, l'arte o la connessione con la natura.

Infine, l'armonia interiore nel Buddismo Zen è profondamente legata alla **compassione**. L'unità tra mente, corpo e spirito non è solo un'esperienza personale, ma si riflette anche nel modo in cui ci relazioniamo con gli altri. Quando siamo in armonia con noi stessi, siamo più capaci di entrare in relazione con gli altri in modo compassionevole e non egoistico. La vera armonia interiore si manifesta nel modo in cui trattiamo gli altri, nel rispetto che nutriamo per il mondo intorno a noi e nel desiderio di alleviare la sofferenza degli altri. In questo senso, l'armonia interiore non è solo una questione individuale, ma una dimensione sociale e relazionale che si espande a tutti coloro con cui interagiamo.

In sintesi, l'armonia interiore nel Buddismo Zen è una sintesi dell'equilibrio tra mente, corpo e spirito, raggiunto attraverso la consapevolezza del momento presente, il non attaccamento, la compassione e il riconoscimento della nostra interconnessione con tutto ciò che esiste. Non è uno stato statico o fisso, ma un processo dinamico che richiede pratica e impegno costante. Attraverso la meditazione, la presenza consapevole e l'accettazione del cambiamento, possiamo coltivare una pace interiore duratura che ci permette di vivere in armonia con noi stessi, con gli altri e con il mondo.

L'armonia interiore nel Buddismo Zen è un concetto profondo, radicato nella comprensione e nella pratica della consapevolezza e dell'unità tra mente, corpo e spirito. Non si tratta semplicemente di un equilibrio temporaneo, ma di un modo di vivere che riflette una sintonia costante con il momento presente e una capacità di navigare attraverso le sfide della vita con equanimità. Questa armonia è vista come il fondamento per una vita piena di pace, serenità e significato, e può essere raggiunta attraverso la pratica della meditazione, della presenza mentale e dell'accettazione della realtà così com'è.

Un punto essenziale da comprendere è che l'armonia interiore non è uno stato di perfezione o di assenza di problemi. Il Buddismo Zen insegna che la vita è caratterizzata dall'impermanenza, dal cambiamento costante, e che cercare di resistere a questo flusso è ciò che crea sofferenza. Quando la mente è intrappolata nel desiderio di mantenere le cose statiche, o nel rifiuto di accettare il cambiamento, si genera una disarmonia interna. Questo squilibrio può manifestarsi come stress, ansia o insoddisfazione, poiché la mente, separata dal corpo e dallo spirito, è in costante conflitto con la realtà. L'armonia interiore, quindi, si raggiunge non eliminando i cambiamenti o le difficoltà, ma imparando a navigare attraverso di essi con una mente serena, radicata nel presente e aperta all'esperienza del momento.

La meditazione Zen, in particolare, è uno degli strumenti più potenti per coltivare questa armonia. Quando ci sediamo in meditazione, stiamo invitando la mente a tornare al presente, lasciando andare i pensieri su ciò che è stato o ciò che potrebbe accadere. In questo stato di presenza consapevole, il corpo si rilassa e il respiro diventa un punto di ancoraggio che ci tiene radicati nel qui e ora. Questo non significa che i pensieri negativi o le emozioni difficili scompaiano, ma che impariamo a osservare questi fenomeni senza farci trascinare da essi. La meditazione ci insegna a rispondere alla vita con calma e chiarezza, piuttosto che reagire in modo impulsivo o emotivo. Attraverso questa pratica, la mente, il corpo e lo spirito cominciano a sincronizzarsi, creando un senso di unità che riflette l'armonia interiore.

La **mente**, in particolare, è spesso la fonte di disarmonia perché tende a vagare, a preoccuparsi, a rimanere intrappolata nel pensiero compulsivo. Il Buddismo Zen insegna che la mente deve essere addestrata a vivere nel presente, perché è solo nel momento presente che possiamo trovare la vera pace. Quando la mente è costantemente impegnata in preoccupazioni per il futuro o in rimpianti per il passato, perde il contatto con il corpo e con la realtà. Questa disconnessione è una delle cause principali della sofferenza. Praticando la consapevolezza, impariamo a riportare la mente al presente, a osservarla con curiosità e senza giudizio. In questo modo, cominciamo a notare i pensieri che ci portano fuori equilibrio e a lasciarli andare, favorendo un ritorno alla calma e all'armonia interiore.

Il **corpo**, nel Buddismo Zen, non è visto come un'entità separata dalla mente o dallo spirito, ma come parte integrante dell'esperienza totale dell'essere. Molte pratiche Zen, come la meditazione camminata o la cerimonia del tè, sono progettate per unire corpo e mente in un'unica azione consapevole. Quando il corpo è pienamente coinvolto in ciò che sta facendo e la mente è presente, si crea una sinergia che genera armonia. La disarmonia spesso sorge quando la mente e il corpo sono scollegati: quando, per esempio, la mente è distratta mentre il corpo esegue azioni meccaniche. Portando attenzione a ogni movimento del corpo e coordinandolo con il respiro, possiamo riunire mente e corpo in un'esperienza unificata, che a sua volta favorisce la serenità e l'equilibrio.

Lo **spirito**, nella tradizione Zen, è l'aspetto che ci connette a qualcosa di più grande di noi stessi. Non è necessariamente legato a una dimensione religiosa, ma piuttosto a un senso di interconnessione con il tutto. L'armonia interiore si rafforza quando riconosciamo che non siamo separati dal mondo, ma facciamo parte di un vasto flusso di vita e di energia. Questa consapevolezza ci aiuta a superare l'illusione dell'ego e a coltivare un senso di pace profonda. Quando vediamo noi stessi come parte del tutto, la nostra prospettiva cambia: i piccoli problemi quotidiani sembrano meno importanti e iniziamo a vivere con maggiore leggerezza e apertura. Questo senso di connessione spirituale è uno degli aspetti più trasformativi dell'armonia interiore, poiché ci aiuta a trovare un equilibrio anche in mezzo alle difficoltà della vita.

Uno dei paradossi del Buddismo Zen è che, per raggiungere l'armonia interiore, dobbiamo prima **accettare l'inevitabilità del disordine e del caos**. La vita non sarà mai completamente sotto il nostro controllo, e cercare di forzare l'armonia o il controllo su tutto crea solo più conflitto interno. L'armonia interiore si raggiunge quando smettiamo di lottare contro la realtà e impariamo a fluire con essa. Questo significa accogliere sia i momenti di pace che quelli di difficoltà, sapendo che entrambi sono parte dell'esperienza umana. In questo senso, l'armonia non è uno stato fisso, ma una continua danza tra l'ordine e il disordine, tra il controllo e il lasciar andare. Imparando a navigare in questa danza con consapevolezza, possiamo trovare una pace duratura che non dipende dalle circostanze esterne, ma da come scegliamo di rispondere a esse.

Un altro elemento chiave dell'armonia interiore è il concetto di **equanimità**, che nel Buddismo Zen è considerato uno degli stati mentali più elevati. L'equanimità non significa indifferenza o distacco emotivo, ma piuttosto la capacità di mantenere una mente stabile e serena, indipendentemente dalle circostanze. Questo stato mentale è strettamente legato all'armonia interiore, poiché ci permette di affrontare la vita senza essere travolti dalle emozioni o dalle reazioni impulsive. L'equanimità si sviluppa attraverso la pratica della meditazione e della consapevolezza, e ci aiuta a vedere le situazioni con maggiore chiarezza, senza essere condizionati dalle nostre preferenze o avversioni. Quando coltiviamo l'equanimità, siamo in grado di rimanere centrati e in armonia anche quando le cose non vanno come vorremmo.

L'armonia interiore, inoltre, è strettamente collegata al **principio del non attaccamento**, che è uno dei fondamenti del Buddismo Zen. L'attaccamento alle cose, alle persone o ai risultati crea una dipendenza mentale che porta inevitabilmente alla sofferenza. Quando ci attacchiamo a qualcosa, perdiamo la capacità di fluire con la vita, poiché cerchiamo di trattenere ciò che è destinato a cambiare. L'armonia interiore si raggiunge quando impariamo a lasciar andare l'attaccamento e ad accettare che tutto nella vita è impermanente. Questo non significa rinunciare ai nostri desideri o obiettivi, ma sviluppare un atteggiamento di non attaccamento ai risultati. Quando facciamo questo, la mente diventa più leggera, il corpo più rilassato e lo spirito più libero, permettendo a noi stessi di vivere in un flusso naturale di equilibrio e serenità.

In definitiva, l'armonia interiore nel Buddismo Zen è un processo continuo di integrazione e consapevolezza. È la capacità di vivere in equilibrio con tutte le parti del nostro essere – mente, corpo e spirito – e di rispondere alla vita con apertura, presenza e compassione. Non è uno stato che raggiungiamo una volta per tutte, ma una pratica che coltiviamo giorno per giorno, momento per momento. Quando impariamo a sincronizzare la mente con il corpo, a lasciar andare l'attaccamento e a vivere con equanimità, scopriamo che l'armonia interiore è sempre presente, accessibile in ogni istante, se solo abbiamo la pazienza e la consapevolezza di trovarla.

L'armonia interiore, nel contesto del Buddismo Zen, si radica in un concetto profondo che va oltre la semplice assenza di conflitti o tensioni. Essa non rappresenta uno stato passivo o statico di tranquillità, bensì un processo dinamico e fluido di interconnessione tra mente, corpo e spirito. Vivere in armonia con sé stessi significa imparare a riconoscere e a integrarsi con il flusso continuo della vita, accettando la sua impermanenza e le sue trasformazioni. Questa armonia interiore è il risultato di un processo di profonda consapevolezza e presenza, che ci permette di essere pienamente nel momento presente, senza attaccarci al passato o anticipare il futuro.

Quando consideriamo la mente, il corpo e lo spirito come un'unica unità, scopriamo che spesso la nostra disarmonia nasce dalla separazione percepita tra queste dimensioni. Nel mondo moderno, molte persone vivono con una mente costantemente in movimento, proiettata in pensieri incessanti che riguardano ciò che deve essere fatto o ciò che è stato fatto. Questa frenetica attività mentale crea una distanza dal corpo, che esiste solo nel presente e che viene spesso trascurato o ignorato, e dallo spirito, che rappresenta il nostro legame con il tutto e con una dimensione più profonda di significato. L'armonia interiore, secondo il Buddismo Zen, si realizza quando la mente, il corpo e lo spirito sono allineati, funzionano come un tutt'uno, ciascuno consapevole e rispettoso degli altri.

La pratica del **zazen**, la meditazione seduta tipica del Buddismo Zen, è uno strumento che ci insegna a coltivare e mantenere questa armonia interiore. Quando ci sediamo in zazen, ci impegniamo a diventare consapevoli del nostro respiro, del nostro corpo e dei nostri pensieri. Non cerchiamo di forzare la mente a calmarsi, ma piuttosto osserviamo i nostri pensieri con distacco, lasciandoli fluire senza attaccarci a essi. Questo atto di osservazione distaccata ci aiuta a rompere il ciclo di identificazione con i pensieri e le emozioni, che spesso è ciò che causa disarmonia. Quando siamo in grado di osservare la mente senza giudizio, possiamo riconoscere che i pensieri e le emozioni sono transitori, proprio come le nuvole che attraversano il cielo. Questo distacco ci permette di tornare al corpo e al respiro, e attraverso questa consapevolezza integrata, inizia a emergere un senso di equilibrio e di pace.

L'armonia interiore non riguarda solo il tempo passato in meditazione formale. Uno degli insegnamenti chiave del Buddismo Zen è che la consapevolezza e l'armonia possono e devono essere portate in ogni momento della vita quotidiana. Che si tratti di lavare i piatti, camminare o lavorare, l'armonia si coltiva prestando piena attenzione a ogni azione. Quando la mente è completamente concentrata su ciò che il corpo sta facendo nel presente, si crea un'unità naturale tra i due. Questo è il principio della **meditazione in azione**, dove ogni gesto diventa un'opportunità per praticare la consapevolezza e ritrovare l'equilibrio interiore. Anche le attività più semplici, come respirare o bere una tazza di tè, possono essere momenti di profonda connessione con se stessi e con la realtà, se affrontate con la giusta presenza mentale.

Il Buddismo Zen sottolinea l'importanza di comprendere che l'**impermanenza** è un aspetto fondamentale della vita. La realtà è in costante cambiamento, e parte della disarmonia interiore nasce dal nostro tentativo di resistere a questo flusso naturale. Vogliamo che le cose rimangano come sono, o desideriamo che cambino in un modo specifico, e questa resistenza crea tensioni mentali ed emotive che interrompono l'equilibrio tra mente, corpo e spirito. Imparare ad accettare l'impermanenza – che niente rimane per sempre, che tutto cambia – è una delle chiavi per vivere in armonia con noi stessi e con il mondo. Quando ci apriamo all'idea che il cambiamento è inevitabile, smettiamo di lottare contro la realtà e iniziamo a fluire con essa.

Questo lascia spazio per un senso di pace interiore che non dipende dalle circostanze esterne, ma dalla nostra capacità di accogliere ogni momento così com'è.

Un altro elemento cruciale nell'armonia interiore, insegnato dal Buddismo Zen, è la pratica del **non attaccamento**. Questo concetto va oltre il semplice distacco dalle cose materiali e riguarda anche il lasciar andare i pensieri, le aspettative e i desideri. L'attaccamento mentale a idee preconcette o a determinati risultati è una delle principali cause di disarmonia. Quando ci attacchiamo a come pensiamo che le cose debbano essere, creiamo un conflitto interno tra la realtà e le nostre aspettative. Il non attaccamento, quindi, ci invita a lasciar andare questo bisogno di controllo e a vivere ogni esperienza con una mente aperta, accettando ciò che la vita ci offre senza aggrapparci a ciò che vorremmo che fosse. Questa libertà dal desiderio di controllo crea uno spazio di tranquillità e di armonia

Nel Buddismo Zen, l'armonia interiore è un concetto che si manifesta attraverso l'integrazione fluida e naturale tra mente, corpo e spirito, ma questa integrazione non è un traguardo fisso o permanente. È, piuttosto, un processo costante di equilibrio, una pratica che richiede un'attenzione continua, un costante aggiustamento e una profonda accettazione della vita in tutte le sue forme. Questo senso di armonia interiore nasce dalla comprensione che tutte le parti del nostro essere devono lavorare insieme in un'unica danza, una danza che è allo stesso tempo radicata nel presente e aperta alla mutevolezza della vita stessa.

Uno degli aspetti più sottili dell'armonia interiore è la capacità di vivere con **presenza non dualistica**, un concetto che nel Buddismo Zen è centrale per comprendere la vera natura della realtà. La nostra esperienza di vita, in genere, è caratterizzata da una percezione dualistica: noi vediamo noi stessi come separati dal mondo, dal nostro ambiente, dalle altre persone. Questa separazione crea una divisione interna che porta a una costante sensazione di alienazione e disarmonia. Nel Zen, tuttavia, si cerca di trascendere questa visione dualistica, riconoscendo che non c'è separazione reale tra "noi" e "l'altro". La mente, il corpo e lo spirito sono inseparabili dal flusso della vita che li circonda, e l'armonia interiore si manifesta proprio nel riconoscimento di questa unità sottostante.

Vivere in armonia significa abbandonare l'illusione del controllo assoluto. Molto spesso, la disarmonia interiore nasce dal nostro tentativo di dominare gli eventi esterni, di far sì che il mondo risponda alle nostre aspettative e ai nostri desideri. Questo desiderio di controllo non è solo una causa di sofferenza, ma anche una delle principali barriere che ci impediscono di raggiungere una vera pace interiore. Quando ci aggrappiamo all'idea di poter modellare la realtà a nostro piacimento, entriamo in un ciclo infinito di frustrazione e disappunto. Il Buddismo Zen insegna che l'armonia si raggiunge non attraverso il dominio o il controllo, ma attraverso la **capacità di lasciare andare**. Lasciare andare significa abbandonare l'attaccamento ai risultati, imparare a fluire con gli eventi così come si presentano e accettare che non tutto è sotto il nostro dominio. Questa accettazione non è una forma di passività o di resa, ma un profondo atto di fiducia nella vita e nella sua capacità di portare ciò che è necessario nel momento giusto.

Questa capacità di fluire con la vita è intimamente connessa con l'idea di **equanimità**. L'equanimità, nel Buddismo Zen, è la qualità della mente che rimane stabile e in equilibrio, indipendentemente dalle circostanze esterne. Non è una condizione di indifferenza o di distacco emotivo, ma piuttosto un modo di affrontare gli alti e bassi della vita con una mente calma e chiara. Quando coltiviamo l'equanimità, impariamo a non reagire eccessivamente né agli eventi piacevoli né a quelli spiacevoli, ma a rimanere centrati nel nostro essere, sapendo che tutto è transitorio. Questa comprensione ci aiuta a mantenere l'armonia interiore anche quando il mondo esterno è in disordine. L'equanimità ci permette di affrontare le difficoltà con una mente aperta e ricettiva, senza essere sopraffatti dalle emozioni o dai giudizi.

Un altro aspetto dell'armonia interiore è la capacità di **essere presenti senza giudizio**. Nella nostra vita quotidiana, tendiamo a giudicare costantemente ciò che ci accade, classificando le esperienze come buone o cattive, desiderabili o indesiderabili. Questi giudizi creano una divisione nella mente, poiché ogni volta che rifiutiamo qualcosa, creiamo una frattura interna tra ciò che è e ciò che desideriamo che sia. Il Buddismo Zen ci invita a sviluppare una consapevolezza non giudicante, che accoglie ogni esperienza così com'è, senza etichettarla o rifiutarla. Questa accettazione incondizionata della realtà è una chiave per coltivare l'armonia interiore, poiché ci permette di vivere in pace con ciò che ci accade, senza generare resistenza o conflitto interno. Quando smettiamo di combattere ciò che è, la mente si rilassa, il corpo si distende e lo spirito si apre all'esperienza del momento presente.

L'armonia interiore non riguarda solo il rapporto che abbiamo con noi stessi, ma si estende anche al modo in cui ci relazioniamo con il mondo esterno. Nel Buddismo Zen, l'idea di **interconnessione** è fondamentale: tutto nell'universo è collegato, e nulla esiste in isolamento. Quando comprendiamo profondamente questa interconnessione, ci rendiamo conto che il nostro benessere interiore è legato al benessere degli altri e all'equilibrio del mondo che ci circonda. La pratica della compassione diventa, quindi, una parte essenziale del raggiungimento dell'armonia interiore. Essere in armonia con noi stessi significa anche essere in armonia con gli altri, trattare ogni essere vivente con gentilezza e rispetto, riconoscendo che tutti condividiamo la stessa natura impermanente e vulnerabile.

Questo senso di compassione ci porta a vivere in modo più consapevole e attento alle conseguenze delle nostre azioni. Quando siamo in armonia con noi stessi, siamo anche più consapevoli dell'impatto che le nostre scelte hanno sugli altri e sull'ambiente. Il Buddismo Zen incoraggia una vita vissuta con semplicità e rispetto per la natura, riconoscendo che ogni azione che compiamo ha un effetto su tutto ciò che ci circonda. Questo principio si riflette nell'attenzione al presente e nel prendersi cura del mondo con gratitudine e rispetto, sapendo che la nostra esistenza è intimamente legata a quella di tutte le altre forme di vita.

Un altro aspetto dell'armonia interiore è la capacità di **trasformare la sofferenza**. Nel Buddismo Zen, la sofferenza non è vista come qualcosa da evitare o eliminare, ma come un'opportunità per crescere e comprendere meglio la natura della realtà. La sofferenza può essere una porta verso una maggiore saggezza e compassione, se la affrontiamo con la giusta attitudine mentale. Quando viviamo in armonia con noi stessi, impariamo a vedere la sofferenza non come un nemico, ma come un maestro che ci insegna a lasciar andare l'attaccamento, ad accettare l'impermanenza e a sviluppare una maggiore resilienza. L'armonia interiore si manifesta nella capacità di abbracciare sia la gioia che il dolore, sapendo che entrambi fanno parte della vita e che entrambi possono portarci a una comprensione più profonda di noi stessi e del mondo.

L'**accettazione** è, in definitiva, un tema centrale nella ricerca dell'armonia interiore. Accettare non significa arrendersi o rinunciare, ma piuttosto riconoscere la realtà così com'è, senza cercare di cambiarla o manipolarla per adattarla ai nostri desideri. Quando accettiamo la vita in tutte le sue manifestazioni – il bello e il brutto, il piacevole e lo spiacevole – scopriamo una profonda pace che non dipende dalle circostanze esterne, ma dalla nostra capacità di essere presenti e consapevoli. L'armonia interiore è il frutto di questa accettazione, un equilibrio che nasce dal vivere in sintonia con il flusso della vita, piuttosto che opporsi ad esso.

Nel Buddismo Zen, la **pratica della semplicità** è un'altra via verso l'armonia interiore. La semplicità non riguarda solo il vivere con pochi beni materiali, ma anche il modo in cui ci relazioniamo al mondo e a noi stessi. Coltivare una mente semplice, libera da complessità eccessive, ci permette di affrontare la vita con chiarezza e leggerezza. Quando la mente non è ingombra di pensieri inutili o distrazioni, siamo più capaci di vedere le cose per come sono, senza distorsioni o pregiudizi. Questa semplicità ci connette con la nostra essenza più profonda, rendendo più facile mantenere l'armonia interna anche di fronte alle sfide quotidiane.

L'armonia interiore, quindi, è un processo continuo e mutevole, una pratica che richiede consapevolezza, presenza e un atteggiamento di apertura e accettazione verso la vita. Non è uno stato che si raggiunge una volta per tutte, ma una condizione che coltiviamo quotidianamente attraverso la nostra relazione con il mondo, con gli altri e con noi stessi. Quando mente, corpo e spirito lavorano insieme in un flusso armonioso, scopriamo una pace che non è legata alle circostanze esterne, ma che nasce dal nostro essere più profondo. Questa pace ci permette di vivere con maggiore serenità, compassione e saggezza, e ci porta a scoprire che l'armonia non è qualcosa da cercare fuori di noi, ma qualcosa che possiamo sempre trovare dentro, se solo abbiamo il coraggio e la pazienza di fermarci e ascoltare.

L'armonia interiore, come concepita nel Buddismo Zen, rappresenta un ideale di equilibrio profondo, in cui tutti gli elementi dell'essere umano – mente, corpo e spirito – si muovono in sintonia, in un flusso naturale che riflette la connessione con il mondo e con la vita stessa. Questo stato di armonia non è una condizione rigida o priva di cambiamenti, ma piuttosto una flessibilità continua che ci permette di adattarci alle circostanze senza essere sballottati dalle onde della vita. Quando parliamo di armonia interiore, ci riferiamo alla capacità di essere presenti in ogni momento con una mente chiara, un corpo rilassato e uno spirito aperto, senza resistenza o lotta contro ciò che la vita ci presenta.

Una delle sfide principali nel raggiungere e mantenere l'armonia interiore è la tendenza naturale della mente a divagare e a creare storie che ci separano dal momento presente. Questa attività mentale costante, che spesso si manifesta come rimuginare sul passato o preoccuparsi per il futuro, è ciò che genera molta della nostra disarmonia. Quando la mente è intrappolata in questi pensieri ciclici, perde il contatto con il corpo, che esiste nel presente, e con lo spirito, che è la dimensione più profonda della nostra esistenza. L'armonia interiore si sviluppa quando impariamo a ricondurre la mente al qui e ora, alla semplicità dell'esperienza immediata, dove possiamo trovare pace e chiarezza. Questo richiede una pratica costante, una sorta di addestramento mentale, per riconoscere i momenti in cui ci allontaniamo dal presente e riportarci con dolcezza e pazienza a ciò che stiamo vivendo.

Il Buddismo Zen offre diversi strumenti pratici per coltivare questa consapevolezza continua. La meditazione, in particolare, è uno di questi strumenti fondamentali, poiché ci insegna a osservare la mente senza identificazione, senza attaccamento ai pensieri che sorgono. In meditazione, ci sediamo e ci concentriamo sul respiro o su una sensazione corporea, permettendo ai pensieri di emergere e svanire come nuvole nel cielo. Ogni volta che ci accorgiamo che la mente si è allontanata, torniamo al respiro, al presente. Questa semplice pratica, ripetuta giorno dopo giorno, crea una base di stabilità mentale che si traduce in una maggiore capacità di affrontare la vita con calma e equilibrio. La mente, addestrata a non vagare senza controllo, diventa più chiara e concentrata, e questo aiuta a ridurre l'ansia e lo stress che derivano da un'attività mentale incessante.

La relazione tra mente e corpo è un'altra chiave essenziale per comprendere l'armonia interiore nel Buddismo Zen. Molte persone, soprattutto nelle società moderne, vivono con la mente costantemente in fuga, mentre il corpo viene trattato come uno strumento per raggiungere obiettivi esterni, piuttosto che come parte integrante dell'essere. Questa separazione tra mente e corpo è fonte di disarmonia e di tensione. Nel Buddismo Zen, il corpo è considerato sacro quanto la mente e lo spirito, e il modo in cui ci prendiamo cura del nostro corpo riflette la qualità della nostra consapevolezza. Ogni azione che compiamo con il corpo – camminare, mangiare, lavorare – può diventare un atto di meditazione e consapevolezza, se svolta con attenzione. Quando ci concentriamo sul movimento del corpo nel presente, anche un gesto semplice come sollevare una tazza di tè diventa un'esperienza che unisce mente, corpo e spirito in un'unica azione armoniosa.

L'armonia interiore, quindi, non è solo un concetto mentale o spirituale, ma coinvolge anche il corpo in modo profondo. Pratiche come lo **yoga Zen** o la meditazione camminata, dove il movimento fisico è combinato con la consapevolezza del respiro e dell'energia del corpo, sono modi per integrare corpo e mente in un'esperienza unitaria. Quando il corpo si muove in armonia con la mente, sperimentiamo un senso di completezza e di pace che deriva dal fatto che tutte le parti del nostro essere stanno lavorando insieme, senza tensioni o conflitti. In questa unità tra mente e corpo, lo spirito si risveglia naturalmente, perché siamo in sintonia con il nostro essere più profondo e con il mondo intorno a noi.

Un altro aspetto essenziale dell'armonia interiore nel Buddismo Zen è il **non attaccamento**. L'attaccamento, che sia a oggetti materiali, a idee, a persone o a esperienze, è una delle principali fonti di sofferenza e disarmonia. Quando ci attacchiamo a qualcosa, stiamo cercando di trattenere ciò che è destinato a cambiare. Questo crea una tensione interna, perché l'impermanenza è una realtà inevitabile della vita. Imparare a lasciare andare l'attaccamento è fondamentale per mantenere l'armonia interiore. Il non attaccamento non significa rinunciare a tutto o vivere senza desideri, ma piuttosto sviluppare un atteggiamento di distacco verso i risultati e verso ciò che non possiamo controllare. Accettare che tutto nella vita è transitorio ci permette di vivere con maggiore leggerezza, senza essere travolti dal desiderio di possesso o dal timore di perdere ciò che abbiamo.

L'armonia interiore si coltiva anche attraverso la **compassione**, sia verso noi stessi che verso gli altri. Spesso, gran parte della nostra disarmonia nasce da un dialogo interiore critico, in cui ci giudichiamo duramente per i nostri errori o per le nostre imperfezioni. Questo giudizio crea una spaccatura interna, una divisione tra chi siamo e chi pensiamo di dover essere. La compassione ci insegna a trattarci con gentilezza, ad accettare le nostre debolezze e a vedere gli errori come opportunità di crescita, piuttosto che come fallimenti personali. Quando impariamo a essere compassionevoli verso noi stessi, estendiamo naturalmente questa stessa compassione agli altri. Essere in armonia con noi stessi ci permette di relazionarci con gli altri senza giudizio, con empatia e con il desiderio di alleviare la loro sofferenza. In questo modo, l'armonia interiore diventa una forza che si estende oltre il nostro essere, influenzando positivamente il mondo che ci circonda.

Inoltre, il Buddismo Zen ci insegna che l'armonia interiore non può essere separata dalla comprensione dell'**interdipendenza**. Ogni essere vivente è connesso agli altri in una rete infinita di relazioni, e questa interconnessione significa che non possiamo trovare vera pace o armonia se ignoriamo il benessere degli altri o dell'ambiente in cui viviamo. L'armonia interiore non è un viaggio solitario verso l'auto-realizzazione, ma un processo che coinvolge l'intero universo. Quando riconosciamo che il nostro benessere è legato al benessere del tutto, sviluppiamo un senso di responsabilità e di cura che ci porta a vivere in modo più consapevole e rispettoso verso il mondo. Questa consapevolezza ci aiuta a mantenere l'equilibrio, poiché ci rende più attenti alle conseguenze delle nostre azioni e più propensi a vivere in modo che promuova l'armonia non solo dentro di noi, ma anche intorno a noi.

Infine, l'armonia interiore richiede di abbracciare la **paradossalità** della vita stessa. Nel Buddismo Zen, si riconosce che la vita è fatta di opposti – luce e oscurità, gioia e dolore, vita e morte – e che questi opposti non devono essere visti come forze in conflitto, ma come parti complementari di un tutto più grande. L'armonia interiore non si raggiunge cercando di eliminare il negativo o di inseguire costantemente il positivo, ma imparando a vivere con entrambi, accettando che tutto fa parte dell'esperienza umana. Quando siamo capaci di accogliere tanto la sofferenza quanto la gioia, senza preferenze o avversioni, sviluppiamo una stabilità interiore che ci permette di affrontare la vita con maggiore serenità e forza. Questa stabilità non è rigida, ma flessibile e adattabile, come il bambù che si piega al vento senza spezzarsi.

L'armonia interiore, in definitiva, non è una destinazione finale, ma un viaggio continuo di consapevolezza, accettazione e adattamento. È un modo di vivere che ci invita a essere presenti in ogni momento, a trattarci con gentilezza, a vivere in sintonia con il mondo e a riconoscere la bellezza e la profondità di ogni esperienza, anche nelle sue sfumature più difficili. Quando coltiviamo questa armonia, scopriamo che la vera pace non dipende dalle circostanze esterne, ma dalla nostra capacità di essere in equilibrio con noi stessi e con la vita così com'è.

Concludere una riflessione così complessa e profonda sull'armonia interiore nel Buddismo Zen richiede di riconoscere che questa armonia è tanto un ideale da perseguire quanto un processo dinamico, una pratica continua di consapevolezza e integrazione tra mente, corpo e spirito. L'armonia interiore non è un punto di arrivo definitivo, ma una qualità che si coltiva giorno dopo giorno, attraverso l'accettazione della realtà così com'è e la capacità di vivere con presenza e consapevolezza in ogni momento della nostra esistenza.

Il Buddismo Zen insegna che la vera armonia nasce dalla capacità di vivere nel **qui e ora**, liberi dai condizionamenti dei pensieri sul passato o sulle preoccupazioni per il futuro. Essere pienamente presenti nel momento significa abbandonare la tendenza della mente a divagare, a preoccuparsi o a giudicare, per tornare costantemente a ciò che sta accadendo proprio adesso, in questo preciso istante. È in questo spazio di presenza che mente, corpo e spirito possono ritrovarsi in armonia, poiché ogni parte del nostro essere è sincronizzata e in sintonia con il flusso naturale della vita.

Uno degli insegnamenti centrali del Buddismo Zen è l'accettazione dell'**impermanenza**. Tutto nella vita è in continuo cambiamento, e gran parte della nostra sofferenza nasce dall'incapacità di accettare questo fatto. Desideriamo che le cose rimangano sempre le stesse, che ciò che ci piace duri per sempre, e resistiamo al cambiamento inevitabile. Questa resistenza genera tensioni e disarmonia. L'armonia interiore si sviluppa quando impariamo a fluire con la vita, ad accettare che tutto è temporaneo e che ogni esperienza, positiva o negativa, ha il suo posto nella nostra esistenza. Accettare l'impermanenza ci libera dalla paura della perdita e dal desiderio di controllo, permettendoci di vivere con maggiore leggerezza e apertura.

La pratica del **non attaccamento** è strettamente legata a questo principio. Il Buddismo Zen ci insegna che attaccarci alle cose – che si tratti di oggetti materiali, di relazioni o persino di idee – ci porta inevitabilmente a soffrire, poiché tutto è soggetto al cambiamento e alla perdita. Il non attaccamento, tuttavia, non significa rinunciare a godere delle cose o delle persone, ma vivere con una consapevolezza che non ci aggrappa a nulla in modo rigido. Quando siamo in grado di lasciar andare, di accogliere ogni esperienza senza cercare di trattenere o manipolare, la mente si rilassa, il corpo si distende e lo spirito si apre. Questa leggerezza crea un terreno fertile per l'armonia interiore, perché smettiamo di lottare contro la natura mutevole della vita e impariamo a danzare con essa.

Un altro aspetto cruciale dell'armonia interiore è la **compassione**, sia verso noi stessi che verso gli altri. Il dialogo interiore spesso può essere duro e critico, alimentando un senso di disconnessione interna. Imparare a trattarci con gentilezza, a perdonarci per i nostri errori e a vedere le nostre debolezze come parte della condizione umana è essenziale per sviluppare l'armonia dentro di noi. Quando coltiviamo la compassione verso noi stessi, diventiamo anche più capaci di estendere questa stessa compassione agli altri, riconoscendo che anche loro affrontano le loro lotte e sofferenze. La compassione, quindi, diventa un ponte che collega l'armonia interiore con l'armonia esterna, influenzando il modo in cui ci relazioniamo con il mondo.

Il Buddismo Zen riconosce anche l'importanza del **corpo** nel raggiungimento dell'armonia interiore. Il corpo è spesso trascurato o maltrattato quando la mente è occupata da pensieri incessanti o preoccupazioni. Tuttavia, il corpo è il veicolo attraverso cui sperimentiamo la vita, ed è attraverso il corpo che possiamo radicare la mente nel presente. Pratiche come la meditazione camminata o lo yoga Zen ci aiutano a riconnetterci con il corpo, a sentire il nostro respiro e i nostri movimenti, e a portare la mente in sintonia con ciò che il corpo sta vivendo. Quando mente e corpo lavorano insieme, lo spirito si risveglia, e sperimentiamo un senso di completezza e di equilibrio che riflette l'armonia interiore.

Un'altra chiave per mantenere l'armonia interiore è lo sviluppo dell'**equanimità**, una qualità che ci permette di rimanere stabili e centrati, indipendentemente dalle circostanze esterne. L'equanimità non significa indifferenza o apatia, ma la capacità di affrontare le situazioni senza essere travolti dalle emozioni. Quando coltiviamo l'equanimità, impariamo a vedere le esperienze piacevoli e spiacevoli come parte del ciclo naturale della vita, senza aggrapparci alle prime né respingere le seconde. Questo atteggiamento ci permette di affrontare le sfide con calma e chiarezza, senza essere sopraffatti dal desiderio o dalla paura.

Infine, l'armonia interiore è strettamente legata alla comprensione dell'**interconnessione** tra tutte le cose. Nel Buddismo Zen, nulla esiste separatamente dal resto dell'universo. Ogni azione, ogni pensiero, ogni parola ha un effetto su tutto ciò che ci circonda. Quando riconosciamo questa interconnessione, sviluppiamo un senso di responsabilità e di cura per il mondo e per gli altri. L'armonia interiore non può essere separata dall'armonia esterna: quando siamo in pace con noi stessi, diventiamo una forza di pace anche per il mondo. La consapevolezza di essere parte di un tutto ci aiuta a vivere con maggiore rispetto per la vita in tutte le sue forme, e questo rispetto nutre ulteriormente la nostra armonia interiore.

In conclusione, l'armonia interiore, secondo il Buddismo Zen, non è una meta statica o definitiva, ma un processo continuo di adattamento e integrazione. Si coltiva attraverso la presenza consapevole, l'accettazione dell'impermanenza, il non attaccamento, la compassione, l'equanimità e il riconoscimento dell'interconnessione tra tutte le cose. Ogni giorno, ogni momento, ci offre l'opportunità di praticare e approfondire questa armonia, trovando equilibrio tra mente, corpo e spirito, e portando questa stessa armonia nelle nostre relazioni con il mondo esterno. Vivere in armonia con noi stessi e con il mondo significa abbracciare la vita nella sua totalità, con le sue gioie e le sue difficoltà, sapendo che la vera pace non è qualcosa da trovare fuori di noi, ma qualcosa da coltivare dentro.

13. Storie Zen sull'armonia interiore: Racconti che dimostrano come l'armonia interiore possa essere raggiunta attraverso il non-attaccamento e l'accettazione.

Le storie Zen sono strumenti preziosi per illustrare concetti complessi come l'armonia interiore. Attraverso aneddoti semplici ma profondi, trasmettono insegnamenti che rivelano come il non-attaccamento e l'accettazione possano portare alla pace interiore. Questi racconti non sono solo storie da ascoltare o leggere, ma veri e propri strumenti di riflessione che spingono il lettore a esplorare la propria vita e a capire come applicare le lezioni nella quotidianità. Di seguito trovi alcuni esempi di storie Zen che trattano del non-attaccamento e dell'accettazione come vie per raggiungere l'armonia interiore.

1. La storia della tazza rotta Un monaco Zen aveva una tazza di ceramica che usava tutti i giorni per il tè. Un giorno, durante una conversazione con un giovane discepolo, la tazza scivolò dalle sue mani e si ruppe in mille pezzi. Il giovane, vedendo la tazza in frantumi, si affrettò a scusarsi e si preparò a raccogliere i pezzi. Ma il maestro sorrise e disse: "Sapevo già che questa tazza era rotta."
Il discepolo, confuso, chiese spiegazioni. Il maestro rispose: "Ogni cosa è destinata a cambiare e rompersi un giorno. Vivere in armonia significa accettare l'impermanenza fin dall'inizio."

Questa storia dimostra il potere del **non-attaccamento**. Il maestro non si aggrappa alla sua tazza, perché sa che tutto è temporaneo. Questa consapevolezza gli permette di non essere turbato dalla sua perdita. L'accettazione dell'impermanenza e il non-attaccamento ai beni materiali o alle aspettative liberano la mente dalla sofferenza. Il maestro è in pace con il presente, sapendo che nulla dura per sempre.

2. La storia del cavallo selvaggio In un villaggio viveva un contadino noto per la sua saggezza e calma interiore. Un giorno, il suo unico cavallo scappò. I vicini, saputa la notizia, lo visitarono per consolarlo. "Che sfortuna terribile!" dissero.
Il contadino, con tranquillità, rispose: "Forse sì, forse no."

Qualche giorno dopo, il cavallo tornò, portando con sé altri cavalli selvaggi. I vicini, sorpresi, esultarono: "Che fortuna incredibile!"
Il contadino rispose di nuovo: "Forse sì, forse no."
Il giorno successivo, il figlio del contadino tentò di domare uno dei cavalli selvaggi, ma cadde e si ruppe una gamba. I vicini si affrettarono di nuovo: "Che sfortuna, tuo figlio non potrà più aiutarti!"
Il contadino rispose, come sempre: "Forse sì, forse no."
Pochi giorni dopo, i soldati passarono per il villaggio, reclutando giovani uomini per la guerra. Il figlio del contadino, essendo ferito, fu risparmiato. I vicini, nuovamente stupiti, dissero: "Che fortuna che tuo figlio sia ferito!"
Ancora una volta, il contadino disse semplicemente: "Forse sì, forse no."

Questa storia evidenzia l'importanza dell'**accettazione** e del non attaccamento ai giudizi. Il contadino non si lascia trascinare dai cambiamenti della vita, non etichetta gli eventi come buoni o cattivi, ma li accoglie con equanimità. L'armonia interiore deriva dalla capacità di rimanere stabili, indipendentemente da ciò che accade, accogliendo ogni esperienza con apertura e senza attaccarsi a giudizi o aspettative. Non sapendo mai come evolveranno le circostanze, il contadino rimane sereno, riconoscendo che la vita è un continuo cambiamento.

3. I due monaci e la donna Due monaci stavano camminando lungo un sentiero fangoso dopo una pioggia. Giunti a un fiume, videro una donna che cercava di attraversare ma era bloccata dal fango. Uno dei monaci, senza esitare, la prese in braccio e la aiutò ad attraversare il fiume. Dopo averla lasciata dall'altra parte, i due monaci continuarono il loro viaggio in silenzio.
Dopo molte ore, il secondo monaco, visibilmente turbato, disse: "Non avresti dovuto toccare quella donna. È contro i nostri voti."
Il primo monaco rispose serenamente: "Io ho lasciato la donna giù al fiume, tu la stai ancora portando con te."

Questa storia mostra il concetto di **lasciare andare**. Il primo monaco ha fatto ciò che era necessario nel momento presente, ma non si è attaccato all'evento. Il secondo monaco, invece, ha continuato a portare con sé il peso di quell'azione, creando una disarmonia interna. Il messaggio qui è che molte volte ci attacchiamo a pensieri, emozioni o esperienze passate che ci causano sofferenza, quando in realtà il problema è già stato risolto o è superato. L'armonia interiore si raggiunge lasciando andare ciò che non serve più e vivendo pienamente il momento presente, senza portare il peso del passato.

4. Il maestro e il fiume Un giovane monaco chiese al suo maestro Zen come potesse raggiungere la pace interiore. Il maestro, invece di rispondere direttamente, lo portò al bordo di un fiume. Lì, gli chiese di osservare l'acqua. "Vedi come l'acqua scorre senza fermarsi, non importa quali ostacoli incontri? Così dovrebbe essere la tua mente. Se cerchi di trattenere i pensieri o le emozioni, crei solo blocchi. Ma se li lasci scorrere, come l'acqua, troverai pace."
Il monaco, riflettendo, chiese: "Maestro, come posso far scorrere i pensieri negativi così facilmente?"
Il maestro rispose: "Osservali, non combatterli. Come il fiume, lascia che fluiscano, senza attaccarti. Solo così la tua mente sarà libera."

Questa storia evidenzia l'arte del **non attaccamento** ai pensieri e alle emozioni. Il maestro insegna che cercare di controllare o sopprimere i pensieri non porta alla pace, ma aumenta la sofferenza. L'armonia interiore si raggiunge osservando i pensieri senza giudizio e senza cercare di trattenerli. Proprio come il fiume scorre naturalmente, anche la nostra mente può fluire liberamente se impariamo a non attaccarci a ciò che passa per essa.

5. La coppa di tè Un giorno, un professore andò a trovare un maestro Zen per chiedergli dell'illuminazione. Il maestro gli offrì del tè. Mentre versava il tè nella tazza, continuò a versare anche dopo che la tazza era piena, facendo traboccare il tè ovunque.
Il professore, sorpreso, disse: "La tazza è piena! Non c'è più spazio per altro!"
Il maestro, sorridendo, rispose: "Proprio come questa tazza, anche la tua mente è piena di opinioni e preconcetti. Come posso insegnarti qualcosa finché non svuoti la tua mente?"

Questa storia illustra l'idea di **svuotare la mente** per trovare l'armonia interiore. Spesso, siamo così attaccati alle nostre opinioni, credenze e preconcetti che non lasciamo spazio per nuove comprensioni o esperienze. Solo quando svuotiamo la mente dai giudizi e dalle aspettative, possiamo essere aperti al flusso naturale della vita. L'armonia interiore richiede di liberare lo spazio mentale dalle rigidità e di accettare l'imprevedibilità della realtà con apertura e curiosità.

Queste storie Zen dimostrano come l'armonia interiore possa essere raggiunta attraverso il **non attaccamento** e l'**accettazione**. Non è attraverso il controllo o il tentativo di evitare il cambiamento che troviamo la pace, ma abbracciando l'incertezza della vita, lasciando andare ciò che non serve e rimanendo aperti a ogni esperienza. I maestri Zen ci insegnano che la vera armonia non si trova nella rigidità, ma nella fluidità, nel lasciar fluire tutto ciò che la vita ci porta, accettando con serenità tanto i momenti piacevoli quanto quelli difficili. L'armonia interiore non è uno stato privo di sfide, ma la capacità di rimanere in equilibrio nel cuore del cambiamento.

Le storie Zen che parlano dell'armonia interiore continuano a offrirci lezioni profonde su come affrontare la vita e trovare pace attraverso il non attaccamento e l'accettazione. Ogni racconto è costruito per invitare alla riflessione, e proprio nella loro semplicità risiede la capacità di comunicare insegnamenti universali. Uno dei temi centrali che emerge in queste storie è l'idea che la vera armonia interiore non si raggiunge attraverso il controllo delle circostanze, ma piuttosto lasciando che le cose fluiscano naturalmente, senza resistere o opporre lotta. Questo concetto di "lasciare andare" è essenziale per comprendere la saggezza Zen e la via verso la pace interiore.

Ad esempio, c'è la famosa storia Zen di **Hakuin e il bambino**. Hakuin era un maestro Zen noto per la sua serenità e saggezza. In un villaggio vicino, una giovane ragazza rimase incinta e, per paura della reazione dei suoi genitori, accusò Hakuin di essere il padre del bambino. Quando il bambino nacque, i genitori della ragazza portarono il neonato a Hakuin, esprimendo tutta la loro indignazione. Di fronte all'accusa ingiusta, il maestro Zen, senza difendersi, rispose semplicemente: "Oh, è così?" e accettò di prendersi cura del bambino. Passarono alcuni mesi e, consumata dal senso di colpa, la ragazza confessò la verità: il vero padre era un giovane del villaggio. I genitori, pieni di rimorso, si recarono da Hakuin per scusarsi e riprendersi il bambino. Hakuin, con la stessa calma, rispose: "Oh, è così?" e restituì il neonato senza esitazione.

Questa storia illustra perfettamente il concetto di non attaccamento. Hakuin non si preoccupava della sua reputazione, né si aggrappava a un bisogno di giustificarsi o di dimostrare la sua innocenza. Lasciava che le cose seguissero il loro corso, accettando ogni situazione con una mente aperta e non disturbata. Questa profonda equanimità rappresenta l'essenza dell'armonia interiore, che nasce dal non lasciarsi influenzare dalle circostanze esterne e dall'accogliere tutto ciò che arriva con serenità. Hakuin non si preoccupava delle opinioni altrui, non era attaccato al concetto di sé come maestro impeccabile, e la sua capacità di accettare ogni situazione con tranquillità gli permetteva di mantenere una pace interiore costante.

Un altro racconto classico che tratta del tema del non attaccamento e dell'armonia interiore è quello del **vecchio che vive sulla montagna**. Si racconta di un vecchio eremita che viveva in solitudine in una capanna sulle montagne. Una notte, un ladro si introdusse nella sua capanna, ma non trovò nulla da rubare. Il vecchio, svegliatosi, vide il ladro frugare inutilmente. Con un sorriso, si tolse il mantello e lo porse al ladro, dicendo: "Non ho nulla da offrirti tranne questo mantello. Prendilo." Il ladro, confuso, prese il mantello e se ne andò. Il vecchio, guardando la luna attraverso la finestra, mormorò: "Poveretto, avrei voluto dargli questa bellissima luna."

Questa storia riflette l'atteggiamento di distacco del vecchio eremita verso i beni materiali. Non solo non era attaccato alle poche cose che possedeva, ma aveva una comprensione così profonda della vita che vedeva nella bellezza naturale della luna una ricchezza ben più grande di qualsiasi oggetto fisico. Il vecchio eremita era in pace con se stesso e con il mondo perché non aveva bisogno di nulla per essere felice. Il suo senso di armonia interiore derivava dalla consapevolezza che la vera ricchezza non risiede nei possedimenti materiali, ma nell'essere in sintonia con la natura e con il presente. La sua accettazione della vita così com'è, senza desideri né aspettative, rappresenta una forma sublime di equilibrio interiore.

Un altro racconto potente è la storia di **Bankei e la tolleranza**. Bankei, un maestro Zen famoso per la sua compassione e saggezza, teneva spesso ritiri con i suoi studenti. Un giorno, durante uno di questi ritiri, un giovane discepolo fu sorpreso a rubare da altri studenti. Gli studenti chiesero a Bankei di allontanare il giovane ladro, ma Bankei rifiutò. "Se non lo accogliamo qui, dove potrà imparare a cambiare?" disse Bankei. Gli studenti, furiosi, minacciarono di andarsene, ma Bankei rispose: "Potete andarvene, ma io rimarrò con lui. Lui ha più bisogno del mio insegnamento di voi." Colpiti dalle parole di Bankei, gli studenti rimasero, e il giovane ladro, commosso dalla tolleranza del maestro, cambiò radicalmente il suo comportamento.

Questa storia mostra come l'accettazione e la compassione possano essere strumenti potenti per trasformare le persone e le situazioni. Bankei non si attaccava a un'idea rigida di giustizia o disciplina; al contrario, vedeva oltre le azioni superficiali del giovane discepolo e cercava di comprenderne le sofferenze e le lotte interiori. Il suo approccio riflette l'essenza dell'armonia interiore: non reagire con rabbia o giudizio, ma rispondere con compassione e comprensione. Questa capacità di vedere al di là delle azioni immediate e di abbracciare l'intera esperienza con amore e accettazione è uno dei pilastri dell'armonia interiore, poiché ci permette di essere in pace non solo con noi stessi, ma anche con il mondo che ci circonda.

Un altro esempio di armonia interiore attraverso il non attaccamento si trova nella storia di **Tesshu e la spada invisibile**. Tesshu era un famoso spadaccino e praticante Zen, conosciuto per la sua abilità e la sua calma sotto pressione. Un giorno, fu sfidato da un altro maestro di spada, desideroso di dimostrare la sua superiorità. Tesshu accettò la sfida, ma mentre i due si preparavano a combattere, Tesshu restò completamente calmo e immobile. Il suo avversario, percependo la totale assenza di paura o aggressività in Tesshu, fu preso dal dubbio e dalla confusione, tanto da gettare la spada e arrendersi senza neanche combattere. Quando gli chiesero perché avesse rinunciato, rispose: "Non posso sconfiggere un uomo che ha già vinto senza nemmeno estrarre la sua spada."

In questa storia, Tesshu incarna l'idea di **vincere senza combattere**, un principio che si basa sulla profonda comprensione del non attaccamento. Tesshu non era attaccato all'idea di vincere o di dimostrare la propria abilità, e proprio grazie a questo distacco la sua calma interiore disarmò il suo avversario. Questa lezione dimostra come l'armonia interiore non derivi dalla forza o dal potere, ma dalla capacità di restare centrati e in pace, indipendentemente dalle sfide esterne. Quando siamo in armonia con noi stessi, non abbiamo bisogno di combattere o di dimostrare nulla; la nostra stessa presenza diventa una forza di equilibrio e tranquillità che può influenzare positivamente gli altri.

Infine, c'è la storia di **Ryokan e il ladro notturno**. Ryokan era un monaco Zen che viveva in una piccola capanna di montagna. Un notte, mentre Ryokan era fuori, un ladro entrò nella sua capanna, ma non trovò nulla da rubare tranne un vecchio mantello. Quando Ryokan tornò e vide il ladro con il suo mantello, disse: "Hai fatto tanta strada per venire da me. Non andartene a mani vuote. Ecco, ti do anche la luna." Il ladro, spaventato e confuso, scappò via, mentre Ryokan, guardando la luna nel cielo, rifletteva sulla bellezza e la generosità della vita.

Questa storia rappresenta un altro esempio del profondo distacco e dell'accettazione che caratterizzano l'armonia interiore. Ryokan non era attaccato ai suoi pochi beni materiali, e anzi, era disposto a dare al ladro anche ciò che non poteva essere rubato: la bellezza della luna, che rappresenta la libertà e l'infinito. Questa attitudine non solo dimostra il suo distacco dai beni materiali, ma anche la sua profonda connessione con la natura e con il presente. Ryokan viveva in un costante stato di armonia, poiché non cercava nulla al di fuori di sé per essere felice; era in pace con il mondo e con la sua semplicità.

Queste storie Zen dimostrano come il non attaccamento e l'accettazione siano le vie maestre per raggiungere l'armonia interiore. Non è attraverso il controllo, il desiderio di possesso o l'evitamento del dolore che si trova la pace, ma attraverso la capacità di abbracciare la vita così com'è, con tutte le sue imperfezioni e il suo cambiamento continuo. Ogni racconto ci invita a riflettere su come possiamo applicare questi principi nella nostra vita quotidiana, per trovare una serenità che non dipende dalle circostanze esterne, ma che scaturisce dalla profondità della nostra comprensione e accettazione del mondo. L'armonia interiore, in definitiva, è uno stato che si raggiunge non cercando di cambiare il mondo, ma cambiando il nostro rapporto con esso.

Le storie Zen sull'armonia interiore sono come porte che si aprono su un mondo di profonda saggezza, invitandoci a riflettere su ciò che realmente significa vivere in pace con sé stessi e con il mondo. Ogni racconto Zen contiene strati di significato, e più vi entriamo, più scopriamo nuove dimensioni di comprensione. Attraverso l'arte del non-attaccamento e dell'accettazione, queste storie ci guidano a esplorare come la mente possa essere sia la fonte della nostra sofferenza che la chiave per la liberazione.

Un tema ricorrente in molte storie Zen è il concetto di **lasciar andare**, non solo dei beni materiali o delle relazioni, ma anche dei pensieri, delle emozioni e delle idee fisse. Una delle storie più emblematiche di questo concetto è quella di **Nansen e il gatto**. Un giorno, mentre Nansen, un famoso maestro Zen, stava meditando nel suo monastero, scoppiò una disputa tra i suoi discepoli su un gatto. Nansen, vedendo che la discussione si stava intensificando, prese il gatto e disse: "Se qualcuno di voi può dire una parola di saggezza, salverò il gatto. Altrimenti, lo ucciderò." I monaci rimasero in silenzio, incapaci di rispondere, e Nansen tagliò il gatto in due. Più tardi, il suo discepolo Joshu tornò al monastero. Nansen raccontò l'accaduto e Joshu, invece di rispondere a parole, si tolse i sandali e li mise sulla sua testa, lasciando la stanza. Nansen, vedendo questo gesto, disse: "Se fossi stato presente, avresti salvato il gatto."

Questo racconto, apparentemente crudo e violento, è in realtà una parabola sulla natura del **non attaccamento** e dell'azione spontanea. I monaci erano così attaccati al concetto di "giusto" e "sbagliato", così intrappolati nelle loro idee su cosa dovesse accadere al gatto, che non riuscivano a rispondere con saggezza o immediatezza. Joshu, invece, con il suo gesto apparentemente bizzarro di mettersi i sandali sulla testa, dimostrava che la vera saggezza risiede nel non essere attaccati alle convenzioni, nel rispondere alla vita in modo naturale e libero da preconcetti. L'armonia interiore, in questo caso, si raggiunge non attraverso il pensiero analitico o il giudizio morale, ma attraverso la capacità di agire senza essere limitati dalle aspettative o dalle regole sociali. Joshu non cercava di fare la cosa "giusta"; il suo gesto era un atto puro di libertà.

Un altro racconto che esplora la dinamica del non attaccamento è quello del **monaco che voleva l'illuminazione a tutti i costi**. Si narra di un giovane monaco che, frustrato dal suo progresso lento, si rivolse al suo maestro e gli chiese: "Maestro, quanto tempo ci vorrà prima che io raggiunga l'illuminazione?" Il maestro rispose: "Dieci anni." Il giovane, deluso, disse: "E se lavoro molto duramente e mi impegno più di chiunque altro, quanto tempo ci vorrà allora?" Il maestro rispose: "Vent'anni." Stupito, il monaco chiese: "Maestro, perché, se mi impegno di più, ci vorrà più tempo?" Il maestro sorrise e disse: "Se guardi troppo avanti e ti aggrappi al desiderio dell'illuminazione, la spingerai sempre più lontano. Lascia andare il desiderio e segui il percorso. Solo allora potrai trovarla."

Questa storia insegna che l'**attaccamento ai risultati** è uno dei principali ostacoli alla pace interiore e all'illuminazione. Il monaco era così concentrato sull'obiettivo finale – l'illuminazione – che non poteva vivere pienamente il cammino che lo avrebbe condotto lì. Il desiderio eccessivo, la fretta e l'attaccamento a un traguardo futuro creavano disarmonia. Il maestro Zen ricordava al monaco che la vera illuminazione non può essere cercata o forzata, ma si trova solo quando si è completamente presenti nel processo, senza desideri o aspettative. L'armonia interiore, in questo senso, nasce dalla capacità di lasciare andare il bisogno di raggiungere un risultato e di abbracciare pienamente ogni momento, proprio così com'è.

L'armonia interiore non riguarda solo il rapporto che abbiamo con i nostri pensieri e desideri, ma anche il modo in cui affrontiamo le sfide e le difficoltà. La storia di **Unzen e il bambino rapito** ci offre una potente lezione su questo punto. Unzen era un maestro Zen noto per la sua calma e compassione. Un giorno, un uomo disperato venne da lui, dicendo che il suo bambino era stato rapito e chiedendo aiuto. Unzen, invece di cercare di risolvere immediatamente la situazione, chiese all'uomo di fermarsi e riflettere: "Qual è la tua prima reazione? È quella di rabbia e paura. Ma agire su queste emozioni non ti condurrà alla soluzione. Prima, devi trovare la pace dentro di te. Solo da quel luogo di tranquillità potrai affrontare il problema con chiarezza." L'uomo, sebbene riluttante, seguì il consiglio di Unzen e, dopo aver meditato, trovò la calma necessaria per affrontare la situazione e risolverla con saggezza.

Questo racconto ci mostra come la vera armonia interiore non sia una fuga dalle difficoltà, ma un modo per affrontarle con un cuore aperto e una mente tranquilla. Quando ci troviamo di fronte a situazioni dolorose o complesse, la nostra prima reazione è spesso quella di agire impulsivamente, guidati dalla paura o dalla rabbia. Ma queste emozioni creano confusione e ci allontanano dalla capacità di vedere chiaramente. Unzen insegna che la calma interiore è la chiave per affrontare anche le situazioni più difficili. Non è attraverso l'azione frenetica o la reazione impulsiva che troviamo soluzioni, ma attraverso la paziente ricerca della pace dentro di noi. Solo quando siamo in armonia con noi stessi possiamo rispondere alla vita in modo equilibrato e saggio.

Le storie Zen sull'armonia interiore spesso ruotano attorno al concetto di **impermanenza**, che è uno dei principi fondamentali del Buddismo. La storia di **Kozan Ichikyo** è un chiaro esempio di come l'accettazione dell'impermanenza sia cruciale per la pace interiore. Kozan Ichikyo, un poeta e maestro Zen, sapeva che la sua morte era vicina. Un giorno, si sedette, prese un pennello e scrisse il suo ultimo haiku: "Sessant'anni vissuti, lasciando cadere un fiore, la morte giunge come un vecchio amico." Dopo aver scritto queste parole, Kozan si distese e morì serenamente.

Questa storia rappresenta l'accettazione totale dell'impermanenza, non come qualcosa da temere, ma come parte naturale della vita. Kozan non aveva paura della morte, non la vedeva come un nemico o un evento tragico. L'aveva accettata come una parte inevitabile del ciclo dell'esistenza, e proprio grazie a questa accettazione poteva affrontarla con serenità e dignità. L'armonia interiore, in questo senso, si raggiunge quando smettiamo di resistere a ciò che non possiamo cambiare, quando accettiamo che la vita è fatta di nascita e morte, di gioia e sofferenza, e impariamo a vivere ogni momento senza attaccarci né fuggire dalla realtà.

Un altro racconto che ci parla dell'accettazione e del non attaccamento è quello del **monaco e la tazza di tè vuota**. Un giovane monaco si avvicinò al suo maestro chiedendo come poteva raggiungere la saggezza e l'illuminazione. Il maestro lo invitò a prendere il tè insieme. Dopo aver versato il tè nella tazza del giovane, il maestro continuò a versare, facendo traboccare il liquido sul tavolo. Il monaco, perplesso, chiese al maestro perché continuasse a versare. Il maestro rispose: "La tua mente è come questa tazza piena. Prima devi svuotarla per poter ricevere nuova saggezza."

Questa storia ci ricorda che l'**attaccamento alle nostre idee e convinzioni** è uno dei principali ostacoli alla crescita interiore. Spesso pensiamo di sapere già tutto o ci aggrappiamo a credenze rigide, e questo ci impedisce di essere aperti a nuove comprensioni. L'armonia interiore si raggiunge quando impariamo a svuotare la nostra mente dai pregiudizi, dalle aspettative e dalle convinzioni limitanti, permettendo alla saggezza e alla consapevolezza di entrare liberamente. Solo quando siamo disposti a lasciar andare ciò che pensiamo di sapere possiamo aprirci alla verità più profonda della vita.

In tutte queste storie, il non attaccamento e l'accettazione non sono presentati come atti passivi, ma come vie attive verso la libertà e l'armonia. L'armonia interiore non si raggiunge cercando di controllare ogni aspetto della vita o resistendo al cambiamento, ma imparando a fluire con esso, accogliendo ogni esperienza con equanimità e saggezza. È un processo di costante adattamento, in cui lasciamo andare ciò che non possiamo controllare e accettiamo la vita con cuore aperto e mente libera. Attraverso le storie Zen, siamo invitati a esplorare questo percorso e a scoprire come l'armonia non sia una condizione esterna, ma una qualità che possiamo coltivare dentro di noi, indipendentemente dalle circostanze.

Le storie Zen sull'armonia interiore offrono una varietà infinita di riflessioni che continuano a rivelare nuovi strati di significato ogni volta che le esploriamo. Ogni racconto contiene una saggezza sottile che va oltre le parole e ci guida verso una comprensione più profonda di noi stessi e della nostra connessione con il mondo. L'armonia interiore non è mai un concetto statico o una meta definitiva, ma piuttosto un processo dinamico e fluido, in costante evoluzione. È attraverso la comprensione e l'applicazione del non attaccamento e dell'accettazione che possiamo sperimentare questo stato di equilibrio e pace, ma anche in questo c'è una delicatezza che richiede una pratica costante e una profonda consapevolezza di ogni momento.

Il concetto di **non attaccamento** si manifesta spesso nelle storie Zen in modi sottili e talvolta paradossali. L'idea centrale del non attaccamento non riguarda solo la rinuncia ai beni materiali, ma abbraccia anche il lasciar andare delle aspettative, delle convinzioni rigide, del desiderio di controllo e persino della nostra identità egoica. Una storia che illustra questa complessità è quella di **Tozan e l'ombra**. Tozan, un maestro Zen, una sera attraversava un fiume e vide la propria ombra riflessa nell'acqua. In quel momento, realizzò: "Tutta la mia vita ho cercato di liberarmi di questa ombra, ma non c'era mai nulla da cui liberarsi. Io e l'ombra siamo uno." Questo breve racconto parla dell'unità e dell'illusione della separazione. Spesso passiamo la vita cercando di liberarci da parti di noi stessi che non accettiamo, vedendo l'ombra come qualcosa di negativo o estraneo. Tuttavia, l'armonia interiore si raggiunge quando smettiamo di lottare contro noi stessi e comprendiamo che non esistono parti "giuste" o "sbagliate", ma che tutto ciò che siamo, compresi i nostri lati oscuri, è parte integrante della nostra interezza. Il non attaccamento in questo contesto non è una forma di rifiuto di sé, ma piuttosto l'accettazione radicale di tutte le parti del nostro essere.

L'idea dell'**accettazione** si riflette anche nella storia di **Ryokan e la pioggia**. Ryokan, un monaco Zen noto per la sua semplicità e umiltà, viveva una vita austera nelle montagne. Un giorno, mentre stava per fare ritorno alla sua capanna, iniziò a piovere intensamente. Il sentiero divenne scivoloso e Ryokan cadde più volte nel fango, inzuppato fino alle ossa. Ma invece di arrabbiarsi o frustrarsi per le difficoltà del viaggio, Ryokan alzò gli occhi al cielo e iniziò a ridere, godendo della sensazione della pioggia sul viso e della bellezza del momento presente. Questa storia riflette la capacità di accogliere ogni esperienza con gioia e gratitudine, indipendentemente da quanto possa sembrare difficile o scomoda. Ryokan non cercava di evitare il disagio, ma lo abbracciava come parte della sua esperienza. Questa accettazione profonda della vita, senza resistenza o giudizio, è ciò che permette di vivere in uno stato di armonia interiore, poiché la mente non è più impegnata a lottare contro ciò che è, ma è aperta a tutto ciò che accade.

L'**impermanenza** è un'altra tematica centrale nelle storie Zen, e il modo in cui essa viene affrontata rivela molto su come raggiungere l'armonia interiore. Nella storia di **Ikkyu e il piatto rotto**, si narra che Ikkyu, un famoso poeta e monaco Zen, era ancora bambino quando il suo maestro gli affidò un piatto di ceramica antico e prezioso da custodire. Mentre giocava, Ikkyu lo fece cadere accidentalmente e il piatto si ruppe in mille pezzi. Quando il maestro tornò, Ikkyu, preoccupato per la sua reazione, gli chiese: "Maestro, perché le cose devono morire?" Il maestro rispose: "Fa parte della vita." Allora Ikkyu, mostrando i frammenti del piatto, disse: "Anche il piatto è morto." Il maestro sorrise, comprendendo la saggezza nascosta nella risposta del giovane.

Questa storia sottolinea come il riconoscimento dell'impermanenza possa diventare una fonte di saggezza e accettazione, piuttosto che di sofferenza. Il piatto rotto simboleggia tutto ciò che nella vita è destinato a cambiare, a finire o a trasformarsi. Tuttavia, accettare l'impermanenza non significa abbandonarsi alla disperazione, ma riconoscere che proprio grazie alla sua natura transitoria, la vita acquista valore e significato. L'armonia interiore non deriva dal cercare di preservare o proteggere ciò che è temporaneo, ma dall'essere pienamente presenti in ogni momento, sapendo che esso è unico e irripetibile. È proprio l'accettazione della fugacità della vita che ci permette di apprezzarla più intensamente, senza attaccamenti o paure.

Un altro aspetto dell'armonia interiore riguarda la capacità di **non giudicare**. Il giudizio crea divisione, sia dentro di noi che nel nostro rapporto con il mondo esterno. Una storia che riflette questa verità è quella di **Un monaco cieco e il giardino di fiori**. Un monaco cieco viveva in un monastero noto per il suo splendido giardino di fiori. Anche se non poteva vederli, il monaco passava ore nel giardino, respirando i profumi e toccando i petali. Quando gli altri monaci gli chiesero come potesse apprezzare un giardino che non poteva vedere, egli rispose: "I miei occhi non funzionano, ma i miei sensi sono vivi. La bellezza non è limitata alla vista. La vera bellezza è nell'esperienza che va oltre le apparenze." Questo racconto parla dell'armonia che si raggiunge quando smettiamo di giudicare o limitare la nostra esperienza del mondo. Il monaco, pur essendo cieco, non si lasciava definire da questa mancanza; anzi, trovava gioia e bellezza attraverso altri sensi, dimostrando che l'armonia interiore non dipende da ciò che abbiamo o non abbiamo, ma da come scegliamo di vivere la nostra esperienza.

L'armonia interiore, come ci insegnano le storie Zen, si basa sulla capacità di accogliere ogni parte della vita con apertura, senza rifiutare ciò che non ci piace o desiderare ciò che non abbiamo. Un altro racconto che esplora questo tema è quello di **Joshu e il cane**. Un discepolo chiese a Joshu, un maestro Zen: "Un cane ha la natura di Buddha?" Joshu rispose: "Mu!" (che significa "nessun cosa"). Questa breve risposta racchiude un profondo insegnamento sull'unità di tutte le cose. Il discepolo, nel chiedere se il cane avesse la natura di Buddha, stava separando l'essenza del cane da quella di Buddha, creando una dualità. Joshu, rispondendo "Mu," rifiutava questa separazione, affermando che non esiste un "sì" o un "no" assoluto, ma solo l'unità in cui tutto è interconnesso. L'armonia interiore si raggiunge proprio quando comprendiamo che non ci sono divisioni reali tra noi e il mondo, tra ciò che consideriamo sacro e ciò che vediamo come ordinario. La natura di Buddha è in tutto, e questo riconoscimento ci porta a una pace profonda.

Infine, una delle storie Zen più emblematiche che esemplifica l'armonia interiore attraverso il **non attaccamento** è quella di **Mumon e il cancello senza porta**. Mumon, un grande maestro Zen, scrisse una raccolta di Koan intitolata "Il Cancello Senza Porta". Nel primo Koan di questa raccolta, si chiede ai discepoli di superare un "cancello" invisibile e di trovare il modo di attraversarlo. Il significato di questo Koan risiede nel fatto che non esiste un vero cancello da attraversare. Il "cancello" è una costruzione mentale, un'illusione che ci tiene intrappolati nella dualità. Superare il cancello significa superare l'attaccamento ai concetti, ai pensieri e alle paure che creiamo nella nostra mente. L'armonia interiore si raggiunge nel momento in cui comprendiamo che non c'è nulla da superare, che siamo già liberi e che è solo la nostra mente a creare ostacoli immaginari.

In queste storie, l'armonia interiore emerge come un processo di costante rilascio, un invito a smettere di lottare contro la realtà e a lasciare andare tutto ciò che ci tiene legati a schemi mentali e aspettative. È attraverso l'accettazione del cambiamento, l'apertura all'imprevedibile e il riconoscimento dell'unità di tutte le cose che possiamo vivere in pace, liberi dalle catene del desiderio e della paura. Le storie Zen ci insegnano che l'armonia interiore non è una conquista, ma una scoperta, un risveglio alla verità che è sempre stata dentro di noi, ma che spesso è offuscata dai nostri stessi attaccamenti e preconcetti.

Concludere un'esplorazione dell'armonia interiore attraverso le storie Zen richiede di sottolineare l'essenza stessa del Buddismo Zen: la trasformazione della consapevolezza. Le storie Zen non sono solo racconti di saggezza, ma strumenti profondamente meditativi che ci invitano a guardare oltre la superficie della vita e delle nostre esperienze quotidiane, per trovare una pace radicata in una consapevolezza non dualistica. Ogni racconto ci guida verso una comprensione che l'armonia interiore non è uno stato esterno o qualcosa che si ottiene con lo sforzo, ma piuttosto una qualità che emerge naturalmente quando impariamo a lasciar andare il bisogno di controllare e a vivere in piena accettazione di ciò che è.

Uno dei principi cardine emersi attraverso le storie Zen è il **non attaccamento**. Abbiamo visto come questo concetto non si limiti a distaccarsi dai beni materiali, ma coinvolga anche il lasciar andare le aspettative, i desideri, le convinzioni e persino l'idea di sé. Il non attaccamento non significa indifferenza o rinuncia, ma libertà. Quando non siamo più legati rigidamente a ciò che vorremmo o a come pensiamo che le cose dovrebbero essere, ci liberiamo dal ciclo di sofferenza che nasce dal desiderio insoddisfatto. Siamo liberi di fluire con la vita in modo naturale, senza lottare contro il cambiamento o cercare di trattenere ciò che è destinato a passare. Le storie Zen, come quella di Hakuin e il bambino, o del maestro che accetta il proprio destino senza paura, ci mostrano che il vero potere del non attaccamento sta nella capacità di accogliere ogni esperienza con una mente aperta, pronta a rispondere a ciò che accade, senza essere appesantita da un eccessivo investimento emotivo o da aspettative rigide.

L'altro grande pilastro dell'armonia interiore è l'**accettazione**. Nelle storie Zen, vediamo come i maestri e i monaci Zen riescano a trovare pace anche nelle situazioni più difficili o imprevedibili, non cercando di cambiarle, ma accettandole pienamente. L'accettazione, in questo contesto, non è resa passiva o rinuncia alla vita, ma una forma di saggezza pratica che riconosce l'impermanenza e la natura in continuo cambiamento dell'esistenza. Quando accettiamo la realtà così com'è, senza resistenza o giudizio, creiamo uno spazio di pace dentro di noi che non dipende dalle circostanze esterne. L'armonia interiore emerge naturalmente da questa accettazione, poiché non lottiamo più contro la vita, ma ci muoviamo con essa, come una barca che segue il corso del fiume invece di cercare di remare controcorrente.

Un altro elemento fondamentale che si rivela nelle storie Zen è il riconoscimento dell'**impermanenza** come una delle chiavi per vivere in armonia con noi stessi e con il mondo. Storie come quella di Kozan Ichikyo, che accoglie la morte con serenità, o del piatto rotto di Ikkyu, ci ricordano che tutto ciò che esiste è temporaneo. Le nostre vite, le nostre esperienze, le nostre emozioni sono tutte soggette al cambiamento, e l'attaccamento a qualcosa di temporaneo genera inevitabilmente sofferenza. L'armonia interiore si trova non cercando di evitare o ritardare l'impermanenza, ma accettandola con cuore aperto, vedendo nella transitorietà una forma di bellezza e un'opportunità per vivere il presente con pienezza. Quando comprendiamo davvero l'impermanenza, smettiamo di aggrapparci al passato o di temere il futuro, e impariamo a vivere pienamente nel momento presente, dove risiede la vera pace.

Infine, una delle lezioni più profonde che emergono dalle storie Zen riguarda il **superamento della dualità**. Spesso, le nostre vite sono frammentate da giudizi, divisioni e categorie che creiamo: bene e male, successo e fallimento, vita e morte. Queste divisioni creano conflitti interiori e ci impediscono di sperimentare l'unità di tutte le cose. Le storie Zen ci invitano a superare questa visione frammentaria del mondo, riconoscendo che tutto è interconnesso e che non c'è separazione reale tra noi e il resto dell'universo. L'armonia interiore, in ultima analisi, si raggiunge quando smettiamo di vedere noi stessi come entità separate e ci rendiamo conto che siamo parte di un tutto più grande. Questa consapevolezza ci porta a vivere con maggiore compassione, sia verso noi stessi che verso gli altri, poiché riconosciamo che il benessere di ciascuno è legato al benessere del tutto.

In conclusione, le storie Zen sull'armonia interiore ci insegnano che la pace non è qualcosa che si ottiene cercando di manipolare o controllare la vita, ma è il risultato naturale di una mente libera dai desideri ossessivi, dalle paure e dalle illusioni. Attraverso il non attaccamento, l'accettazione dell'impermanenza e il superamento della dualità, possiamo vivere in sintonia con il flusso naturale dell'esistenza. L'armonia interiore è una danza con la vita, in cui ogni passo è un invito a lasciar andare, ad accogliere ciò che è e a riconoscere la nostra interconnessione con tutto ciò che esiste. Questo cammino non è facile e richiede una pratica costante, ma ogni passo ci avvicina a una comprensione più profonda di noi stessi e del mondo, portandoci verso una pace che non dipende dalle circostanze esterne, ma dalla nostra capacità di essere presenti, consapevoli e in armonia con il tutto.

14. Pratiche per coltivare l'armonia interiore: Suggerimenti pratici per sviluppare l'armonia interiore, come la meditazione sul vuoto e la contemplazione.

Coltivare l'armonia interiore è un processo che richiede pratica, pazienza e una consapevolezza costante. Nella tradizione del Buddismo Zen, ci sono diverse pratiche che aiutano a sviluppare questo stato di equilibrio, in cui mente, corpo e spirito si muovono in sintonia con il flusso naturale della vita. Queste pratiche non sono solo metodi per trovare calma momentanea, ma strumenti per trasformare profondamente la nostra percezione del mondo e di noi stessi, portandoci verso una consapevolezza più radicata e duratura. Di seguito, esploriamo alcune delle pratiche più efficaci per coltivare l'armonia interiore.

1. Meditazione sul vuoto (Zazen)
Una delle pratiche centrali del Buddismo Zen è lo **Zazen**, la meditazione seduta. Zazen è spesso definita come "sedersi in silenzio", ma questa semplicità nasconde una profondità straordinaria. La

meditazione Zen sul vuoto non ha un obiettivo specifico come la concentrazione su un oggetto o la visualizzazione; piuttosto, si tratta di una pratica di pura presenza. Nella meditazione sul vuoto, ci sediamo in una postura stabile e rilassata, con la schiena dritta e il respiro naturale, e lasciamo che la mente sia ciò che è, senza cercare di controllarla o guidarla. Invece di concentrarci attivamente su qualcosa, osserviamo semplicemente i pensieri, le emozioni e le sensazioni che emergono, riconoscendoli per ciò che sono: eventi mentali transitori che vanno e vengono, come nuvole nel cielo.

Questa pratica ci permette di entrare in contatto con la natura vuota e mutevole della mente, rivelando che molti dei nostri pensieri non sono altro che costruzioni temporanee. La meditazione sul vuoto ci aiuta a coltivare il **non attaccamento**, poiché impariamo a non aggrapparci ai pensieri o alle emozioni che sorgono, ma a lasciarli andare con naturalezza. Con il tempo, questa pratica ci porta a una sensazione di profonda tranquillità e armonia, poiché smettiamo di lottare contro il flusso della vita e accettiamo ogni momento per quello che è.

Suggerimento pratico per Zazen: Trova un luogo tranquillo dove sederti comodamente, senza distrazioni. Puoi sederti su un cuscino o una sedia, mantenendo la schiena dritta. Chiudi delicatamente gli occhi o mantienili semiaperti, fissando un punto davanti a te. Porta l'attenzione al respiro, sentendo l'aria entrare e uscire dal corpo. Non cercare di controllare i pensieri; limitati a osservare ciò che accade nella mente e nel corpo, lasciando andare ogni giudizio o reazione. Inizia con sessioni di 10-15 minuti, aumentando gradualmente la durata.

2. Contemplazione dell'impermanenza
Un altro modo potente per sviluppare l'armonia interiore è attraverso la **contemplazione dell'impermanenza**. Nel Buddismo, l'impermanenza è vista come una verità fondamentale della vita: tutto cambia, niente rimane statico. Spesso, la nostra sofferenza nasce dal tentativo di trattenere ciò che è destinato a mutare o dal rifiuto di accettare il cambiamento. La contemplazione dell'impermanenza ci invita a riflettere profondamente su questa realtà e ad abbracciarla come parte della vita.

Per praticare la contemplazione dell'impermanenza, puoi riflettere su un oggetto, una relazione o un aspetto della tua vita che è cambiato nel tempo. Osserva come le cose si trasformano naturalmente, senza il tuo controllo, e come il cambiamento sia parte integrante della vita. Questa riflessione può portare a un senso di liberazione, poiché ti aiuta a lasciare andare l'attaccamento e a vivere in modo più sereno, accogliendo ogni fase della vita con maggiore equanimità.

Suggerimento pratico per la contemplazione dell'impermanenza: Siediti in un luogo tranquillo e scegli un aspetto della tua vita da contemplare, ad esempio una relazione, un ricordo o un oggetto. Rifletti su come questo elemento sia cambiato nel tempo e su come il cambiamento sia stato inevitabile. Pensa a come tutto ciò che ti circonda, compreso il tuo corpo e i tuoi pensieri, è soggetto al cambiamento. Lascia che questa consapevolezza ti guidi verso una maggiore accettazione della natura transitoria della vita.

3. Meditazione camminata (Kinhin)

La **meditazione camminata**, o **Kinhin**, è una pratica complementare a Zazen e aiuta a integrare la consapevolezza e l'armonia interiore nel movimento. Mentre cammini lentamente e consapevolmente, porti l'attenzione ai tuoi passi, al contatto dei piedi con il suolo e alla sensazione del corpo in movimento. Questa pratica ti aiuta a connetterti con il momento presente, coltivando la consapevolezza in ogni azione. La meditazione camminata è particolarmente utile per coloro che trovano difficile rimanere seduti per lunghi periodi, offrendo un'alternativa dinamica alla meditazione seduta.

Camminare con attenzione consapevole permette alla mente di calmarsi e di radicarsi nel qui e ora, aiutandoci a lasciare andare le preoccupazioni e a entrare in uno stato di profonda pace. Ogni passo diventa un atto di meditazione, un'opportunità per coltivare la presenza mentale e l'armonia interiore. Camminando lentamente e consapevolmente, diventiamo più sensibili alle sensazioni del corpo, al respiro e all'ambiente che ci circonda, rafforzando il legame tra mente e corpo.

Suggerimento pratico per la meditazione camminata: Trova uno spazio tranquillo, all'interno o all'esterno, dove puoi camminare senza fretta. Cammina molto lentamente, prestando attenzione a ogni passo. Fai un respiro mentre sollevi il piede e un altro respiro mentre lo appoggi a terra. Sii consapevole delle sensazioni nei piedi e nel corpo. Cerca di rimanere completamente presente ad ogni passo, senza lasciarti distrarre dai pensieri. Inizia con 10 minuti di pratica, poi aumenta gradualmente il tempo.

4. Pratica della gratitudine

La **pratica della gratitudine** è un metodo semplice ma straordinariamente efficace per coltivare l'armonia interiore. La gratitudine ci aiuta a cambiare il nostro focus mentale, spostandoci da ciò che manca o non va bene nella nostra vita, a ciò che abbiamo e che ci arricchisce. Coltivare un senso di gratitudine quotidiana ci permette di vivere con maggiore apertura, apprezzando i piccoli momenti di bellezza e le cose che spesso diamo per scontate.

Quando pratichiamo la gratitudine, la mente si allontana dalle preoccupazioni e dalle ansie, e si concentra invece su ciò che ci porta gioia e appagamento. Questo cambia il nostro atteggiamento verso la vita, rendendoci più resilienti di fronte alle difficoltà e più capaci di trovare equilibrio e pace interiore. La gratitudine, praticata regolarmente, diventa una fonte di armonia interiore che ci sostiene in ogni aspetto della vita.

Suggerimento pratico per la pratica della gratitudine: Ogni giorno, prenditi qualche minuto per riflettere su tre cose per cui sei grato. Può trattarsi di cose piccole o grandi, come una conversazione significativa, un pasto nutriente o un momento di tranquillità. Scrivile in un diario o riflettici mentalmente, cercando di sentire profondamente la gratitudine per questi doni. Questa pratica ti aiuterà a sviluppare una mentalità positiva e a vivere con maggiore consapevolezza e apprezzamento.

5. Pratica della contemplazione del respiro

La **contemplazione del respiro** è una pratica antica che si concentra sull'osservazione consapevole del respiro. Il respiro è il ponte tra il corpo e la mente, ed è sempre presente, rendendolo uno strumento perfetto per riportare la consapevolezza al momento presente. Quando osserviamo il respiro senza cercare di modificarlo, semplicemente prestando attenzione al suo ritmo naturale, la mente inizia a calmarsi e a diventare più stabile. Questa pratica è particolarmente utile per chi cerca di ridurre lo stress e l'ansia, poiché aiuta a radicare la mente nel corpo e a creare una sensazione di pace.

La contemplazione del respiro è anche un'opportunità per esplorare la natura del **vuoto**. Quando ci concentriamo sul respiro, possiamo notare i momenti di pausa tra un respiro e l'altro, quegli istanti di quiete che rappresentano uno spazio vuoto, privo di pensieri o attività. Imparare a riconoscere e a riposare in questo spazio di vuoto può portarci a una sensazione di profonda armonia interiore, poiché ci connettiamo con una dimensione di silenzio e quiete che esiste sempre dentro di noi.

Suggerimento pratico per la contemplazione del respiro:
Siediti in una posizione comoda, con la schiena dritta e gli occhi chiusi. Porta l'attenzione al respiro, sentendo l'aria entrare ed uscire dal naso o dall'addome. Non cercare di cambiare il ritmo del respiro, limitati a osservarlo con curiosità e presenza. Se la mente si distrae, riportala gentilmente al respiro. Con il tempo, noterai che la mente diventa sempre più calma e concentrata.

In conclusione, coltivare l'armonia interiore richiede una pratica costante e una dedizione alla consapevolezza. Attraverso la meditazione sul vuoto, la contemplazione dell'impermanenza, la meditazione camminata, la pratica della gratitudine e la contemplazione del respiro, possiamo sviluppare una maggiore capacità di vivere in equilibrio e serenità. Queste pratiche ci guidano verso una comprensione più profonda di noi stessi e del mondo che ci circonda, aiutandoci a trovare pace e armonia, nonostante le sfide e i cambiamenti della vita.

Le pratiche per coltivare l'armonia interiore sono come strumenti finemente calibrati che ci permettono di sintonizzarci con una dimensione più profonda della nostra esperienza, una dimensione in cui la mente, il corpo e lo spirito sono in equilibrio. Queste pratiche non sono tecniche rigide da seguire, ma piuttosto vie fluide che ci conducono verso una connessione più intima con noi stessi e con il mondo intorno a noi. Ogni volta che ci dedichiamo alla meditazione, alla contemplazione o alla presenza consapevole, stiamo seminando i semi di una pace interiore che cresce lentamente, radicandosi sempre più profondamente nel nostro essere.

Un aspetto fondamentale di queste pratiche è il modo in cui ci aiutano a sviluppare una **consapevolezza non giudicante**. Uno dei principali ostacoli all'armonia interiore è la tendenza della mente a giudicare costantemente ciò che accade, a classificare le esperienze come "buone" o "cattive", a cercare di trattenere ciò che è piacevole e a respingere ciò che è scomodo. Quando la mente è intrappolata in questo ciclo di giudizi, crea tensioni e resistenze che interrompono il flusso naturale della vita. Le pratiche di consapevolezza, come la meditazione sul respiro o la contemplazione dell'impermanenza, ci insegnano a osservare ciò che accade senza attaccarci a un risultato o a un'interpretazione. Impariamo a lasciare che i pensieri, le emozioni e le sensazioni vadano e vengano senza reagire, sviluppando una mente più aperta e ricettiva.

Questa **mente aperta** è essenziale per coltivare l'armonia interiore, poiché ci permette di affrontare ogni esperienza con equanimità. Non importa se ci troviamo in una situazione difficile o piacevole, la mente aperta rimane stabile, senza essere trascinata dall'entusiasmo o dall'ansia. Invece di essere vincolati ai desideri e alle paure, siamo capaci di osservare tutto con distacco e curiosità, e questo ci porta a una profonda tranquillità. Le pratiche di consapevolezza ci aiutano a sviluppare questa stabilità, poiché ci allenano a riportare continuamente l'attenzione al momento presente, senza giudizio.

Un'altra pratica cruciale per l'armonia interiore è quella di **radicarci nel corpo**. Spesso siamo così immersi nei pensieri che dimentichiamo la connessione profonda che abbiamo con il nostro corpo. Il corpo, però, è sempre nel presente, ed è una porta verso una dimensione di consapevolezza più profonda. Pratiche come la meditazione camminata o la semplice osservazione del respiro ci riportano alla nostra esperienza corporea, ci permettono di sentirci presenti in ogni movimento, in ogni respiro. Questo radicamento nel corpo non solo calma la mente, ma ci aiuta a rimanere centrati, anche quando la vita diventa caotica. Sentire i piedi che toccano il terreno durante una meditazione camminata o osservare la pienezza del respiro durante la meditazione seduta sono modi semplici ma potenti per ancorarci al presente e ritrovare l'equilibrio.

Inoltre, coltivare l'armonia interiore significa anche sviluppare una **mente non reattiva**. La vita è piena di eventi imprevisti e sfide che possono far emergere emozioni forti come rabbia, paura o tristezza. Quando reagiamo impulsivamente a queste emozioni, alimentiamo un ciclo di sofferenza e disarmonia. Le pratiche di consapevolezza ci insegnano a riconoscere le emozioni senza essere sopraffatti da esse. Invece di reagire immediatamente, impariamo a fare una pausa, a osservare ciò che sta accadendo dentro di noi e a rispondere in modo più consapevole e ponderato. Questa capacità di creare uno spazio tra lo stimolo e la risposta è uno degli aspetti più importanti dell'armonia interiore. Quando non siamo più schiavi delle reazioni automatiche, possiamo affrontare ogni situazione con maggiore chiarezza e calma.

Un'altra pratica che ci aiuta a coltivare questa **non reattività** è la **contemplazione del vuoto**. Nel Buddismo Zen, il vuoto non è visto come un'assenza, ma come una pienezza di potenziale. Contemplare il vuoto significa comprendere che tutto ciò che accade – dai pensieri alle emozioni, dalle situazioni esterne alle esperienze interne – è transitorio e privo di un sé permanente. Questa consapevolezza ci permette di non aggrapparci a nulla, poiché riconosciamo che tutto è in continua trasformazione. Quando comprendiamo davvero la natura del vuoto, smettiamo di resistere al cambiamento e iniziamo a fluire con esso, trovando una serenità che non dipende dalle circostanze esterne. La pratica della contemplazione del vuoto ci porta a un profondo senso di libertà, poiché ci libera dal bisogno di controllare o possedere ciò che è impermanente.

Un'altra pratica che nutre l'armonia interiore è la **gentilezza amorevole**, o **metta**. Questa pratica consiste nel coltivare intenzioni di amore, compassione e benevolenza, sia verso noi stessi che verso gli altri. Spesso, la disarmonia interiore nasce da una mancanza di compassione verso noi stessi, da un dialogo interiore critico o da un atteggiamento di durezza nei confronti delle nostre imperfezioni. La pratica della gentilezza amorevole ci insegna a trattarci con la stessa cura e rispetto che riserveremmo a un caro amico. Attraverso la ripetizione di frasi semplici come "Possa io essere felice, possa io essere in pace," iniziamo a sviluppare una relazione più amorevole con noi stessi. Questa pratica, nel tempo, si estende anche agli altri, poiché impariamo a vedere la sofferenza e l'imperfezione negli altri con maggiore compassione, invece che con giudizio. La gentilezza amorevole è uno strumento potente per coltivare l'armonia interiore, poiché ci aiuta a trasformare la durezza in apertura e la critica in accettazione.

Coltivare l'armonia interiore significa anche sviluppare una **connessione con la natura**. La natura è un potente alleato nel nostro percorso verso la pace interiore, poiché riflette costantemente la verità dell'impermanenza e dell'interconnessione. Passare del tempo in mezzo alla natura – osservando un tramonto, camminando in un bosco o semplicemente respirando l'aria fresca – ci ricorda la nostra connessione con il mondo naturale e ci aiuta a rilassarci in una consapevolezza più ampia. La natura non giudica, non si affretta, non si aggrappa al passato né teme il futuro

Le pratiche che coltivano l'armonia interiore non solo ci riconnettono alla nostra essenza, ma ci riportano costantemente a un punto di equilibrio dove la mente smette di combattere contro le esperienze della vita. In questo senso, l'armonia interiore è un processo fluido e in continua trasformazione, non qualcosa che si raggiunge una volta per tutte. È una qualità della consapevolezza che si rafforza attraverso l'osservazione costante del presente, il distacco dalle aspettative e la capacità di accogliere tutto ciò che accade senza opporre resistenza.

Una delle pratiche più semplici ma potenti per sviluppare l'armonia interiore è la **pratica del silenzio**. Il silenzio ha una qualità purificante che ci permette di entrare in contatto con il nostro spazio interiore più profondo. Nella nostra vita quotidiana, siamo continuamente immersi in rumori e stimoli, non solo esterni, ma anche interni: i pensieri incessanti, le preoccupazioni, le distrazioni mentali. Dedicare del tempo al silenzio, anche solo per pochi minuti al giorno, è un modo per creare un rifugio interiore dove possiamo riposare dalla frenesia del mondo. Durante questi momenti di silenzio, possiamo semplicemente osservare ciò che sorge nella mente, senza giudizio o necessità di reagire. Il silenzio diventa così un terreno fertile per la chiarezza mentale e la pace interiore, poiché smettiamo di essere trascinati dall'energia del pensiero e ritorniamo a una dimensione di calma e tranquillità.

La **contemplazione del respiro**, come abbiamo già menzionato, è una pratica centrale, ma anche solo prendere un momento di silenzio, senza obiettivi, senza cercare di fare o ottenere qualcosa, ci riporta alla nostra natura più autentica. In questo stato di silenzio, scopriamo che l'armonia interiore non deve essere cercata all'esterno; esiste già dentro di noi, al di là del rumore mentale. Rimanere in silenzio ci offre lo spazio per vedere le cose con maggiore chiarezza e distacco, e questa chiarezza è il fondamento dell'armonia interiore. Il silenzio non riguarda solo l'assenza di suoni, ma anche l'assenza di attaccamenti, la libertà da schemi mentali ripetitivi. È un ritorno alla semplicità dell'essere.

La **meditazione camminata**, che abbiamo già esplorato, può essere approfondita ulteriormente. Camminare lentamente, con consapevolezza, ci riporta al momento presente, ma possiamo anche integrare la **contemplazione della natura** mentre camminiamo. Essere in contatto con il mondo naturale, senza aspettative o propositi specifici, ci permette di risvegliare una sensibilità verso l'ambiente circostante. Osservare un fiore, sentire il vento sulla pelle o ascoltare il suono delle foglie che si muovono sono tutti modi per connetterci con l'armonia naturale che esiste al di là della nostra mente. La natura non si preoccupa del tempo, delle scadenze o delle aspettative; segue un ritmo naturale che possiamo assorbire se ci permettiamo di rallentare e osservare. In questo senso, la meditazione camminata diventa una meditazione sulla vita stessa, dove ogni passo ci ricorda l'interconnessione di tutte le cose e ci aiuta a sviluppare un senso di unità con il mondo.

Un altro strumento potente per coltivare l'armonia interiore è la **pratica dell'accettazione**. L'accettazione non significa rassegnarsi o arrendersi alle difficoltà della vita, ma piuttosto imparare a vivere con ciò che è, senza cercare di forzare le cose in una direzione specifica. Spesso, quando ci troviamo di fronte a sfide o situazioni difficili, la nostra prima reazione è quella di resistere o cercare di cambiare ciò che non ci piace. Tuttavia, questa resistenza genera solo più tensione e sofferenza. Quando impariamo ad accettare la realtà per ciò che è, senza giudizio, ci liberiamo dall'energia negativa della lotta e della frustrazione. L'accettazione ci porta in uno stato di flusso, dove smettiamo di opporre resistenza e iniziamo a fluire con la vita, adattandoci ai suoi cambiamenti con serenità.

La pratica dell'accettazione può essere integrata in qualsiasi momento della nostra giornata. Possiamo iniziare con le piccole cose: accettare un ritardo, un imprevisto, o una conversazione difficile. Più accettiamo questi piccoli momenti, più ci rendiamo conto che la nostra sofferenza non proviene dalle circostanze stesse, ma dalla nostra reazione ad esse. Col tempo, questa pratica si estende anche alle situazioni più grandi e complesse della vita, come la malattia, la perdita o il cambiamento. Accettare non significa approvare tutto ciò che accade, ma riconoscere che le cose sono come sono in questo momento, e che possiamo trovare pace anche in mezzo alle difficoltà.

Una pratica strettamente correlata all'accettazione è quella di **lasciar andare**. Lasciar andare non è facile, soprattutto quando siamo attaccati a risultati specifici o quando crediamo di avere il controllo su ciò che accade. Tuttavia, imparare a lasciare andare ci libera da un peso enorme e ci permette di vivere con maggiore leggerezza e armonia. Lasciar andare non significa abbandonare i nostri obiettivi o desideri, ma smettere di attaccarci rigidamente ad essi. Significa riconoscere che non possiamo controllare tutto e che molte delle cose che ci preoccupano sono al di fuori del nostro controllo.

Un esercizio pratico per lasciar andare è quello di scrivere su un pezzo di carta ciò che ci preoccupa o ciò a cui ci sentiamo attaccati, e poi immaginare di lasciarlo andare fisicamente, magari strappando il foglio o bruciandolo in modo simbolico. Questo gesto ci aiuta a visualizzare il processo di rilascio, permettendoci di sentire concretamente cosa significa allentare la presa e fidarci del flusso della vita.

La **compassione** verso noi stessi è un altro aspetto cruciale per coltivare l'armonia interiore. Spesso siamo molto critici nei confronti di noi stessi, ci giudichiamo duramente per i nostri errori o per le nostre imperfezioni. Tuttavia, la compassione verso sé stessi è fondamentale per sviluppare un equilibrio interiore. Quando impariamo a trattarci con la stessa gentilezza e comprensione che riserveremmo a un caro amico, creiamo uno spazio interiore di accoglienza e cura. Questa pratica ci permette di smettere di lottare contro noi stessi e di accettare le nostre fragilità come parte dell'esperienza umana. La compassione verso sé stessi è una fonte di grande forza, perché ci permette di affrontare le difficoltà con più dolcezza e meno resistenza.

Possiamo coltivare la compassione verso noi stessi attraverso la meditazione della **gentilezza amorevole**, come già accennato, o semplicemente attraverso piccoli gesti di cura quotidiana, come prenderci del tempo per riposare, ascoltare i nostri bisogni e non essere troppo severi con noi stessi quando le cose non vanno come sperato. La compassione è una pratica che ci insegna a rilassarci nella nostra umanità, riconoscendo che la perfezione non è necessaria per essere in pace.

Un altro approccio alla coltivazione dell'armonia interiore è il **lavoro sulla gratitudine**, che ha un impatto diretto sulla nostra percezione del mondo e del nostro stato mentale. Quando ci concentriamo su ciò per cui siamo grati, ci allontaniamo dalle lamentele, dalle preoccupazioni e dal senso di mancanza, spostando la nostra attenzione su ciò che già abbiamo. La gratitudine ci riporta al presente, perché ci aiuta a riconoscere le benedizioni che esistono nel momento presente, indipendentemente dalle circostanze esterne. Anche nei periodi più difficili, trovare qualcosa per cui essere grati – anche se piccolo – può trasformare la nostra prospettiva e riportarci a uno stato di equilibrio interiore.

Infine, coltivare l'armonia interiore significa anche saper sviluppare un senso di **equanimità**. L'equanimità è la capacità di mantenere la calma e l'equilibrio di fronte a qualsiasi situazione, senza essere trascinati dall'emozione o dall'impulso. Questo stato mentale non è freddo o distaccato, ma piuttosto una forma di stabilità interiore che ci permette di rimanere centrati anche quando il mondo intorno a noi è in tumulto. L'equanimità ci aiuta a non reagire in modo impulsivo o emotivo agli eventi esterni, ma a rispondere con lucidità e saggezza

Concludere il punto sulle pratiche per coltivare l'armonia interiore significa riflettere sull'interconnessione tra le varie pratiche, che agiscono come sentieri diversi verso un'unica meta: una vita vissuta con maggiore equilibrio, pace e consapevolezza. Queste pratiche non sono isolate l'una dall'altra, ma si intrecciano, arricchendosi a vicenda.

La meditazione, la contemplazione, l'accettazione, la compassione e la gentilezza amorevole, il lasciar andare, il silenzio, il radicamento nel corpo, la gratitudine e l'equanimità sono tutte facce dello stesso processo di coltivazione della pace interiore.

L'armonia interiore, infatti, non è uno stato fisso o una condizione che si raggiunge una volta per tutte. È una qualità della mente e del cuore che si sviluppa attraverso un costante impegno alla consapevolezza e alla pratica. La vita è in continuo cambiamento, e le sfide che ci pone davanti richiedono una capacità di adattamento, che solo una mente armoniosa e non reattiva può sviluppare. Ogni pratica ci allena a rispondere alla vita con maggiore saggezza e serenità, a fluire con il cambiamento invece di resistergli, e a trovare una calma interiore che non è scossa dalle circostanze esterne.

Praticare il **non attaccamento** ci aiuta a liberarci dalla sofferenza che deriva dal voler trattenere ciò che è destinato a cambiare. Quando comprendiamo che nulla è permanente – non le emozioni, non le situazioni, non i pensieri – possiamo smettere di cercare di controllare o forzare la realtà e iniziare ad accogliere la vita come un flusso in continua trasformazione. Il non attaccamento ci insegna a vivere con maggiore leggerezza, riducendo il peso delle aspettative e delle preoccupazioni.

Allo stesso modo, la pratica dell'**accettazione** è un elemento fondamentale per sviluppare l'armonia interiore. Accettare ciò che è non significa arrendersi o essere passivi, ma riconoscere che ci sono aspetti della vita che non possiamo cambiare e che la vera forza sta nel saper adattarsi a questi cambiamenti. L'accettazione ci permette di mantenere la nostra pace interiore anche di fronte alle difficoltà, poiché non lottiamo contro la realtà, ma la abbracciamo per ciò che è. Questa accettazione diventa un atto di fiducia profonda nella vita stessa, nella capacità di affrontare qualunque cosa venga incontro con una mente aperta e un cuore sereno.

Il **silenzio** è un'altra dimensione che ci conduce a una comprensione più profonda dell'armonia interiore. Quando ci permettiamo di immergerci nel silenzio, ci separiamo dal caos esterno e troviamo uno spazio di quiete dentro di noi. Il silenzio ci dà l'opportunità di ascoltare ciò che normalmente viene coperto dal rumore mentale e dalle distrazioni quotidiane. È nel silenzio che possiamo veramente ascoltare il nostro cuore e la nostra mente, riconoscendo ciò che ci disturba e lasciando che si dissolva naturalmente. Il silenzio diventa così un rifugio di pace, una pratica quotidiana che ci riporta alla nostra vera essenza.

Le pratiche legate alla **consapevolezza del corpo**, come la meditazione camminata, ci aiutano a integrare la mente e il corpo in un'unica esperienza presente. Spesso viviamo separati dal nostro corpo, immersi nei pensieri e nelle preoccupazioni. Tuttavia, quando ci radichiamo nel corpo, attraverso il movimento consapevole o l'osservazione del respiro, torniamo a essere pienamente presenti. Questo ci permette di sperimentare la vita in modo più diretto e immediato, senza la mediazione costante dei pensieri. Il corpo è sempre nel momento presente, e prestare attenzione ad esso ci aiuta a riconnetterci con la realtà così com'è, trovando stabilità e radicamento.

La **compassione**, sia verso noi stessi che verso gli altri, è un pilastro dell'armonia interiore. Spesso la nostra disarmonia nasce da un dialogo interiore critico e duro, o dalla mancanza di gentilezza verso gli altri. Coltivare la compassione significa aprire il cuore, permettendoci di vedere le nostre fragilità e quelle degli altri con comprensione e gentilezza. La compassione non solo allevia la sofferenza, ma crea un terreno fertile per una pace più duratura, poiché ci allontana dalla lotta interiore e ci porta verso l'accettazione amorevole di ciò che siamo.

Il **lasciar andare** è un'altra pratica che rafforza la nostra capacità di vivere in armonia con il mondo. Quando ci attacchiamo rigidamente alle aspettative, ai desideri o ai risultati, creiamo tensioni e frustrazioni. Imparare a lasciar andare non significa rinunciare a ciò che desideriamo, ma essere in grado di affrontare la vita senza essere ossessionati dal controllo o dal risultato finale. Lasciare andare ci permette di vivere con leggerezza, sapendo che non tutto è sotto il nostro controllo e che possiamo trovare pace anche quando le cose non vanno come previsto. Questo rilascio di controllo è una delle chiavi più importanti per l'armonia interiore, poiché ci libera dalle catene della preoccupazione e dell'ansia.

La **gratitudine** è un'altra pratica che trasforma il nostro modo di vedere il mondo. Quando ci concentriamo su ciò che abbiamo invece di ciò che manca, ci rendiamo conto che la vita è piena di benedizioni, anche nei momenti difficili. La gratitudine ci aiuta a mantenere una prospettiva positiva e a trovare gioia nelle piccole cose, rafforzando il nostro senso di pace interiore. Invece di concentrarci su ciò che non va, la gratitudine ci invita a vedere la bellezza e la bontà che esistono già nel presente.

Infine, la **equanimità** è il culmine di queste pratiche. Raggiungere l'equanimità significa sviluppare una mente che rimane stabile e serena di fronte alle difficoltà e alle gioie, senza essere trascinata dall'emozione del momento. Non è una condizione di freddezza o distacco, ma piuttosto una forma di equilibrio interiore che ci permette di affrontare la vita con calma e lucidità. L'equanimità ci aiuta a vedere le cose per quello che sono, senza essere troppo coinvolti emotivamente o attaccati ai risultati. È una delle qualità più potenti per mantenere l'armonia interiore, poiché ci permette di rimanere centrati anche nei momenti di grande tumulto.

In sintesi, coltivare l'armonia interiore è un processo continuo che richiede dedizione, ma che porta a una profonda trasformazione del nostro modo di vivere. Attraverso la meditazione, la consapevolezza, l'accettazione, la compassione, il lasciar andare e la gratitudine, impariamo a vivere con una mente aperta e un cuore sereno. L'armonia interiore non è l'assenza di problemi, ma la capacità di navigare attraverso la vita con una sensazione di pace che nasce dalla consapevolezza e dall'accettazione di ciò che è. Attraverso queste pratiche, ci avviciniamo sempre di più a una condizione di equilibrio e serenità, che ci sostiene in ogni momento, indipendentemente dalle sfide che incontriamo lungo il cammino.

15. Affrontare le difficoltà con saggezza Zen: Come la filosofia Zen ci insegna a gestire le sfide della vita in modo sereno.

La filosofia Zen offre una prospettiva unica su come affrontare le difficoltà della vita con saggezza e serenità. Invece di vedere le sfide come ostacoli da evitare o superare a tutti i costi, il Buddismo Zen ci insegna che le difficoltà possono diventare opportunità per crescere, imparare e sviluppare una profonda consapevolezza interiore. Le sfide della vita non sono considerate intrinsecamente "buone" o "cattive", ma semplicemente parte del flusso naturale dell'esistenza. Il modo in cui le affrontiamo dipende dalla nostra attitudine mentale, dalla nostra capacità di accettare la realtà e dal nostro approccio consapevole al momento presente.

Una delle prime lezioni che la filosofia Zen ci insegna nell'affrontare le difficoltà è l'importanza del **non attaccamento**. Molta della sofferenza che sperimentiamo di fronte alle sfide nasce dal nostro attaccamento a come pensiamo che la vita dovrebbe essere. Creiamo aspettative e desideri su come le cose dovrebbero andare, e quando queste aspettative vengono disattese, sperimentiamo frustrazione, rabbia o disperazione. Il Buddismo Zen ci invita a lasciar andare questi attaccamenti, a smettere di cercare di forzare la realtà ad adattarsi alle nostre aspettative. Quando impariamo a fluire con gli eventi della vita, senza aggrapparci a un risultato specifico, troviamo maggiore serenità anche nelle situazioni più difficili. Non significa che non ci impegniamo o che non cerchiamo soluzioni, ma che facciamo del nostro meglio senza essere ossessionati dal controllo del risultato.

Un esempio classico di questo insegnamento si trova nella storia Zen di **Hakuin e la calunnia**. Hakuin era un maestro Zen di grande reputazione, ma un giorno una giovane ragazza del villaggio vicino rimase incinta e, per paura della reazione dei genitori, accusò Hakuin di essere il padre del bambino. Quando la notizia si diffuse, i suoi discepoli e la comunità rimasero sconvolti. Tuttavia, Hakuin non si difese né cercò di negare l'accusa; semplicemente rispose con un pacato: "Oh, è così?" Accettò di prendersi cura del bambino quando nacque, senza alcuna resistenza. Dopo qualche mese, la ragazza confessò la verità: il vero padre era un giovane del villaggio. I genitori della ragazza, pieni di rimorso, si recarono da Hakuin per chiedere scusa e riprendersi il bambino. Hakuin, ancora una volta, rispose semplicemente: "Oh, è così?" e restituì il bambino senza rancore.

Questa storia illustra la profonda saggezza del **lasciar andare**. Hakuin non era attaccato alla sua reputazione o alla necessità di dimostrare la sua innocenza. Accettò ogni situazione così com'era, senza farsi travolgere dalle emozioni o dal bisogno di difendere il suo ego. Questa capacità di rimanere in pace di fronte a una situazione ingiusta deriva dalla consapevolezza che tutto è impermanente e che ogni evento, per quanto doloroso, è parte del flusso della vita. Invece di lottare contro la realtà, Hakuin accettò ciò che accadeva con una mente serena e una disposizione interiore di apertura.

Un altro principio fondamentale del Buddismo Zen per affrontare le difficoltà è la pratica della **presenza consapevole**, o **mindfulness**. Quando affrontiamo una sfida, spesso la nostra mente si proietta nel futuro, preoccupandosi di ciò che potrebbe accadere, o rimugina sul passato, rivivendo esperienze dolorose. Questo crea uno stato di ansia e di stress che ci allontana dalla capacità di affrontare il momento presente con chiarezza. Il Zen ci insegna a tornare al **qui e ora**, a riportare l'attenzione al presente, poiché è l'unico momento in cui possiamo agire. La pratica della mindfulness ci permette di osservare la situazione con lucidità, senza essere travolti dalle emozioni o dalle preoccupazioni. Attraverso la consapevolezza del respiro o del corpo, ci radichiamo nel momento presente, lasciando andare i pensieri sul futuro o sul passato e portando tutta la nostra attenzione a ciò che sta accadendo adesso.

Quando siamo pienamente presenti, siamo anche in grado di rispondere alle sfide con maggiore saggezza. La mente non è offuscata dall'ansia o dalla paura, ma è chiara e tranquilla, capace di trovare soluzioni creative o di accettare ciò che non può essere cambiato. Un aspetto importante di questa presenza consapevole è la capacità di **accettare le emozioni** che sorgono durante le difficoltà, senza cercare di sopprimerle o evitarle. Il Zen non ci insegna a diventare insensibili o a reprimere le emozioni, ma a osservarle con distacco. Quando ci troviamo di fronte a una situazione difficile, è naturale provare paura, rabbia o tristezza, ma anziché lasciarci dominare da queste emozioni, possiamo semplicemente osservarle, riconoscerle e lasciarle andare. Questo ci permette di non essere travolti dalle emozioni, ma di rispondere con equilibrio.

Un'altra lezione chiave del Buddismo Zen riguarda la **natura impermanente di tutte le cose**. Le difficoltà che incontriamo nella vita non sono permanenti; come ogni altra cosa, sono destinate a cambiare. Quando ci troviamo nel mezzo di una crisi, possiamo sentirci sopraffatti e pensare che durerà per sempre, ma la filosofia Zen ci ricorda che tutto è in costante trasformazione. Questa consapevolezza ci offre un senso di sollievo e ci aiuta a mantenere la calma, sapendo che anche le situazioni più difficili finiranno per cambiare. Imparare a vedere la vita come un flusso continuo di cambiamenti ci permette di affrontare le difficoltà con una mente più aperta e meno rigida.

Il **non attaccamento al risultato** è strettamente legato a questa comprensione dell'impermanenza. Quando ci impegniamo in un'azione, spesso ci sentiamo frustrati o delusi se non otteniamo il risultato desiderato. Tuttavia, il Buddismo Zen ci insegna a concentrarci sul processo, piuttosto che sul risultato. Facciamo del nostro meglio, ma poi lasciamo andare l'attaccamento al risultato, sapendo che non possiamo controllare tutto. Questa pratica del "lasciar andare" ci aiuta a mantenere la serenità anche quando le cose non vanno come sperato, poiché la nostra pace interiore non dipende dal raggiungimento di un obiettivo, ma dalla nostra capacità di accettare ciò che è.

La filosofia Zen ci insegna anche l'importanza della **flessibilità** mentale. Quando affrontiamo le difficoltà, è facile irrigidirci su un'unica soluzione o visione di come le cose dovrebbero essere. Tuttavia, il Zen ci invita a essere flessibili e aperti, a vedere le difficoltà come opportunità per esplorare nuove prospettive e modi di pensare. La flessibilità ci permette di adattarci alle circostanze in continuo cambiamento, trovando soluzioni creative e inaspettate. Invece di resistere al cambiamento, impariamo a fluire con esso, trovando nuove opportunità anche nelle situazioni più complesse.

Un altro insegnamento Zen che ci aiuta ad affrontare le difficoltà è la **compassione**, sia verso noi stessi che verso gli altri. Spesso, quando ci troviamo in situazioni difficili, diventiamo duri con noi stessi, giudicando i nostri errori o le nostre mancanze. Il Zen ci ricorda che la compassione è un ingrediente fondamentale per mantenere l'armonia interiore. Trattare noi stessi con gentilezza e comprensione, anche quando falliamo o commettiamo errori, ci permette di affrontare le sfide con più resilienza e meno ansia. Allo stesso tempo, la compassione verso gli altri ci aiuta a vedere le difficoltà non solo come qualcosa di personale, ma come parte della condizione umana. Quando riconosciamo che tutti affrontano sfide e sofferenze, sviluppiamo un senso di connessione e umiltà che ci aiuta a gestire meglio le nostre difficoltà.

Infine, uno degli insegnamenti più profondi del Buddismo Zen è che le difficoltà sono parte integrante del cammino spirituale. Anziché vederle come ostacoli da evitare, il Zen ci insegna che ogni sfida è un'opportunità per approfondire la nostra pratica e sviluppare la nostra saggezza. Le difficoltà ci mettono di fronte a noi stessi, ai nostri attaccamenti, alle nostre paure, e ci danno l'opportunità di vedere più chiaramente ciò che ci tiene legati alla sofferenza. Quando affrontiamo le difficoltà con la giusta attitudine mentale, possiamo usarle come trampolini per una maggiore consapevolezza e crescita interiore. Esse ci ricordano che la pace e l'armonia non dipendono dalle circostanze esterne

Il Buddismo Zen, nel suo approccio alle difficoltà della vita, ci invita a cambiare il nostro modo di vedere il mondo e noi stessi, a rompere il ciclo abituale di resistenza e controllo che spesso caratterizza la nostra reazione alle sfide. Invece di considerare le difficoltà come eventi negativi che devono essere eliminati, il Zen ci insegna a vederle come parti inevitabili della condizione umana, come esperienze che, se accolte con apertura, possono arricchire il nostro percorso interiore. La saggezza Zen suggerisce che non sono le difficoltà in sé a determinare il nostro livello di sofferenza, ma il modo in cui le affrontiamo.

Un aspetto fondamentale di questa saggezza è l'idea di **flessibilità mentale**, un concetto che nel Buddismo Zen trova espressione nella capacità di adattarsi al flusso della vita senza irrigidirsi nelle proprie convinzioni o aspettative. Quando siamo flessibili mentalmente, impariamo a non aggrapparci a un'unica soluzione o modo di vedere le cose. La rigidità mentale crea resistenza e sofferenza, mentre la flessibilità ci permette di esplorare alternative e trovare nuovi significati nelle esperienze, anche in quelle che inizialmente appaiono come sfide insormontabili. Questa flessibilità non significa rassegnazione, ma una saggezza che nasce dal capire che la vita è in continua evoluzione, e noi dobbiamo muoverci con essa piuttosto che contro di essa.

Un esempio di questa flessibilità può essere visto nella pratica del **non giudizio**. Nella vita quotidiana, è comune che ci troviamo a etichettare immediatamente ogni evento o situazione come "buona" o "cattiva". Questo giudizio automatico crea una divisione nella nostra mente, che si traduce in stress e ansia quando le cose non vanno come vorremmo. La filosofia Zen ci invita a sospendere questi giudizi, a osservare le situazioni per quello che sono, senza affrettarci a catalogarle in termini di desiderio o avversione. Questo approccio ci consente di affrontare le difficoltà con una mente più calma e aperta, lasciando spazio alla possibilità che anche le esperienze difficili possano contenere lezioni preziose. Quando smettiamo di giudicare ogni sfida come negativa, iniziamo a vedere che in ogni situazione c'è un'opportunità per crescere, imparare e trasformare la nostra consapevolezza.

Questa capacità di affrontare le difficoltà senza giudizio è strettamente legata alla pratica del **non attaccamento**, che nel Buddismo Zen è vista come una via maestra verso la libertà interiore. Spesso, la sofferenza che proviamo di fronte alle difficoltà non deriva tanto dall'evento in sé, quanto dal nostro attaccamento a un'idea preconcetta di come la vita dovrebbe essere. Quando ci aggrappiamo a queste aspettative, ci esponiamo alla delusione e alla frustrazione ogni volta che la realtà non corrisponde a ciò che desideriamo. Il non attaccamento non è una forma di indifferenza, ma una profonda accettazione della vita così com'è. Lasciare andare l'attaccamento ci permette di affrontare le difficoltà con una mente più leggera, meno oppressa dal bisogno di controllo. Accettare ciò che non possiamo cambiare diventa un atto di saggezza e di forza interiore, poiché ci libera dalla trappola del desiderio insoddisfatto e dalla sofferenza che ne deriva.

Il Zen ci invita anche a praticare la **pazienza** di fronte alle difficoltà. La pazienza, nel contesto della filosofia Zen, non è una rassegnazione passiva, ma la capacità di stare con ciò che è, senza cercare di accelerare i processi o forzare soluzioni. La vita, come l'abbiamo imparata nel Zen, segue il suo ritmo naturale, e cercare di affrettare il cambiamento o di scappare dalle situazioni scomode non fa che aumentare la nostra sofferenza. Quando sviluppiamo la pazienza, impariamo a stare con il disagio, sapendo che anche questo fa parte del flusso della vita. Questa pazienza è radicata nella consapevolezza che tutto è temporaneo, che ogni difficoltà, per quanto intensa, passerà, e che nel frattempo possiamo trovare la serenità imparando ad accogliere ciò che è, senza volerlo immediatamente cambiare o risolvere.

Un altro insegnamento essenziale del Buddismo Zen è l'importanza della **presenza consapevole**, o mindfulness, nell'affrontare le difficoltà. Quando ci troviamo di fronte a una sfida, la nostra mente tende a divagare, saltando tra il passato, con i suoi rimpianti e i suoi errori, e il futuro, con le sue preoccupazioni e le sue ansie. Questo continuo movimento mentale ci impedisce di affrontare il momento presente con lucidità e serenità. La pratica della mindfulness ci riporta al qui e ora, permettendoci di affrontare le difficoltà con una mente chiara e centrata. Quando siamo presenti, smettiamo di essere schiavi delle preoccupazioni per ciò che è stato o per ciò che sarà, e possiamo concentrare tutta la nostra energia sul momento presente, che è l'unico luogo in cui possiamo realmente agire.

La presenza consapevole ci insegna anche a osservare le nostre emozioni senza essere sopraffatti da esse. Quando ci troviamo in una situazione difficile, è naturale che sorgano emozioni intense come rabbia, paura o tristezza. La pratica del Zen non ci invita a reprimere queste emozioni, ma a osservarle con distacco, riconoscendole per ciò che sono: stati transitori della mente e del corpo. Osservare le emozioni senza identificarsi con esse ci permette di non essere trascinati dal loro potere e di rispondere alle difficoltà con maggiore equilibrio e saggezza.

Un altro aspetto cruciale dell'approccio Zen alle difficoltà è la consapevolezza dell'**impermanenza**. La filosofia Zen ci ricorda costantemente che nulla nella vita è permanente: tutto è in costante cambiamento, dalle emozioni alle circostanze esterne. Quando ci troviamo di fronte a una crisi o a una situazione difficile, possiamo facilmente cadere nella trappola di pensare che durerà per sempre. Ma il Zen ci insegna che anche il dolore e le sfide sono transitorie. Questa consapevolezza ci dà forza e ci aiuta a mantenere la calma, sapendo che le difficoltà passeranno, proprio come ogni altra cosa. Accettare l'impermanenza ci permette di affrontare i momenti difficili con una maggiore apertura, senza essere paralizzati dalla paura che dureranno per sempre.

La consapevolezza dell'impermanenza è anche collegata a un altro concetto fondamentale del Buddismo Zen: il **lasciar andare**. Spesso, le difficoltà che affrontiamo sono aggravate dal nostro desiderio di mantenere il controllo o di trattenere ciò che ci dà sicurezza. Il lasciar andare è un atto di fiducia, non solo nella vita stessa, ma anche nelle nostre capacità di adattamento. Quando impariamo a lasciare andare, ci rendiamo conto che non dobbiamo controllare tutto per essere in pace. Possiamo abbandonare il bisogno di avere sempre ragione, di dimostrare qualcosa agli altri o di ottenere un determinato risultato. Lasciare andare ci permette di vivere con maggiore leggerezza, riducendo la pressione che ci imponiamo e accogliendo il flusso naturale degli eventi.

Un altro insegnamento Zen essenziale per affrontare le difficoltà è la **compassione**. Spesso, quando ci troviamo di fronte a sfide o difficoltà, siamo tentati di diventare duri con noi stessi o con gli altri. Potremmo giudicarci per i nostri errori, criticare le nostre reazioni o provare rancore verso chi ci ha causato sofferenza. La compassione, invece, ci invita a rispondere alle difficoltà con gentilezza, sia verso noi stessi che verso gli altri. Quando ci trattiamo con compassione, riconosciamo che la sofferenza è parte dell'esperienza umana e che tutti, in un modo o nell'altro, affrontano sfide e difficoltà. Questa consapevolezza ci aiuta a smettere di giudicarci e a offrire a noi stessi e agli altri lo spazio per guarire e crescere. La compassione ci permette di affrontare le difficoltà con un cuore aperto, trovando la forza non nel rigore o nel giudizio, ma nella comprensione e nell'accettazione.

Un altro elemento della saggezza Zen nell'affrontare le difficoltà è la capacità di vedere le sfide come **opportunità di crescita**. Invece di considerare le difficoltà come qualcosa di puramente negativo, il Zen ci invita a vederle come un terreno fertile per sviluppare la nostra consapevolezza e la nostra resilienza interiore. Ogni sfida è un'opportunità per esplorare le nostre paure, i nostri attaccamenti e i nostri schemi mentali limitanti.

Il Buddismo Zen offre una visione unica che trasforma la nostra relazione con le difficoltà. Esso non vede i problemi della vita come ostacoli da eliminare, ma piuttosto come opportunità per evolvere e approfondire la nostra comprensione di noi stessi e del mondo. Le difficoltà sono inevitabili e intrinseche alla vita stessa, ma è nel modo in cui le affrontiamo che possiamo trovare un cammino verso la crescita interiore e l'armonia. Ogni sfida può essere considerata un insegnante, una guida che ci spinge a guardare più da vicino i nostri attaccamenti, le nostre paure e le nostre aspettative.

Uno dei concetti centrali nel Zen è la pratica del **vivere nel momento presente**, un principio che si rivela particolarmente potente quando siamo alle prese con le difficoltà. Spesso, di fronte a una crisi, la nostra mente si agita, oscillando tra il rimuginare su ciò che è accaduto e il preoccuparsi di ciò che potrebbe accadere. Questo tipo di pensiero alimenta l'ansia e la sofferenza, allontanandoci dal momento presente, che è l'unico luogo in cui possiamo veramente agire e trovare soluzioni. La pratica Zen ci invita a concentrarci su ciò che sta accadendo proprio ora, lasciando andare i pensieri su passato e futuro. La nostra attenzione si radica nel qui e ora, permettendoci di affrontare la situazione con maggiore lucidità. Quando siamo presenti, scopriamo che molte delle preoccupazioni che ci angosciano non hanno un reale fondamento nel presente, ma derivano dalle proiezioni della mente.

Questa capacità di rimanere presenti è supportata da un'altra pratica essenziale del Zen: la **consapevolezza del respiro**. In ogni momento difficile, il respiro può diventare un'ancora che ci riporta alla realtà del momento. Spesso, quando siamo sotto stress, il nostro respiro diventa superficiale e irregolare, il che alimenta ulteriormente l'ansia e la tensione. Il Zen ci insegna a ritornare al respiro, a concentrarci sull'inalazione e sull'espirazione, sentendo il flusso naturale dell'aria che entra e esce dal nostro corpo. Questo semplice atto di osservazione consapevole del respiro calma la mente e ci riporta alla stabilità. Quando affrontiamo una difficoltà, tornare al respiro ci permette di non essere sopraffatti dalle emozioni e di rispondere con maggiore equilibrio. Il respiro diventa così uno strumento potente per ritrovare la serenità anche nel bel mezzo del caos.

Un altro aspetto della saggezza Zen che ci aiuta a gestire le difficoltà è la pratica del **non resistere**. Spesso, di fronte a situazioni che non ci piacciono, la nostra prima reazione è quella di resistere, di opporci, di cercare di cambiarle con tutte le nostre forze. Questa resistenza, però, crea una tensione interna che alimenta la sofferenza. Il Zen ci insegna che, paradossalmente, è proprio l'atto di accettare le cose così come sono che ci libera dalla sofferenza. Quando smettiamo di lottare contro la realtà e impariamo ad accoglierla, anche nelle sue forme più scomode, troviamo una pace che deriva dall'accettazione. Questo non significa che dobbiamo rassegnarci o diventare passivi, ma piuttosto che possiamo imparare a fluire con la vita, accogliendo ogni esperienza come parte del nostro cammino. La resistenza, infatti, non cambia la realtà, ma rende più difficile la nostra esperienza. Accettare ciò che non possiamo cambiare ci permette di risparmiare energia emotiva e mentale, che può essere utilizzata in modo più costruttivo per trovare soluzioni o per adattarci alle circostanze.

Il Buddismo Zen ci insegna anche l'importanza di **non identificarsi con le emozioni o con i pensieri**. Di fronte a una difficoltà, le emozioni come la paura, la rabbia o la tristezza possono diventare così intense che iniziamo a identificarci completamente con esse, dimenticando che sono solo stati mentali temporanei. Il Zen ci invita a osservare le nostre emozioni come se fossimo testimoni esterni, senza identificarci con esse. Questa pratica di osservazione distaccata ci aiuta a creare uno spazio tra noi e le nostre emozioni, permettendoci di vederle per quello che sono: fenomeni mentali che sorgono e svaniscono, proprio come le nuvole nel cielo. Quando smettiamo di identificarci con le nostre emozioni, diventiamo più capaci di rispondere alle situazioni con chiarezza e serenità, invece di essere trascinati dalle emozioni stesse.

Una delle lezioni più profonde del Buddismo Zen è che la **sofferenza non è necessariamente un male**, ma può essere vista come un'opportunità per risvegliare una comprensione più profonda della vita. Le difficoltà ci spingono a guardare dentro di noi, a scoprire i nostri punti deboli, i nostri attaccamenti e le nostre paure. In questo senso, ogni sfida può essere vista come un'occasione per crescere e trasformarci. Quando ci troviamo di fronte a una situazione difficile, possiamo chiederci: "Cosa posso imparare da questo? Come posso crescere grazie a questa esperienza?" Questo cambio di prospettiva trasforma la nostra relazione con la sofferenza. Invece di vederla come qualcosa da evitare a tutti i costi, iniziamo a riconoscere che ogni esperienza, anche la più dolorosa, può insegnarci qualcosa di prezioso sulla vita e su noi stessi.

Un altro aspetto cruciale dell'approccio Zen alle difficoltà è la **compassione**. Quando affrontiamo situazioni difficili, è facile cadere nella trappola del giudizio verso noi stessi o verso gli altri. Possiamo sentirci frustrati con noi stessi per non essere stati abbastanza bravi o competenti, o possiamo provare rabbia verso coloro che percepiamo come responsabili della nostra sofferenza. La compassione, però, ci insegna a vedere le cose con maggiore dolcezza e comprensione. La sofferenza è parte della condizione umana, e tutti noi, in un modo o nell'altro, ne facciamo esperienza. Quando sviluppiamo compassione verso noi stessi, ci permettiamo di essere umani, di fare errori e di imparare da essi. Allo stesso tempo, la compassione verso gli altri ci aiuta a vedere che anche loro stanno affrontando le loro difficoltà, che tutti siamo parte di questo grande flusso di vita in cui la sofferenza è inevitabile, ma può essere affrontata con gentilezza.

Un insegnamento spesso sottovalutato ma centrale nel Zen è quello del **vuoto** o della **vacuità**. Quando si parla di vuoto nel Buddismo Zen, non si intende un'assenza o un nulla, ma piuttosto una comprensione profonda che nulla esiste in modo indipendente o permanente. Tutto è interconnesso e in costante cambiamento. Quando siamo consapevoli del vuoto, ci rendiamo conto che le difficoltà che affrontiamo non sono entità fisse o permanenti, ma parte di un ciclo continuo di cambiamento. Questa comprensione ci aiuta a non aggrapparci troppo alle nostre esperienze, sapendo che anche le sfide più difficili sono destinate a passare. Il vuoto ci ricorda che la nostra sofferenza non è "noi", ma un fenomeno transitorio che emerge e svanisce nel vasto contesto della realtà.

Il **concetto di impermanenza** è strettamente legato a quello del vuoto. Le difficoltà sembrano spesso insormontabili quando ci dimentichiamo della loro impermanenza, quando ci identifichiamo completamente con esse come se fossero l'unica realtà. Il Buddismo Zen ci invita a riflettere sulla natura transitoria di tutte le cose, ricordandoci che ogni difficoltà, per quanto grande, è destinata a cambiare e trasformarsi. Questa consapevolezza ci offre un senso di sollievo e di prospettiva, aiutandoci a mantenere la calma anche nei momenti più difficili. Quando comprendiamo l'impermanenza, possiamo affrontare le difficoltà con maggiore equanimità, sapendo che, come ogni altra cosa, anche queste passeranno.

La **gratitudine** è un'altra pratica che ci aiuta a coltivare una prospettiva diversa di fronte alle difficoltà. Quando ci troviamo in situazioni di sofferenza, è facile concentrarsi solo su ciò che manca, su ciò che non va. Tuttavia, il Zen ci invita a spostare l'attenzione su ciò per cui possiamo essere grati, anche nei momenti difficili. La gratitudine non nega la sofferenza, ma ci permette di vedere il quadro più ampio, di riconoscere che, anche in mezzo alle difficoltà, ci sono sempre aspetti della vita che meritano il nostro apprezzamento. Questa pratica trasforma il nostro atteggiamento verso la vita, rendendoci più resilienti e capaci di affrontare le sfide con una mente più aperta e positiva.

Concludere il punto su come la filosofia Zen ci insegna a gestire le difficoltà della vita con saggezza richiede di riconoscere che, alla base di questi insegnamenti, c'è una trasformazione radicale del nostro rapporto con la sofferenza, le sfide e le incertezze. Il Buddismo Zen ci offre una nuova prospettiva sulla vita, insegnandoci che le difficoltà non devono necessariamente essere viste come nemici da combattere, ma come insegnanti che ci guidano verso una maggiore consapevolezza e saggezza.

Uno degli insegnamenti più importanti del Zen è la **consapevolezza dell'impermanenza**. Comprendere che tutto nella vita è in costante cambiamento, incluse le nostre difficoltà, ci aiuta a non rimanere intrappolati nella sofferenza. Quando riconosciamo che anche le sfide più grandi sono temporanee, ci distacchiamo dall'idea che il dolore durerà per sempre e troviamo la forza di affrontarlo con serenità. L'impermanenza ci invita a lasciar andare la nostra tendenza a controllare o manipolare la realtà e ad accettare che il cambiamento è parte del ciclo naturale della vita. Questa consapevolezza ci permette di vivere con maggiore leggerezza e apertura, sapendo che, come ogni cosa, anche le difficoltà passeranno.

Il Zen ci invita inoltre a praticare il **non attaccamento**, non solo agli oggetti materiali o ai risultati, ma anche ai nostri pensieri, emozioni e convinzioni. La sofferenza che proviamo spesso nasce dall'attaccamento alle nostre aspettative su come la vita dovrebbe essere. Quando le cose non vanno come avevamo previsto o desiderato, soffriamo. Tuttavia, la saggezza Zen ci insegna a lasciare andare queste aspettative, accogliendo la realtà così com'è, senza cercare di forzarla a conformarsi ai nostri desideri. Questa pratica non è una forma di rassegnazione, ma un modo per liberarci dalle catene della sofferenza autoimposta, poiché smettiamo di lottare contro ciò che non possiamo cambiare. Il non attaccamento ci dona una maggiore flessibilità mentale e ci permette di adattarci con serenità alle circostanze in evoluzione.

Un altro pilastro del Zen è la **presenza consapevole**. Affrontare le difficoltà con una mente presente, radicata nel momento, ci permette di evitare il ciclo incessante di rimuginare sul passato o preoccuparci per il futuro. La presenza ci offre uno spazio in cui possiamo osservare le nostre emozioni e i nostri pensieri senza essere travolti da essi. Questa pratica ci aiuta a rispondere alle sfide con maggiore chiarezza e calma, poiché ci distacca dall'ansia di ciò che potrebbe accadere e ci riporta al presente, l'unico momento in cui possiamo agire. Essere consapevoli ci consente di vedere le cose per quello che sono, non attraverso la lente del giudizio o della paura, ma con un cuore aperto e una mente lucida.

La **compassione**, sia verso noi stessi che verso gli altri, è un altro aspetto centrale della saggezza Zen nel gestire le difficoltà. Quando affrontiamo sfide o fallimenti, spesso tendiamo a essere duri con noi stessi, alimentando un dialogo interiore di critica e giudizio. La compassione ci insegna invece a trattarci con gentilezza, riconoscendo che siamo esseri umani imperfetti, soggetti a errori e sofferenze. Allo stesso tempo, la compassione verso gli altri ci permette di affrontare le difficoltà relazionali o interpersonali con un cuore aperto, comprendendo che anche gli altri, come noi, stanno affrontando le loro battaglie. La compassione trasforma il modo in cui interagiamo con le difficoltà, offrendoci una prospettiva più ampia che abbraccia la comune condizione umana.

Il Zen ci offre anche la pratica del **lasciar andare**, una delle lezioni più liberatorie per affrontare la vita. Quando impariamo a lasciare andare il bisogno di controllo, il desiderio di risultati perfetti o l'attaccamento ai nostri schemi mentali, scopriamo una nuova forma di libertà interiore. Lasciar andare non significa rinunciare o essere passivi, ma imparare a fluire con il corso naturale della vita, sapendo che non tutto è sotto il nostro controllo e che va bene così. Questa capacità di lasciar andare ci permette di affrontare le difficoltà senza il peso delle aspettative o delle paure, e ci libera dal bisogno costante di manipolare le circostanze esterne per trovare la pace.

Un'altra chiave fondamentale è la **consapevolezza del vuoto**. Il Zen ci insegna che nulla esiste in modo permanente o separato, ma tutto è interconnesso e in costante trasformazione. Quando affrontiamo una difficoltà, è facile sentirci isolati o travolti dall'idea che il nostro problema sia unico o insormontabile. La comprensione del vuoto ci aiuta a vedere che le difficoltà non hanno una realtà fissa o immutabile, e che sono parte di un più ampio processo di cambiamento. Questa consapevolezza ci aiuta a non essere troppo coinvolti dalle sfide e a sviluppare una prospettiva più equilibrata e distaccata, riconoscendo che anche le situazioni più difficili sono parte del flusso della vita.

Infine, il Zen ci invita a considerare le difficoltà come **opportunità di crescita**. Ogni sfida, per quanto dolorosa, contiene in sé una lezione. Quando ci confrontiamo con le nostre paure, le nostre debolezze o i nostri attaccamenti, abbiamo l'opportunità di sviluppare una maggiore comprensione di noi stessi e del mondo. Le difficoltà ci spingono a esaminare le nostre reazioni, a riconoscere i nostri schemi mentali limitanti e a sviluppare una saggezza più profonda. Anziché vedere le difficoltà come ostacoli insuperabili, il Zen ci insegna a vederle come trampolini di lancio per una consapevolezza più elevata e una maggiore resilienza. Ogni crisi diventa così una possibilità di trasformazione interiore.

In conclusione, la saggezza Zen ci offre una mappa per navigare attraverso le difficoltà della vita con serenità e comprensione. Attraverso la pratica del non attaccamento, della presenza consapevole, della compassione, del lasciar andare e della comprensione dell'impermanenza e del vuoto, impariamo a vedere le sfide non come nemici da evitare, ma come parte integrante del nostro percorso di crescita. Il Zen ci invita a vivere con un cuore aperto, una mente calma e un atteggiamento di accoglienza verso tutto ciò che la vita ci presenta. In questo modo, affrontare le difficoltà diventa non solo più gestibile, ma un'opportunità per approfondire la nostra saggezza e trovare un senso di pace che non dipende dalle circostanze esterne, ma dalla nostra capacità di rispondere alla vita con equilibrio e consapevolezza.

16. Storie Zen su difficoltà e resilienza: Racconti che mostrano come le difficoltà possono diventare opportunità di crescita interiore.

Le storie Zen sono ricche di insegnamenti che ci mostrano come le difficoltà, invece di essere viste come ostacoli insormontabili, possano diventare opportunità per la crescita interiore. Questi racconti offrono prospettive sorprendenti e profonde su come la resilienza, la saggezza e l'accettazione possano trasformare situazioni apparentemente negative in occasioni di risveglio e comprensione. Attraverso la semplicità e la saggezza, queste storie ci insegnano che la sofferenza e le sfide sono parti integranti del nostro cammino e che la vera forza risiede nella nostra capacità di affrontarle con equanimità e apertura.

1. La coppa rotta
Una storia famosa narra di un maestro Zen che amava bere il tè da una bellissima coppa di porcellana. Un giorno, mentre conversava con un discepolo, la coppa cadde dalle sue mani e si frantumò sul pavimento. Il discepolo, vedendo l'accaduto, si preoccupò per la reazione del maestro, ma il maestro sorrise serenamente e disse:

"Sapevo già che questa coppa era rotta."
Il maestro non era attaccato alla bellezza o al valore della coppa. La sua saggezza risiedeva nella comprensione che tutto ciò che esiste è temporaneo, destinato a cambiare o a rompersi. Questa storia ci mostra che la resilienza di fronte alle difficoltà nasce dal riconoscimento dell'impermanenza. Quando accettiamo che nulla dura per sempre, impariamo a lasciar andare l'attaccamento e troviamo pace anche di fronte alla perdita. La difficoltà, in questo caso rappresentata dalla rottura della coppa, diventa un'opportunità per praticare il distacco e accettare la realtà del cambiamento.

2. Il cavallo selvaggio

Un vecchio contadino viveva in un piccolo villaggio e aveva un solo cavallo che usava per coltivare i suoi campi. Un giorno, il cavallo scappò, e i vicini vennero da lui dicendo: "Che sfortuna!" Ma il contadino rispose: "Forse sì, forse no."
Alcuni giorni dopo, il cavallo tornò, portando con sé altri cavalli selvaggi. I vicini, sorpresi, dissero: "Che fortuna incredibile!" Ma il contadino rispose di nuovo: "Forse sì, forse no."
Poco tempo dopo, il figlio del contadino cercò di domare uno dei cavalli selvaggi, ma cadde e si ruppe una gamba. I vicini tornarono e dissero: "Che sfortuna terribile!" E il contadino, come sempre, rispose: "Forse sì, forse no."
Pochi giorni dopo, alcuni soldati vennero al villaggio per reclutare giovani uomini per la guerra. A causa della gamba rotta, il figlio del contadino non fu arruolato. I vicini esclamarono: "Che fortuna!" E il contadino rispose: "Forse sì, forse no."

Questa storia dimostra come le difficoltà apparenti possano trasformarsi in opportunità, e viceversa. Il contadino non si lasciava trascinare dalle emozioni o dai giudizi, rimanendo aperto a qualsiasi evento senza etichettarlo come positivo o negativo. La resilienza in questo caso è la capacità di rimanere equanimi di fronte agli alti e bassi della vita, comprendendo che ciò che sembra una sfortuna oggi potrebbe rivelarsi una benedizione domani, e viceversa. Questo atteggiamento ci insegna a non essere troppo rapidi nel giudicare le nostre esperienze, lasciando che il tempo sveli il loro vero significato.

3. La freccia avvelenata

Una volta, un giovane samurai andò dal suo maestro Zen per

chiedergli consigli su come affrontare una grande crisi nella sua vita. Il maestro, ascoltando pazientemente, gli disse: "Immagina di essere stato colpito da una freccia avvelenata. La tua prima reazione sarebbe quella di togliere la freccia, o di interrogarti su chi l'ha scoccata, perché ti ha colpito e quale tipo di veleno è stato usato?"
Il samurai rispose: "Ovviamente la prima cosa da fare sarebbe togliere la freccia!"
Il maestro sorrise e disse: "Esattamente. Quando affronti una difficoltà, la tua prima preoccupazione dovrebbe essere quella di affrontare il problema, non di soffermarti sulle sue cause o sui dettagli secondari. Troppo spesso, le persone rimangono intrappolate nei loro pensieri e preoccupazioni, invece di agire. La vera saggezza sta nel focalizzarsi su ciò che può essere fatto subito."

Questa storia ci insegna che la resilienza nasce dalla capacità di concentrarsi sull'essenziale, senza lasciarsi distrarre da pensieri inutili o preoccupazioni che non cambiano la realtà. Quando ci troviamo in una situazione difficile, è facile perdersi nei "perché" e nelle riflessioni su ciò che avremmo potuto fare diversamente. Ma la saggezza Zen ci invita a focalizzarci sull'azione immediata e concreta, affrontando il problema con mente chiara e senza rimuginare. La crescita interiore deriva dal riconoscere quando è il momento di agire e quando è il momento di lasciar andare le preoccupazioni.

4. I due monaci e la donna

Due monaci stavano viaggiando insieme quando arrivarono a un fiume. Lì trovarono una donna che stava cercando di attraversare, ma l'acqua era troppo alta per lei. Uno dei monaci, senza esitazione, prese la donna in braccio e la aiutò ad attraversare il fiume. Dopo averla lasciata sulla riva, i due monaci continuarono il loro viaggio in silenzio.
Ore dopo, l'altro monaco, che non aveva detto nulla fino a quel momento, esplose: "Non avresti dovuto portare quella donna! Noi monaci non dovremmo toccare le donne!"
Il monaco che aveva aiutato la donna sorrise e rispose: "Io l'ho lasciata sulla riva molte ore fa, tu la stai ancora portando con te."

Questa storia ci parla del peso che a volte portiamo inutilmente dentro di noi. Le difficoltà non derivano solo dagli eventi esterni, ma spesso dal nostro attaccamento mentale e dal continuo rimuginare sulle situazioni passate. Il monaco che aveva aiutato la donna aveva già lasciato andare l'evento, mentre l'altro monaco continuava a portarlo con sé, creando sofferenza nella sua mente. La resilienza interiore è la capacità di lasciar andare ciò che non serve, di non portare con noi il peso del passato e di vivere il momento presente con leggerezza. Questa storia ci ricorda che molte delle difficoltà che incontriamo derivano non tanto da ciò che accade, ma dal modo in cui continuiamo a trattenerlo mentalmente.

5. Il ponte sull'acqua
Un altro racconto parla di un giovane discepolo che chiese al suo maestro Zen come potesse affrontare la vita con maggiore serenità. Il maestro lo portò a un ponte che attraversava un fiume e disse: "Guarda come l'acqua scorre sotto il ponte. Non importa quali ostacoli incontri, continua a fluire. A volte è calma, a volte è tempestosa, ma non si ferma mai. Tu dovresti essere come l'acqua. Lascia che le difficoltà ti attraversino senza trattenere nulla. Continua a scorrere."

Questa metafora dell'acqua ci insegna che la resilienza non è una forza rigida, ma una flessibilità che ci permette di adattarci alle circostanze senza perderci. Le difficoltà fanno parte del flusso naturale della vita, e la nostra capacità di rimanere fluidi, come l'acqua, ci permette di superarle senza rimanere bloccati. La crescita interiore avviene quando impariamo a fluire con la vita, lasciando che le esperienze passino senza trattenerle o resistere ad esse.

Queste storie Zen ci offrono preziosi insegnamenti su come le difficoltà possano essere trasformate in opportunità di crescita interiore. La resilienza che emerge dalla filosofia Zen non è solo una resistenza stoica alle avversità, ma una capacità di accettare, lasciar andare, e fluire con la vita, riconoscendo che ogni esperienza, anche la più difficile, ha qualcosa da insegnarci. Le difficoltà diventano allora maestri che ci aiutano a vedere con maggiore chiarezza e a sviluppare una saggezza più profonda e una pace interiore più stabile.

Le storie Zen che parlano di difficoltà e resilienza ci offrono una visione di vita radicalmente diversa, che ci insegna ad affrontare le sfide con un atteggiamento di apertura e accettazione, piuttosto che con resistenza o frustrazione. La profondità di queste storie risiede nel modo in cui mostrano che la vera forza non è nel combattere contro le circostanze, ma nel trovare la pace interiore anche nel mezzo delle situazioni più difficili. Attraverso queste narrazioni, il Zen ci ricorda che ogni difficoltà può diventare un'opportunità per sviluppare una maggiore consapevolezza, equilibrio e saggezza, se siamo disposti a vederla in questa luce.

Un tema ricorrente nelle storie Zen è l'idea che le sfide ci rivelano aspetti di noi stessi che altrimenti rimarrebbero nascosti. Spesso, quando la vita procede senza ostacoli, possiamo sentirci tranquilli, ma questo tipo di tranquillità è fragile, perché dipende da circostanze esterne. Le difficoltà, invece, mettono alla prova la nostra stabilità interiore, portando alla luce i nostri attaccamenti, le nostre paure e le nostre fragilità. È solo quando siamo di fronte a una crisi che possiamo davvero vedere dove risiede la nostra vera forza, o dove, al contrario, siamo ancora legati a illusioni e aspettative.

Una delle storie più illuminanti in questo contesto è quella del **monaco e della tempesta**. Si narra di un monaco che viveva in una capanna di montagna e che ogni sera si sedeva per meditare, in pace con la natura circostante. Un giorno, una tempesta terribile si abbatté sulla montagna, distruggendo alberi e sollevando forti venti che sembravano voler demolire la capanna del monaco. Mentre tutto intorno a lui veniva distrutto, il monaco rimase seduto nella sua meditazione, osservando il caos senza lasciarsi turbare. Quando la tempesta passò, la capanna era ancora in piedi, sebbene danneggiata. Un discepolo, che aveva assistito alla scena da lontano, gli chiese: "Come hai fatto a rimanere così calmo durante una tempesta così spaventosa?" Il monaco rispose: "La tempesta era solo fuori. Dentro di me, tutto era quieto."

Questa storia ci insegna che la vera resilienza non è tanto nella capacità di evitare o resistere alle tempeste della vita, quanto nella capacità di mantenere una mente calma e stabile anche in mezzo alla confusione. La tempesta esterna può essere vista come una metafora delle difficoltà che affrontiamo: eventi imprevisti, crisi emotive, perdite o cambiamenti improvvisi. Tuttavia, il monaco ci mostra che è possibile affrontare queste tempeste senza essere scossi interiormente, se coltiviamo una profonda pace interiore attraverso la meditazione e la consapevolezza. Questa pace non è dipendente dalle circostanze esterne, ma viene da una comprensione profonda della natura della realtà: che tutto è transitorio e che resistere a questo cambiamento crea solo sofferenza.

Un altro esempio potente di come il Zen ci insegna a trovare la resilienza nelle difficoltà è la storia di **Bankei e il ladro**. Bankei, un famoso maestro Zen, era noto per la sua grande saggezza e compassione. Durante uno dei suoi ritiri, uno dei discepoli fu sorpreso a rubare dagli altri. Gli altri monaci chiesero a Bankei di espellere il ladro dal tempio, ma Bankei rifiutò. Quando il ladro fu sorpreso a rubare una seconda volta, i monaci insistettero che Bankei doveva prendere provvedimenti, ma ancora una volta Bankei rifiutò. Infine, dopo la terza volta, i monaci minacciarono di andarsene se il ladro non fosse stato allontanato. Bankei li riunì e disse: "Voi siete tutti persone sagge e avete molte altre opportunità per imparare altrove, ma questo pover'uomo non ha nessun altro che lo accetti. Se lo cacciate, chi si prenderà cura di lui? Io resterò qui con lui, anche se tutti voi ve ne andrete." Il ladro, colpito dalla compassione di Bankei, si vergognò profondamente e cambiò la sua vita, diventando uno dei discepoli più devoti.

Questa storia mostra un altro aspetto della resilienza nel Zen: la capacità di rispondere alle difficoltà con **compassione** invece che con giudizio o punizione. Bankei vedeva oltre il comportamento del ladro e riconosceva la sua sofferenza, sapendo che cacciarlo avrebbe solo aumentato il suo dolore e la sua alienazione. La vera forza, come ci insegna Bankei, non sta nel punire o allontanare coloro che sbagliano, ma nel trovare un modo per accogliere e guarire, anche nelle situazioni più difficili. La resilienza non è solo la capacità di sopportare, ma anche di rispondere alle difficoltà con un cuore aperto e compassionevole, vedendo le opportunità di crescita e trasformazione anche negli errori e nelle debolezze degli altri.

Un'altra storia Zen che esemplifica la resilienza di fronte alle difficoltà è quella del **maestro e del bandito**. Un giorno, un famoso maestro Zen stava meditando nel suo monastero quando un bandito armato entrò e lo minacciò, chiedendogli di consegnargli tutto ciò che aveva di valore. Il maestro, senza alzare lo sguardo, rispose tranquillamente: "Tutto ciò che ho è lì, prendilo se vuoi." Il bandito, sorpreso dalla calma del maestro, prese tutto ciò che poté trovare e si preparò ad andarsene. Il maestro, allora, aggiunse: "Quando prendi qualcosa da qualcuno, dovresti almeno ringraziare." Il bandito, confuso, si fermò un attimo, poi balbettò un "grazie" e fuggì. Alcuni giorni dopo, il bandito fu catturato e confessò i suoi crimini, inclusa la rapina al monastero. Quando venne chiesto al maestro di testimoniare contro di lui, il maestro disse: "Non ha rubato nulla, io gli ho dato tutto, e lui mi ha anche ringraziato."

Questa storia è un esempio straordinario di **non attaccamento** e **equanimità** di fronte a una situazione di pericolo. Il maestro Zen non vedeva il valore nelle cose materiali e, soprattutto, non era legato all'idea di ciò che possedeva. La sua resilienza si manifestava nella capacità di affrontare una minaccia reale con serenità, senza farsi travolgere dalla paura o dall'ego. Invece di reagire con rabbia o cercare vendetta, il maestro rispondeva con generosità e compassione, trasformando una situazione potenzialmente violenta in un'opportunità per insegnare un'altra lezione, persino al bandito. Questo tipo di resilienza ci insegna che, spesso, la nostra sofferenza non deriva dagli eventi stessi, ma dal nostro attaccamento a ciò che pensiamo di possedere o di essere. Lasciando andare questi attaccamenti, troviamo una libertà interiore che ci permette di affrontare qualsiasi situazione con calma e saggezza.

Le storie Zen ci mostrano anche che la resilienza non è solo una qualità individuale, ma può emergere attraverso le relazioni con gli altri. La storia di **Tesshu e il duello** illustra questo concetto. Tesshu era un abile spadaccino e maestro Zen, noto per la sua calma sotto pressione. Un giorno, un giovane spadaccino lo sfidò a un duello, cercando di dimostrare la sua superiorità. Tesshu accettò la sfida, ma mentre i due si preparavano a combattere, Tesshu rimase completamente immobile e rilassato. Il giovane, vedendo che Tesshu non mostrava alcun segno di paura o aggressività, fu preso dal dubbio e abbassò la sua spada, incapace di attaccare. Tesshu, senza muovere un muscolo, aveva vinto il duello senza combattere.

Questa storia dimostra come la vera resilienza non debba necessariamente manifestarsi attraverso la forza fisica o la resistenza esteriore. Tesshu aveva raggiunto un tale livello di padronanza della mente e dell'anima che la sua semplice presenza, priva di paura e aggressività, era sufficiente a disarmare il suo avversario. La resilienza di Tesshu derivava dal suo stato interiore di calma imperturbabile, che gli permetteva di affrontare ogni sfida senza essere coinvolto in conflitti inutili. La sua vittoria non fu solo una questione di abilità tecnica, ma il risultato della sua profonda comprensione della natura della mente e delle emozioni. Questa storia ci ricorda che, a volte, la forza più grande è quella di mantenere la pace interiore, anche quando tutto intorno a noi sembra spingere verso il conflitto.

Le storie Zen sono strumenti potenti per comprendere che le difficoltà, sebbene inevitabili, non devono essere viste come ostacoli insormontabili, ma come occasioni per praticare la pazienza, l'equanimità e la compassione. Attraverso questi racconti, impariamo che la resilienza non è una questione di sopportazione o di forza bruta, ma di apertura, accettazione e saggezza. Le difficoltà, come ci insegnano i maestri Zen, possono essere accolte con un cuore aperto, trasformate in opportunità di crescita e diventare trampolini per una comprensione più profonda della vita e del nostro posto in essa.

Le storie Zen sulla difficoltà e sulla resilienza ci offrono infinite prospettive, ognuna delle quali rivela un aspetto diverso della natura umana e delle dinamiche della sofferenza. Ogni racconto è come uno specchio che ci riflette i modi in cui possiamo trasformare le sfide in opportunità per sviluppare una consapevolezza più profonda e una stabilità interiore più radicata. Attraverso il simbolismo, la semplicità e il paradosso, le storie Zen ci invitano a vedere che ciò che spesso percepiamo come una crisi, un fallimento o una perdita, è in realtà una parte naturale del processo di crescita, sia mentale che spirituale.

Un altro elemento centrale delle storie Zen è l'idea che le difficoltà non sono semplicemente eventi esterni che accadono a noi, ma sono spesso il risultato di come la nostra mente reagisce a questi eventi. La sofferenza, come il Buddismo insegna, nasce dall'attaccamento, dal desiderio che le cose siano diverse da come sono. Una delle storie più emblematiche su questo concetto è quella di **Hakuin e l'innocenza**. Hakuin, un maestro Zen molto rispettato, fu ingiustamente accusato di aver messo incinta una giovane donna del villaggio. Quando la famiglia della ragazza gli portò il bambino, Hakuin accettò la responsabilità senza protestare, dicendo semplicemente: "Ah, è così?". Si prese cura del bambino per diversi mesi, finché la giovane non confessò la verità e la sua famiglia tornò a chiedere perdono. Hakuin, senza rancore, restituì il bambino, dicendo ancora una volta: "Ah, è così?".

Questa storia dimostra come la resilienza può nascere dal **non attaccamento al proprio ego**. Hakuin non si preoccupava della sua reputazione o del giudizio degli altri. La sua tranquillità non derivava dalla sua capacità di difendersi o giustificarsi, ma dalla sua accettazione della realtà così com'era, senza cercare di cambiarla o di controllare l'opinione degli altri. Questa è una delle lezioni fondamentali del Zen: il vero potere non risiede nella forza o nel controllo, ma nella capacità di accettare ciò che non può essere cambiato, con una mente aperta e un cuore sereno. La resilienza, in questo caso, è la capacità di restare saldi nel proprio centro, indipendentemente dalle circostanze esterne.

Un altro racconto che illustra il potere trasformativo delle difficoltà è quello del **pittore e l'imperatore**. Un imperatore cinese commissionò a un famoso pittore di creare un'opera straordinaria. Il pittore accettò l'incarico, ma per molti anni non produsse nulla, nonostante le frequenti richieste dell'imperatore. Alla fine, dopo una lunga attesa, l'imperatore perse la pazienza e andò personalmente a trovare il pittore per chiedergli conto del ritardo. Senza dire una parola, il pittore prese un pennello e, in pochi istanti, dipinse un capolavoro. Stupito dalla rapidità e dalla bellezza dell'opera, l'imperatore chiese: "Perché ci hai fatto aspettare così tanto per qualcosa che potevi fare in pochi minuti?" Il pittore rispose: "Maestà, ho trascorso tutti questi anni preparando me stesso, affinando le mie capacità, imparando a vedere con chiarezza. Il dipinto stesso ha richiesto solo un momento, ma la preparazione ha richiesto una vita."

Questo racconto Zen parla della **pazienza** e della **preparazione interiore** necessarie per affrontare le difficoltà. Molto spesso, quando ci troviamo di fronte a una sfida, siamo impazienti di trovare una soluzione immediata, senza renderci conto che la resilienza e la saggezza richiedono tempo per maturare. Il pittore non si preoccupava della pressione esterna o delle aspettative dell'imperatore, ma sapeva che per creare qualcosa di vero e duraturo, doveva prima lavorare su se stesso, preparandosi interiormente. Allo stesso modo, le difficoltà della vita richiedono una preparazione interiore: la capacità di rimanere calmi sotto pressione, di vedere le cose con chiarezza e di agire al momento giusto. Questo tipo di resilienza non è il risultato di una reazione impulsiva, ma di un lavoro interiore profondo che ci permette di rispondere alle sfide con saggezza e compostezza.

Un'altra storia Zen che esplora la relazione tra difficoltà e crescita interiore è quella di **Joshu e il monaco**. Un giorno, un giovane monaco si recò dal maestro Joshu e gli chiese: "Qual è la via per superare la sofferenza?" Joshu rispose: "Hai mangiato la tua ciotola di riso?" Il monaco, confuso, rispose di sì. Joshu allora disse: "Allora vai a lavare la tua ciotola." Il monaco fu illuminato.

Questa storia, nella sua apparente semplicità, contiene un messaggio profondo: la via per superare la sofferenza non risiede in risposte filosofiche complesse o in pratiche complicate, ma nella **presenza consapevole** nel qui e ora. Joshu stava insegnando al monaco che la vera resilienza non consiste nel cercare risposte fuori di sé o nel complicare la vita con pensieri astratti, ma nell'affrontare ogni momento con attenzione e consapevolezza. Anche il semplice atto di lavare una ciotola può diventare una via per trovare pace e armonia, se fatto con la giusta attitudine mentale. Questo tipo di resilienza non è appariscente o eroica, ma consiste nella capacità di essere completamente presenti in ogni azione, accettando la vita così com'è, senza cercare di fuggire o di evitare la realtà.

Una storia simile che sottolinea l'importanza della **presenza consapevole** di fronte alle difficoltà è quella di **Ryokan e la luna**. Ryokan era un famoso poeta e monaco Zen che viveva una vita estremamente semplice. Una notte, mentre dormiva nella sua piccola capanna, un ladro entrò e iniziò a cercare qualcosa da rubare. Ma non c'era nulla da prendere, poiché Ryokan possedeva solo i vestiti che indossava e la stuoia su cui dormiva. Quando Ryokan si svegliò e vide il ladro, disse: "Hai fatto tanta fatica per venire qui, non posso lasciarti andare via a mani vuote." Si tolse il mantello e lo diede al ladro, dicendo: "Prendilo, è tutto quello che ho." Il ladro, confuso, fuggì via nella notte. Dopo che se ne fu andato, Ryokan guardò la luna piena attraverso la finestra e disse: "Poveretto, avrei voluto potergli dare anche questa bellissima luna."

Questa storia ci parla del **distacco dai beni materiali** e della capacità di trovare bellezza anche nelle situazioni più difficili. Ryokan non era turbato dal fatto che un ladro fosse entrato nella sua capanna;

anzi, la sua risposta fu di generosità e di compassione. Invece di concentrarsi su ciò che avrebbe potuto perdere, si concentrò su ciò che poteva ancora offrire. La sua resilienza non si manifestava nel resistere o nel combattere contro il ladro, ma nella sua capacità di **lasciar andare** e di trovare gioia nella bellezza della luna. Questo tipo di resilienza è radicato nella capacità di vedere oltre le circostanze immediate e di riconoscere la bellezza e la pace che esistono in ogni momento, indipendentemente da ciò che accade all'esterno.

Queste storie, sebbene apparentemente semplici, ci offrono insegnamenti profondi su come le difficoltà possono essere trasformate in occasioni di crescita e di risveglio. La resilienza, nel Zen, non è solo una questione di sopravvivenza o di forza, ma di **accettazione consapevole** e di **apertura al cambiamento**. Invece di vedere le sfide come qualcosa da evitare o da combattere, il Zen ci invita a vederle come parti naturali del nostro cammino, opportunità per affinare la nostra consapevolezza e per sviluppare una pace interiore che non dipende dalle circostanze esterne.

Le storie Zen ci insegnano che la vera resilienza non è una questione di resistere o di superare le difficoltà a tutti i costi, ma di imparare a fluire con esse, come l'acqua che scorre intorno a un ostacolo, trovando sempre una via per andare avanti senza lottare. Questa è la lezione centrale del Zen: la vita è piena di cambiamenti, di alti e bassi, di momenti di gioia e di sofferenza, ma possiamo imparare a vivere ogni momento con equanimità e consapevolezza, trovando una forza interiore che ci permette di affrontare qualsiasi cosa con serenità e saggezza.

Per concludere in modo approfondito e dettagliato il punto sulle storie Zen riguardanti difficoltà e resilienza, possiamo dire che queste storie ci offrono una chiave di lettura unica e potente sul modo in cui affrontiamo le sfide della vita. Attraverso parabole semplici ma ricche di significato, il Buddismo Zen ci insegna che la vera forza interiore, la resilienza autentica, non risiede tanto nella capacità di vincere le difficoltà, quanto nella nostra capacità di accettarle, viverle pienamente e trasformarle in opportunità di crescita.

Ogni racconto Zen ci mostra che le difficoltà non sono qualcosa da evitare o da superare con forza bruta, ma piuttosto occasioni per approfondire la nostra comprensione di noi stessi e del mondo che ci circonda. La sofferenza che proviamo di fronte alle difficoltà è spesso il risultato della nostra resistenza al cambiamento, del nostro attaccamento a come le cose "dovrebbero" essere, e del nostro rifiuto di accettare la realtà così com'è. Il Zen ci invita a lasciar andare questi attaccamenti, a riconoscere che ogni situazione – per quanto dolorosa o difficile possa sembrare – è transitoria, e che possiamo trovare pace e serenità anche nel mezzo delle sfide più grandi.

Un concetto chiave che emerge da queste storie è quello del **non attaccamento**. Molte delle difficoltà che affrontiamo nella vita derivano dal nostro attaccamento a idee, desideri, persone o oggetti. Quando impariamo a praticare il distacco, a non aggrapparci troppo a ciò che abbiamo o a ciò che desideriamo, scopriamo una libertà interiore che ci permette di affrontare le sfide con una mente più calma e un cuore più aperto. L'attaccamento crea sofferenza perché ci fa credere che la nostra felicità dipenda da qualcosa di esterno, ma il Zen ci insegna che la vera felicità e la pace duratura provengono dall'interno, dalla capacità di accettare la vita in tutte le sue sfumature.

Un altro principio fondamentale delle storie Zen è la **presenza consapevole**, la capacità di vivere pienamente nel qui e ora. Molte delle difficoltà che incontriamo sono amplificate dalla nostra mente, che tende a proiettarsi nel futuro con preoccupazioni o a rimuginare sul passato con rimpianti. Il Zen ci insegna che il modo migliore per affrontare una sfida è rimanere radicati nel presente, rispondendo alla situazione con consapevolezza e chiarezza, senza essere sopraffatti dalle emozioni. La resilienza, in questo senso, non è solo la capacità di sopravvivere alle difficoltà, ma la capacità di vivere ogni momento con apertura e presenza, accettando le emozioni che sorgono senza essere schiavi di esse.

Le storie di maestri Zen come Hakuin, Ryokan, Bankei e Tesshu dimostrano che la resilienza non si manifesta attraverso la lotta o il conflitto, ma attraverso la **capacità di adattamento e di accettazione**. Il maestro che accetta una falsa accusa senza cercare vendetta, il monaco che offre il proprio mantello a un ladro, o il guerriero che vince un duello senza nemmeno brandire la spada, ci insegnano che la vera forza risiede nella **non resistenza**. Questo non significa che dobbiamo rassegnarci passivamente alle difficoltà, ma che possiamo affrontarle con una mente calma, senza opporre resistenza a ciò che non possiamo controllare.

Un altro tema centrale è la **flessibilità mentale**. La capacità di cambiare prospettiva e di vedere una sfida da un angolo diverso è uno degli strumenti più potenti che il Zen ci offre per sviluppare la resilienza. Le storie Zen ci insegnano a non fissarci su una sola interpretazione degli eventi, ma a rimanere aperti alle possibilità, a capire che ciò che oggi sembra un ostacolo potrebbe rivelarsi una benedizione domani. Il contadino che non si affretta a giudicare gli eventi della sua vita come buoni o cattivi, rispondendo sempre con un "forse sì, forse no", incarna perfettamente questo concetto di **flessibilità mentale**. Questa apertura ci insegna che non possiamo sempre controllare o prevedere le conseguenze delle nostre esperienze, e che ciò che a prima vista appare come una sventura potrebbe nascondere un'opportunità di crescita o di trasformazione. La resilienza, quindi, non si limita alla capacità di "resistere" alle difficoltà, ma implica la capacità di accoglierle e di adattarsi, trovando nuove vie dove prima non vedevamo soluzioni.

Un altro importante insegnamento che emerge dalle storie Zen è la pratica del **lasciar andare**. Molte delle nostre sofferenze derivano dalla tendenza a trattenere ciò che ci è familiare o caro, sia che si tratti di persone, situazioni, oggetti o persino idee su chi siamo e su come dovrebbe essere la nostra vita. Quando impariamo a lasciare andare, smettiamo di lottare contro l'inevitabile cambiamento e troviamo una pace profonda. La storia di Ryokan, che offre spontaneamente il suo mantello al ladro e si dispiace solo di non poter donargli anche la luna, è un esempio sublime di questo atteggiamento. Ryokan non si aggrappa alle cose materiali, non vede il valore del suo possesso come parte della sua identità; al contrario, vede la bellezza nel momento presente e nella sua capacità di condividere, anche quando ha poco da offrire. Questo tipo di distacco non è una forma di indifferenza, ma un atto di profonda libertà interiore che ci permette di affrontare le difficoltà senza essere schiacciati dal peso del desiderio o dell'attaccamento.

Il **concetto di impermanenza**, che è alla base del pensiero buddista, è altrettanto centrale nel comprendere la resilienza nel Zen. Le difficoltà ci appaiono spesso insormontabili quando le percepiamo come fisse e immutabili, ma il Zen ci insegna che nulla è permanente, né le nostre sofferenze, né le nostre gioie. La comprensione dell'impermanenza ci dà la forza di affrontare anche i momenti più difficili con la consapevolezza che passeranno. Questo non ci esonera dal vivere pienamente le nostre emozioni o dal cercare di migliorare la nostra situazione, ma ci libera dalla paura che le difficoltà dureranno per sempre. L'accettazione dell'impermanenza ci permette di fluire con la vita invece di resistere ad essa, e questo fluire è la vera essenza della resilienza.

Un altro tema che emerge chiaramente è quello della **compassione**, sia verso gli altri che verso noi stessi. Molte storie Zen ci mostrano come la resilienza non consista solo nel sopportare le difficoltà con forza personale, ma anche nel saper rispondere alle sfide degli altri con gentilezza e comprensione. La storia di Bankei, che rifiuta di espellere il ladro dal tempio e lo accoglie con compassione, dimostra che la vera forza sta nel perdono e nell'accoglienza. Bankei capisce che il ladro ha bisogno di amore e comprensione, non di punizione, e questa intuizione è ciò che permette al ladro di cambiare. La compassione diventa così una via per la resilienza, perché ci permette di vedere oltre il comportamento superficiale delle persone e delle situazioni, riconoscendo il dolore e le difficoltà che stanno dietro ad esse.

La **resilienza** Zen, dunque, non è una questione di durezza o di sopportazione stoica, ma una pratica di apertura, accettazione e consapevolezza. Ci insegna che la vera forza non consiste nel resistere alle difficoltà con rigidità, ma nel permettere loro di trasformarci, di insegnarci qualcosa di prezioso su noi stessi e sul mondo. Le storie Zen ci invitano a vedere le sfide non come nemici, ma come parti integranti del cammino spirituale, occasioni per sviluppare la nostra saggezza e la nostra compassione.

Il Zen ci insegna anche che la resilienza non è qualcosa che si può raggiungere attraverso sforzi esterni, ma è una qualità che emerge naturalmente quando impariamo a vivere con piena consapevolezza e presenza. Quando ci liberiamo dall'attaccamento, accettiamo l'impermanenza e pratichiamo la compassione, scopriamo una resilienza interiore che non è dipendente dalle circostanze esterne, ma che nasce dalla profonda connessione con la nostra vera natura.

Questa resilienza ci permette di vivere ogni momento con serenità, sapendo che, indipendentemente da ciò che accade, abbiamo la capacità di trovare pace e saggezza dentro di noi.

In definitiva, le storie Zen ci offrono insegnamenti preziosi su come affrontare le difficoltà della vita con una mente aperta e un cuore pieno di compassione. Ci mostrano che la resilienza non è una questione di forza fisica o di controllo, ma di accettazione, di distacco e di consapevolezza. Attraverso queste storie, impariamo che le difficoltà non sono un segno di fallimento o di sfortuna, ma parte del processo naturale di crescita e trasformazione. Le sfide, quindi, non devono essere temute o evitate, ma accolte come opportunità per sviluppare una maggiore saggezza, equanimità e comprensione. La resilienza Zen ci guida verso una vita vissuta in armonia con il flusso della realtà, dove le difficoltà non sono viste come ostacoli, ma come trampolini verso una consapevolezza più profonda e una pace interiore duratura.

17. Esercizi per superare lo stress e l'ansia: Tecniche pratiche di meditazione e rilassamento per affrontare lo stress e coltivare la serenità interiore.

Superare lo stress e l'ansia richiede un approccio olistico che coinvolga sia la mente che il corpo. Le tecniche di meditazione e rilassamento, radicate nella tradizione Zen, offrono strumenti potenti per coltivare una maggiore serenità interiore e ridurre lo stress. Ecco una serie di esercizi pratici che combinano la consapevolezza del corpo, il respiro e la mente, aiutando a gestire lo stress e l'ansia in modo efficace.

1. Meditazione del respiro (Zazen)
Uno degli esercizi fondamentali nel Buddismo Zen è la meditazione sul respiro. La consapevolezza del respiro ci aiuta a riportare la mente al momento presente, interrompendo il ciclo dei pensieri ansiosi che spesso amplificano lo stress. La pratica del Zazen si concentra sul

sedersi in modo stabile e confortevole, con una postura eretta ma rilassata, e sul portare l'attenzione al respiro naturale.

Come praticarla:

- Trova un luogo tranquillo e siediti su un cuscino o una sedia, con la schiena dritta e le mani appoggiate in grembo o sulle ginocchia.
- Chiudi delicatamente gli occhi o mantienili semiaperti, con lo sguardo rivolto a terra.
- Porta la tua attenzione al respiro naturale, senza cercare di modificarlo. Senti l'aria entrare attraverso le narici e uscire naturalmente.
- Se la mente si distrae, gentilmente riportala al respiro. Non giudicare i pensieri che sorgono; semplicemente osserva e lascia andare.
- Inizia con 10-15 minuti al giorno, aumentando gradualmente la durata. Questa pratica calma la mente e ti aiuta a rimanere presente, riducendo lo stress e l'ansia accumulati.

2. Body Scan (Scansione del corpo)
Il body scan è una pratica di rilassamento che coinvolge la consapevolezza del corpo, aiutando a rilasciare la tensione fisica e a calmare la mente. Questo esercizio ci insegna a portare attenzione a diverse parti del corpo, notando dove sono presenti tensioni o stress e rilasciandoli con il respiro.

Come praticarla:

- Sdraiati su una superficie comoda, come un tappetino da yoga o il letto, con le braccia distese lungo i fianchi.
- Chiudi gli occhi e inizia a portare l'attenzione ai tuoi piedi. Nota eventuali tensioni o sensazioni presenti. Se senti tensione, immagina che ogni respiro sciolga lentamente quella zona.
- Gradualmente sposta la tua attenzione lungo il corpo, risalendo dalle gambe, al bacino, all'addome, al petto, alle spalle, fino al collo e alla testa.

- Prenditi il tempo per osservare ogni parte del corpo, lasciando andare la tensione con il respiro. Concludi concentrandoti sul corpo intero, sentendo un senso di rilassamento diffuso.

- Questa pratica richiede 10-20 minuti ed è ottima per ridurre lo stress accumulato durante la giornata, aiutandoti a rilassare il corpo e calmare la mente.

3. Meditazione camminata (Kinhin)

La meditazione camminata è un'ottima pratica per chi trova difficile restare seduto a lungo o per chi desidera integrare la consapevolezza nel movimento. Kinhin, la meditazione camminata Zen, aiuta a portare la mente nel momento presente attraverso l'attenzione ai passi e al respiro.

Come praticarla:

- Trova uno spazio tranquillo dove puoi camminare in linea retta o in cerchio.

- Stai in piedi con i piedi paralleli e porta l'attenzione al tuo corpo. Inizia a camminare lentamente, sincronizzando i passi con il respiro.

- Con ogni passo, presta attenzione alla sensazione dei piedi che toccano il suolo. Senti il contatto del piede con la terra e la pressione che cambia mentre sollevi e appoggi il piede.

- Se la mente inizia a vagare, riportala delicatamente alla sensazione dei passi o del respiro.

- Puoi praticare per 10-15 minuti, o più a lungo se desideri. Questa meditazione è utile per ridurre l'ansia e calmare la mente, soprattutto durante periodi di stress intenso.

4. Respiro consapevole (Respiro diaframmatico)

Il respiro consapevole, o respiro diaframmatico, è un modo semplice e immediato per attivare il sistema nervoso parasimpatico e calmare lo stress. Molte persone, sotto stress, tendono a respirare in modo superficiale, utilizzando solo la parte superiore del torace. Il respiro diaframmatico aiuta a ossigenare meglio il corpo e a rilassare la mente.

Come praticarlo:

- Siediti comodamente o sdraiati. Poni una mano sul petto e una sul ventre, sotto le costole.

- Inspira profondamente attraverso il naso, permettendo all'addome di espandersi sotto la mano. Il petto dovrebbe muoversi solo minimamente.

- Espira lentamente attraverso la bocca, lasciando che l'addome si sgonfi.

- Continua a respirare in questo modo, concentrandoti sulla sensazione dell'addome che si alza e si abbassa con ogni respiro.

- Pratica per 5-10 minuti, e nota come la tua mente si calma e il corpo si rilassa. Questo esercizio è ottimo per alleviare l'ansia e può essere praticato in qualsiasi momento della giornata.

5. Meditazione con mantra
La meditazione con un mantra è un'altra tecnica efficace per calmare la mente e superare l'ansia. Un mantra è una parola o una frase ripetuta durante la meditazione per aiutare a concentrarsi e a calmare la mente.

Come praticarla:

- Siediti comodamente e chiudi gli occhi.

- Scegli un mantra semplice come "Pace" o una frase più lunga come "Sono qui, sono in pace".

- Ripeti il mantra mentalmente, concentrandoti sul suono e sul ritmo delle parole. Se la mente si distrae, riportala delicatamente al mantra.

- Continua a ripetere il mantra per 10-20 minuti, lasciando che la ripetizione crei un senso di calma e concentrazione.

- Questa pratica è particolarmente utile quando l'ansia si manifesta sotto forma di pensieri incessanti, poiché il mantra agisce come un'ancora per la mente, interrompendo il flusso dei pensieri ansiosi.

6. Visualizzazione guidata

La visualizzazione è una tecnica che utilizza l'immaginazione per indurre stati di rilassamento profondo. Immaginando scenari tranquilli, come un paesaggio naturale o un luogo sereno, possiamo calmare la mente e il corpo.

Come praticarla:

- Siediti o sdraiati in una posizione comoda e chiudi gli occhi.

- Immagina un luogo dove ti senti al sicuro e rilassato. Può essere una spiaggia, una foresta, una montagna o un giardino.

- Cerca di coinvolgere tutti i sensi: immagina di sentire il calore del sole, il suono dell'acqua, il profumo dell'erba o del mare.

- Rimani in questo luogo immaginario per 5-10 minuti, permettendo al corpo di rilassarsi completamente mentre la mente si immerge in questa scena pacifica.

- Quando sei pronto, riporta lentamente la tua attenzione al presente, mantenendo la sensazione di calma. La visualizzazione guidata è ottima per ridurre l'ansia e creare una sensazione di pace interiore.

7. Meditazione della gratitudine

La gratitudine è una pratica potente per alleviare lo stress e l'ansia. Spesso, quando siamo stressati, ci concentriamo su ciò che non va nella nostra vita. La meditazione della gratitudine sposta l'attenzione su ciò che abbiamo e su ciò per cui siamo grati, aiutandoci a coltivare una mentalità positiva.

Come praticarla:

- Siediti in un luogo tranquillo e chiudi gli occhi.

- Pensa a tre cose per cui sei grato in questo momento. Possono essere cose grandi o piccole, come una relazione significativa, un pasto delizioso o un momento di pace.

- Concentrati su ciascuna di queste cose per un minuto, visualizzando e sentendo la gratitudine che provi.

- Permetti a questa sensazione di gratitudine di espandersi nel tuo cuore e nel tuo corpo, portando un senso di calore e benessere.

- Pratica per 5-10 minuti, e nota come il cambiamento di prospettiva ti aiuti a ridurre lo stress e a coltivare un senso di serenità.

In sintesi, queste tecniche di meditazione e rilassamento offrono un modo pratico per affrontare lo stress e l'ansia nella vita quotidiana. Coltivando la presenza mentale, il respiro consapevole e l'accettazione del momento presente, possiamo ridurre le tensioni accumulate e sviluppare una profonda serenità interiore. Queste pratiche non solo ci aiutano a gestire lo stress nel breve termine, ma, praticate regolarmente, promuovono una stabilità emotiva e mentale che ci rende più resilienti di fronte alle sfide della vita.

Le tecniche di meditazione e rilassamento per superare lo stress e l'ansia sono strumenti profondi che vanno oltre l'alleviamento temporaneo delle tensioni. Quando esploriamo a fondo questi metodi, scopriamo che non solo ci aiutano a trovare sollievo immediato, ma coltivano una trasformazione interiore che, con il tempo, modifica il modo in cui affrontiamo la vita. Non si tratta semplicemente di imparare a gestire lo stress in momenti critici, ma di sviluppare una nuova consapevolezza e una relazione più equilibrata con noi stessi e il mondo che ci circonda.

Ogni volta che utilizziamo queste tecniche, come la meditazione sul respiro o la meditazione camminata, non stiamo solo cercando di "calmare" i sintomi dello stress. Stiamo cambiando, a un livello profondo, il nostro approccio all'esperienza stessa dello stress e dell'ansia. Prendiamo ad esempio il **respiro consapevole**: questo esercizio, che sembra così semplice, ha in realtà un impatto enorme sulla regolazione del nostro sistema nervoso. Il respiro è il ponte tra la mente e il corpo, e ogni volta che torniamo al respiro, stiamo attivando il nostro sistema parasimpatico, il sistema che favorisce il rilassamento e la rigenerazione. Ma non è solo una questione di respirare profondamente per calmarsi; è anche una questione di diventare più consapevoli di come il respiro riflette il nostro stato interiore. Quando siamo ansiosi, spesso ci rendiamo conto che il nostro respiro è superficiale e rapido, e solo portando consapevolezza a questo fatto possiamo iniziare a cambiarlo.

Una delle cose più potenti del respiro consapevole è che può essere praticato ovunque e in qualsiasi momento. Non richiede alcuna attrezzatura speciale o un ambiente particolare. In una riunione stressante, in una situazione di conflitto o anche mentre siamo bloccati nel traffico, possiamo sempre tornare al nostro respiro. Ogni volta che lo facciamo, stiamo inviando al nostro corpo e alla nostra mente un segnale di sicurezza e tranquillità. Stiamo allenando il nostro cervello a non reagire automaticamente allo stress con ansia o tensione, ma a rispondere con calma e presenza.

Allo stesso modo, il **body scan**, una pratica che ci invita a portare l'attenzione consapevole al corpo, è più che un esercizio di rilassamento. Diventare consapevoli delle tensioni nel corpo non è solo un modo per rilasciare lo stress fisico, ma anche per riconoscere come le emozioni e i pensieri negativi si manifestano nel corpo. Spesso, non ci rendiamo conto di quanto lo stress mentale e l'ansia possano accumularsi sotto forma di tensione muscolare, dolore o disagio fisico. La consapevolezza del corpo, esplorata attraverso il body scan, ci permette di "dialogare" con queste tensioni, di comprenderle e, col tempo, di lasciarle andare. Questo processo ci insegna che lo stress non è solo un problema mentale; è un'esperienza corporea che può essere affrontata attraverso la consapevolezza fisica. Ogni volta che diventiamo più consapevoli del nostro corpo, stiamo sviluppando un rapporto più sano con le nostre emozioni, imparando a non reprimerle o evitarle, ma a lasciarle fluire attraverso di noi senza essere sopraffatti.

La **meditazione camminata**, d'altra parte, ci invita a trovare la calma nel movimento. Questo è particolarmente utile per coloro che trovano difficile stare fermi o che sono molto agitati mentalmente. Camminare con consapevolezza ci offre la possibilità di radicarci nel corpo e nel momento presente mentre siamo in movimento. Camminare è un'azione quotidiana e semplice, ma quando viene eseguita con attenzione, può diventare una forma di meditazione molto profonda. Ogni passo diventa un'opportunità per essere presenti, per sentire il contatto con la terra e per sincronizzare il movimento con il respiro. Questo non solo calma la mente, ma ci dà anche un senso di stabilità e sicurezza che può essere particolarmente utile quando ci sentiamo sopraffatti. Camminando lentamente, con attenzione, stiamo dicendo al nostro sistema nervoso che non c'è bisogno di affrettarsi, che possiamo rallentare e essere pienamente presenti in ogni momento.

Un altro esercizio che, quando praticato regolarmente, porta benefici significativi è la **meditazione con mantra**. Ripetere una parola o una frase specifica ci permette di focalizzare la mente, interrompendo il flusso incessante dei pensieri ansiosi. Ma il potere del mantra va oltre la semplice distrazione. Un mantra è una sorta di "ancora" per la mente, un punto di riferimento stabile a cui tornare ogni volta che la mente inizia a vagare. La ripetizione ritmica del mantra crea una sorta di vibrazione interiore che, nel tempo, calma l'attività mentale e ci porta in uno stato di quiete più profondo. Inoltre, i mantra spesso portano con sé un significato positivo o sacro, come "Pace" o "Amore", che influisce sottilmente sul nostro stato d'animo. Ogni volta che ripetiamo il mantra, stiamo infondendo nella nostra mente una qualità di tranquillità o benessere, sostituendo i pensieri ansiosi con un senso di serenità.

La **visualizzazione guidata** è un'altra tecnica che può sembrare semplice, ma che ha profondi effetti sul nostro stato mentale e fisico. L'immaginazione è uno strumento potente, e la mente non distingue sempre tra ciò che è reale e ciò che è immaginato. Quando visualizziamo un luogo di pace e tranquillità, il nostro corpo risponde come se fosse effettivamente in quel luogo. La visualizzazione ci permette di "evadere" dalle situazioni stressanti, anche solo per pochi minuti, e di ricaricare le nostre energie mentali ed emotive. Questo esercizio non è solo un modo per rilassarsi temporaneamente, ma un modo per ricordarci che, indipendentemente dalle circostanze esterne, possiamo sempre trovare un luogo di pace dentro di noi. Questa pratica è particolarmente utile per chi soffre di ansia cronica, poiché fornisce un rifugio interiore dove tornare ogni volta che lo stress diventa opprimente.

Anche la **meditazione della gratitudine** gioca un ruolo cruciale nel ridurre lo stress e coltivare la serenità interiore. L'ansia e lo stress spesso ci spingono a concentrarci su ciò che manca nella nostra vita o su ciò che temiamo possa andare storto. La gratitudine, invece, ci invita a spostare il focus su ciò che va bene, su ciò che già abbiamo e apprezziamo. Questa semplice pratica di ringraziamento cambia radicalmente il nostro stato mentale. La gratitudine crea uno spazio per la gioia, la connessione e la positività, facendoci uscire dal ciclo di preoccupazioni che alimentano l'ansia. Anche nei momenti di difficoltà, c'è sempre qualcosa per cui essere grati, anche se si tratta solo del respiro che continua a fluire o della luce del sole che entra dalla finestra. Con la pratica costante della gratitudine, sviluppiamo una mentalità più resiliente e meno reattiva allo stress.

Un aspetto fondamentale di tutte queste tecniche è la **continuità**. La meditazione, la consapevolezza del corpo e le tecniche di rilassamento non sono soluzioni immediate che risolvono lo stress e l'ansia in modo definitivo. Sono pratiche quotidiane che richiedono tempo e dedizione per portare cambiamenti duraturi. Con la pratica regolare, tuttavia, la nostra mente inizia a rispondere in modo diverso alle situazioni stressanti. Impariamo a riconoscere i segni precoci dello stress e a intervenire prima che diventi opprimente. Costruiamo una base di calma interiore che ci sostiene anche nei momenti più difficili. Questo è il vero potere delle tecniche di rilassamento Zen: non solo alleviano lo stress quando si manifesta, ma ci aiutano a costruire una resilienza interiore che ci permette di affrontare la vita con maggiore serenità e forza interiore.

Nel corso del tempo, la pratica di queste tecniche trasforma la nostra relazione con lo stress e l'ansia. Invece di vederli come nemici da combattere, iniziamo a riconoscerli come segnali che ci indicano quando è necessario fermarsi, respirare e tornare al momento presente. Diventiamo più consapevoli dei nostri pensieri, delle nostre emozioni e delle nostre reazioni, sviluppando una capacità di risposta che è più basata sulla saggezza e meno sulla reattività. Questo processo di trasformazione richiede tempo e pazienza, ma con la pratica costante, la serenità interiore diventa una parte naturale del nostro essere, indipendentemente dalle circostanze esterne.

Quando ci immergiamo più a fondo nelle tecniche di meditazione e rilassamento per affrontare lo stress e l'ansia, ci rendiamo conto che queste pratiche non riguardano solo la gestione momentanea dello stress, ma il modo in cui viviamo la nostra intera esistenza. La meditazione non è solo un'azione che si svolge seduti in silenzio, ma un modo di essere, un'abilità che può essere portata in ogni momento della nostra vita quotidiana, trasformando ogni esperienza, anche quelle più stressanti, in occasioni per coltivare la calma e la consapevolezza.

Un aspetto cruciale di queste tecniche è che ci insegnano a riconoscere e a interrompere il ciclo dello **stress cronico**. Lo stress, infatti, tende a funzionare come un ciclo che si autoalimenta: una piccola preoccupazione può rapidamente diventare un vortice di pensieri negativi e di ansia crescente se non siamo consapevoli di ciò che accade nella nostra mente e nel nostro corpo. Attraverso tecniche come la **meditazione sul respiro**, impariamo a notare quando il ciclo dello stress inizia, permettendoci di intervenire prima che diventi travolgente. Il semplice atto di tornare al respiro può interrompere il flusso di pensieri ansiosi, riportando la nostra attenzione al momento presente e permettendoci di affrontare le situazioni con maggiore chiarezza e calma.

Un altro aspetto fondamentale che queste tecniche ci insegnano è la **consapevolezza delle emozioni**. Spesso lo stress e l'ansia sono causati da emozioni che non riusciamo a riconoscere o che ignoriamo. Invece di affrontare direttamente le nostre emozioni, tendiamo a evitarle o a reprimerle, il che non fa che aumentare la nostra tensione interiore. Le tecniche di rilassamento, come la meditazione o il body scan, ci aiutano a entrare in contatto con queste emozioni in modo non giudicante. Quando portiamo la consapevolezza alle nostre emozioni, senza cercare di cambiarle o di respingerle, diamo loro lo spazio per esistere, e spesso questo semplice atto di riconoscimento è sufficiente per ridurre il loro potere su di noi. Invece di essere sopraffatti dall'ansia, impariamo a osservare l'ansia come un fenomeno transitorio, sapendo che, come tutte le emozioni, anche questa passerà.

Un altro strumento prezioso nella gestione dello stress è la pratica della **gentilezza amorevole** o **metta**. Questa tecnica, che viene spesso utilizzata nella meditazione buddista, ci insegna a coltivare sentimenti di amore, compassione e benevolenza verso noi stessi e verso gli altri. Lo stress e l'ansia spesso sorgono quando siamo troppo duri con noi stessi o quando ci sentiamo separati o alienati dagli altri. La pratica della gentilezza amorevole ci aiuta a sciogliere queste tensioni interiori, inviando a noi stessi e agli altri desideri di pace, felicità e benessere. Questa pratica ci ricorda che, in mezzo alle difficoltà, possiamo sempre scegliere di rispondere con gentilezza e compassione, sia verso noi stessi che verso chi ci circonda. Quando ci sentiamo stressati, spesso ci rivolgiamo a noi stessi con parole dure, criticandoci per non essere all'altezza delle aspettative. La gentilezza amorevole cambia questa dinamica, permettendoci di sviluppare un dialogo interiore più dolce e comprensivo, che a sua volta riduce lo stress.

Un altro elemento cruciale delle tecniche di rilassamento è la **pratica dell'accettazione**. Lo stress e l'ansia spesso nascono dal nostro desiderio di controllare le situazioni, di far sì che le cose vadano esattamente come vogliamo. Tuttavia, la vita raramente si svolge secondo i nostri piani, e più resistiamo alle realtà che non possiamo controllare, più ci sentiamo stressati. Le tecniche di meditazione, in particolare la **mindfulness**, ci insegnano l'arte dell'accettazione: impariamo a lasciare andare il desiderio di controllo e a fare pace con il momento presente, qualunque esso sia. Questo non significa che dobbiamo rassegnarci passivamente a qualsiasi cosa accada, ma piuttosto che possiamo accogliere ciò che non possiamo cambiare con un atteggiamento di apertura e serenità. Quando impariamo ad accettare ciò che è, senza attaccarci a come vorremmo che fosse, il peso dello stress si dissolve naturalmente. L'accettazione diventa uno strumento di liberazione.

Inoltre, un altro aspetto sottovalutato nella gestione dello stress e dell'ansia è il **potere del silenzio**. Viviamo in un mondo costantemente bombardato da stimoli esterni, rumori, informazioni e distrazioni. Questo sovraccarico sensoriale alimenta lo stress e l'ansia, rendendo difficile trovare momenti di quiete. La pratica del **silenzio consapevole**, sia attraverso la meditazione che semplicemente ritirandosi in un luogo tranquillo per qualche minuto, ha un effetto profondamente calmante sulla mente e sul corpo. Nel silenzio, possiamo ascoltare i nostri pensieri e le nostre emozioni in modo più chiaro, senza il rumore di fondo che spesso li copre. Il silenzio ci offre uno spazio di riflessione e di pace, permettendoci di riconnetterci con noi stessi in modo più profondo. Il potere terapeutico del silenzio è qualcosa che, una volta scoperto, diventa una risorsa preziosa per gestire lo stress.

Parallelamente a queste tecniche, è importante anche riconoscere il valore del **movimento consapevole**. Lo stress e l'ansia non sono solo fenomeni mentali, ma coinvolgono tutto il corpo. Il corpo, infatti, accumula tensioni che spesso non siamo consapevoli di avere. Le pratiche di movimento consapevole, come lo **yoga** o il **qigong**, combinano il movimento con la respirazione e la consapevolezza, aiutandoci a rilasciare queste tensioni in modo delicato e fluido. Attraverso il movimento consapevole, impariamo a riabitare il nostro corpo, riconoscendo dove siamo tesi e come possiamo rilasciarci. Queste pratiche non solo aiutano a rilasciare lo stress fisico, ma ci danno anche la sensazione di essere radicati e presenti nel nostro corpo, qualcosa che spesso manca quando siamo stressati o ansiosi. Invece di essere persi nei pensieri, torniamo al corpo, al momento presente, e questo porta con sé un grande senso di sollievo.

Un altro strumento molto efficace è la **contemplazione della natura**. La natura ha un potere intrinseco di calmare la mente e il corpo. Camminare in un parco, sedersi vicino a un fiume o semplicemente osservare il cielo possono avere un effetto rigenerante. La natura ci ricorda la nostra connessione con qualcosa di più grande di noi, e questo senso di interconnessione può alleviare l'ansia e lo stress, che spesso derivano dal sentirsi isolati o sopraffatti dai nostri problemi. Anche brevi momenti trascorsi in natura, se vissuti con consapevolezza, possono portare un profondo senso di pace interiore. La **meditazione nella natura** è un'estensione di questo concetto: sedersi in silenzio sotto un albero, ascoltare i suoni del vento o dell'acqua e respirare l'aria fresca sono tutte esperienze che ci riportano al momento presente e ci aiutano a lasciar andare le preoccupazioni.

Oltre alla natura esterna, anche la **connessione con il nostro spazio interiore** è fondamentale. Creare uno spazio di quiete dentro di noi, attraverso la pratica costante della meditazione, ci offre un rifugio interiore a cui possiamo tornare ogni volta che ci sentiamo sopraffatti. Questa connessione con il nostro centro interiore è ciò che ci permette di sviluppare una resilienza naturale di fronte allo stress. Non importa quanto siano difficili le circostanze esterne: quando siamo in contatto con il nostro centro interiore, possiamo trovare stabilità e calma anche nel mezzo del caos. Questa stabilità interiore non è qualcosa che si sviluppa da un giorno all'altro, ma attraverso la pratica costante delle tecniche di meditazione e rilassamento, diventa una seconda natura.

Infine, è importante sottolineare che tutte queste tecniche, pur essendo estremamente efficaci, richiedono **costanza** e **pazienza**. Non si tratta di soluzioni immediate, ma di pratiche che, se integrate nella nostra vita quotidiana, portano a un cambiamento profondo e duraturo. Il processo di superare lo stress e l'ansia è un viaggio continuo, e ogni volta che torniamo alla pratica della consapevolezza, facciamo un passo in avanti verso una vita più serena e armoniosa. Le difficoltà della vita non scompariranno, ma il nostro modo di affrontarle cambierà radicalmente. Impareremo a rispondere con calma invece di reagire con paura o ansia, e svilupperemo una capacità di recupero che ci sosterrà nei momenti più difficili.

Attraverso la pratica delle tecniche di rilassamento e meditazione, non solo riduciamo lo stress a livello superficiale, ma iniziamo a trasformare il nostro modo di vivere, coltivando una pace interiore che ci accompagna in ogni momento della nostra vita. Questa è la vera essenza del percorso verso la serenità interiore: non evitare o eliminare lo stress, ma trasformarlo in un'opportunità per crescere, diventare più consapevoli e vivere con maggiore profondità e presenza.

Concludere il punto sulle tecniche di meditazione e rilassamento per superare lo stress e l'ansia richiede una riflessione completa su come queste pratiche trasformino non solo i momenti di crisi, ma anche l'intera qualità della nostra vita. Le tecniche come la meditazione sul respiro, il body scan, la meditazione camminata, la visualizzazione, la gratitudine e la gentilezza amorevole non sono solo strumenti temporanei per alleviare lo stress; esse ci offrono un approccio nuovo per vivere la vita con maggiore consapevolezza, serenità e resilienza.

Lo **stress** e l'**ansia**, fenomeni così diffusi nella vita moderna, sono spesso radicati nella nostra incapacità di rimanere presenti, di accettare ciò che non possiamo controllare e di affrontare con calma i cambiamenti inevitabili. Quando siamo costantemente proiettati nel futuro, preoccupati per ciò che potrebbe accadere, o bloccati nel passato, ripensando a ciò che avremmo potuto fare diversamente, perdiamo il contatto con l'unico momento che abbiamo davvero: il presente. Queste pratiche, invece, ci riportano costantemente al "qui e ora", insegnandoci che il modo migliore per affrontare lo stress è essere pienamente presenti in ogni momento, senza cercare di evitare o reprimere le emozioni che emergono.

Uno degli insegnamenti più profondi che emerge dalla meditazione e dalle tecniche di rilassamento è che **non possiamo controllare tutto ciò che accade nella vita**, ma possiamo sempre scegliere come rispondere. Attraverso la pratica del respiro consapevole o della meditazione camminata, impariamo a osservare la nostra mente e il nostro corpo senza giudicarli. Questa osservazione distaccata ci offre uno spazio tra lo stimolo e la nostra reazione, permettendoci di rispondere in modo più consapevole e meno impulsivo. In questo spazio risiede la nostra vera libertà: la capacità di scegliere come vivere ogni momento, invece di essere trascinati dalle circostanze esterne o dalle reazioni automatiche.

Inoltre, queste tecniche ci insegnano a **sviluppare una relazione più sana con le nostre emozioni**. Invece di temere lo stress o l'ansia, impariamo a riconoscerli come segnali naturali del corpo e della mente, indicazioni che ci invitano a prestare attenzione a noi stessi e ai nostri bisogni. Questo cambiamento di prospettiva è fondamentale perché ci libera dalla lotta interna con le emozioni negative, permettendoci di accoglierle e di trasformarle attraverso la consapevolezza. Quando smettiamo di resistere alle emozioni e iniziamo a osservarle con curiosità e compassione, scopriamo che non sono permanenti; come il respiro, anche le emozioni sorgono e svaniscono. Questa realizzazione riduce enormemente il potere dello stress e dell'ansia su di noi, permettendoci di vivere con maggiore leggerezza e serenità.

Un altro aspetto cruciale è la capacità di **creare spazi di calma** nella nostra vita quotidiana. La meditazione e il rilassamento non devono essere pratiche isolate o limitate a momenti specifici della giornata. Con il tempo, impariamo a portare la consapevolezza e la calma in ogni attività, che si tratti di camminare, mangiare, lavorare o parlare con gli altri. La consapevolezza diventa una qualità che permea ogni aspetto della nostra esistenza, trasformando anche le attività più banali in occasioni per coltivare la pace interiore. Questo ci permette di affrontare le situazioni stressanti con una mente più lucida e un cuore più aperto, riducendo la sensazione di essere sopraffatti o fuori controllo.

Inoltre, la pratica costante delle tecniche di rilassamento sviluppa una **resilienza emotiva** che ci sostiene nei momenti di difficoltà. Lo stress e l'ansia non scompaiono magicamente, ma la nostra capacità di gestirli migliora significativamente. Diventiamo meno reattivi, meno inclini a cadere nel panico o nel malessere mentale, e più capaci di rimanere centrati e calmi anche nelle situazioni di maggiore pressione. Questa resilienza non è solo una questione di forza mentale, ma deriva dalla connessione più profonda con noi stessi che coltiviamo attraverso la meditazione. Ogni volta che torniamo al respiro, che portiamo l'attenzione al corpo o che pratichiamo la gratitudine, stiamo rafforzando la nostra capacità di rimanere radicati nella calma e nella chiarezza anche quando il mondo intorno a noi è turbolento.

Infine, è importante sottolineare che queste tecniche non sono un rimedio rapido o una soluzione temporanea. Richiedono **pazienza, costanza e dedizione**. Ma con il tempo, i benefici diventano sempre più evidenti. La mente diventa più calma, il corpo più rilassato, e la vita stessa comincia a sembrare meno opprimente e più gestibile. Ogni volta che ci sediamo a meditare o pratichiamo il rilassamento, stiamo investendo nella nostra salute mentale ed emotiva a lungo termine. E questo investimento, se fatto con cura e costanza, porta a una vita più equilibrata, serena e appagante.

In conclusione, le tecniche di meditazione e rilassamento per superare lo stress e l'ansia non sono solo un insieme di strumenti pratici, ma un vero e proprio **stile di vita**. Ci insegnano a vivere con maggiore consapevolezza, a rispondere con calma alle difficoltà e a coltivare una serenità interiore che non dipende dalle circostanze esterne. Attraverso la pratica regolare, scopriamo che la pace non è qualcosa che dobbiamo cercare al di fuori di noi, ma una qualità che possiamo coltivare dentro di noi in ogni momento. Questa consapevolezza trasforma il nostro modo di vivere, permettendoci di affrontare le sfide della vita con un cuore più leggero e una mente più chiara, trovando una serenità duratura anche nel mezzo delle tempeste più difficili.

18. Il viaggio è più importante della meta: L'importanza di considerare il cammino verso la pace interiore come un percorso continuo, piuttosto che una destinazione finale.

L'idea che "il viaggio è più importante della meta" è un concetto profondamente radicato nelle tradizioni filosofiche orientali, in particolare nel Buddismo Zen. Questo principio ci invita a cambiare la nostra prospettiva sulla vita, spostando l'attenzione dall'ossessione per il raggiungimento di un obiettivo specifico, alla consapevolezza che il vero valore e significato si trovano nel cammino stesso. Quando parliamo di pace interiore, di crescita spirituale o di consapevolezza, non stiamo parlando di un punto di arrivo fisso, ma di un processo che si svolge continuamente nel presente. Ogni passo, ogni esperienza, ogni difficoltà lungo il percorso è parte integrante di ciò che significa trovare pace e armonia.

Nel contesto della ricerca della **pace interiore**, è facile cadere nella trappola di pensare che sia una destinazione da raggiungere, come una sorta di condizione permanente in cui, una volta arrivati, non sperimentiamo più ansia, stress o sofferenza. Ma il Zen ci insegna che la pace interiore non è uno stato statico o definitivo, bensì un equilibrio che va coltivato giorno per giorno, momento per momento. In questo senso, il viaggio è un processo che si rinnova costantemente. Non c'è un punto in cui possiamo dire "ho raggiunto la pace interiore e ora sono completo". Piuttosto, impariamo a vivere in modo tale da riconoscere la pace in ogni fase del percorso, anche nelle sfide e nelle difficoltà che incontriamo lungo la strada.

La **consapevolezza del momento presente** è uno degli insegnamenti chiave di questa filosofia. Quando viviamo con l'idea che solo il raggiungimento di una meta finale porterà soddisfazione, perdiamo di vista la bellezza e la profondità di ciò che sta accadendo qui e ora. La ricerca della pace interiore non è lineare e non segue una strada perfettamente pianificata. Ci saranno momenti di chiarezza e momenti di confusione, momenti di pace e momenti di turbamento. Tuttavia, ogni esperienza è parte del nostro percorso, e ognuna ci offre qualcosa di prezioso da imparare. Il viaggio ci insegna a essere più pazienti con noi stessi, ad accettare i nostri errori e a vedere i nostri successi e fallimenti come opportunità di crescita.

Nel Buddismo Zen, questo concetto è spesso rappresentato dall'idea di "pratica continua" o **shugyō**, che significa che la pratica spirituale non ha mai fine. Non c'è un punto in cui possiamo fermarci e dire di aver finito; piuttosto, la pratica della consapevolezza, della meditazione e della compassione deve essere coltivata continuamente, in ogni momento della nostra vita. Questo approccio ci invita a essere presenti in ogni passo, senza pensare troppo al futuro o essere legati al passato. Ogni azione quotidiana – che si tratti di meditare, camminare, lavorare o semplicemente respirare – diventa parte di questo viaggio verso la pace interiore.

Un'altra lezione fondamentale di questo concetto è che **non dobbiamo essere ossessionati dalla perfezione**. Spesso, l'idea di una meta ci porta a credere che ci sia una versione perfetta di noi stessi o della nostra vita da raggiungere, e che finché non lo facciamo, non siamo completi. Ma il viaggio ci insegna che la perfezione non è reale. Ogni giorno siamo chiamati a confrontarci con le nostre imperfezioni, con le nostre vulnerabilità e limiti, ed è proprio in questo confronto che scopriamo la nostra vera forza. La pace interiore non si trova nel tentativo di diventare qualcuno di perfetto o di eliminare ogni traccia di negatività dalla nostra vita, ma nell'accettare la nostra umanità e nell'imparare a vivere con maggiore equilibrio e saggezza nonostante le imperfezioni.

Inoltre, l'enfasi sul viaggio piuttosto che sulla meta ci invita a **sperimentare la vita con maggiore leggerezza e curiosità**. Quando siamo troppo concentrati sul raggiungimento di un obiettivo, rischiamo di perdere la capacità di apprezzare le piccole cose che accadono lungo la strada. La ricerca della pace interiore non deve essere vista come un compito gravoso, ma come un'avventura continua, dove ogni giorno ci offre nuove opportunità per imparare e crescere. Invece di essere focalizzati solo sul risultato finale, possiamo imparare a gioire del processo stesso, a trovare gratitudine in ogni piccolo passo avanti, anche se sembra insignificante.

Un esempio classico di questo approccio si trova nella **meditazione Zen**. La meditazione non è finalizzata a raggiungere un punto di illuminazione definitiva, ma è una pratica che si rinnova ogni giorno, ogni volta che ci sediamo a meditare. Non si tratta di arrivare a uno stato perfetto di calma o concentrazione, ma di osservare il processo di respirare, di essere presenti, di notare i pensieri che sorgono e poi lasciarli andare. Questo è il cuore del viaggio: non si tratta di evitare i pensieri o le distrazioni, ma di essere presenti con essi e di imparare a navigare nella realtà della nostra mente senza giudizio.

Anche la **metafora del cammino Zen** illustra questo concetto. Nella tradizione Zen, si parla spesso di "percorrere il sentiero" o di "seguire la via". Questo suggerisce che la pratica spirituale e la ricerca della pace interiore non sono mai completate, ma sono un movimento continuo. Ogni passo sul sentiero è importante quanto il passo precedente o quello successivo, e non esiste un passo "sbagliato". Ogni deviazione, ogni ostacolo, fa parte del viaggio, e spesso sono proprio le difficoltà a insegnarci le lezioni più preziose. Il sentiero stesso è la meta, e il valore non risiede solo nell'arrivare da qualche parte, ma nel modo in cui camminiamo ogni giorno.

Un altro aspetto che il concetto del viaggio evidenzia è l'importanza della **resilienza**. Se vediamo il percorso verso la pace interiore come un cammino continuo, diventiamo più tolleranti verso le battute d'arresto e gli ostacoli. Invece di vedere le difficoltà come fallimenti o deviazioni, possiamo vederle come parte naturale del processo. Ogni volta che inciampiamo, che ci sentiamo persi o scoraggiati, stiamo semplicemente vivendo un aspetto diverso del viaggio. La resilienza non consiste nel non cadere mai, ma nel rialzarsi ogni volta, consapevoli che ogni ostacolo può insegnarci qualcosa di prezioso su noi stessi e sulla vita. Questo atteggiamento ci aiuta a coltivare una pace interiore che non dipende dall'assenza di problemi, ma dalla nostra capacità di affrontarli con saggezza e serenità.

Infine, considerare il viaggio più importante della meta ci aiuta a sviluppare una profonda **pazienza**. In un mondo che ci spinge costantemente a ottenere risultati immediati e a misurare il nostro valore in base a ciò che abbiamo raggiunto, il Zen ci insegna che la crescita personale e spirituale richiede tempo, dedizione e costanza. La pace interiore non si conquista in un giorno, e non ci sono scorciatoie. È un processo graduale che si sviluppa a poco a poco, attraverso piccole scelte quotidiane, attraverso momenti di riflessione e attraverso il continuo impegno a essere presenti nella nostra vita. La pazienza è una virtù che ci permette di apprezzare il viaggio per quello che è, senza fretta di arrivare da nessuna parte.

In conclusione, l'importanza del viaggio rispetto alla meta è un concetto che ci invita a vivere con maggiore consapevolezza e gratitudine, riconoscendo che ogni passo del nostro cammino, ogni esperienza, è parte integrante della nostra ricerca della pace interiore. Non esiste un punto finale in cui tutto diventa perfetto, ma c'è un continuo evolversi, un continuo apprendimento e una continua scoperta di noi stessi. Quando comprendiamo che il viaggio è la vera essenza della pace interiore, iniziamo a vivere con maggiore serenità, accettando il cambiamento, le difficoltà e le gioie come parte di un flusso in cui ogni momento ha valore.

Il concetto che "il viaggio è più importante della meta" è profondamente trasformativo, perché ci insegna a vedere la vita in un modo completamente diverso da quello a cui siamo abituati. La nostra cultura spesso enfatizza il raggiungimento di obiettivi specifici: accumulare risultati, raggiungere traguardi, ottenere riconoscimenti. Questo ci spinge a vivere con una costante tensione verso il futuro, perdendo di vista l'esperienza del presente. Siamo portati a credere che la nostra felicità dipenda dall'arrivare da qualche parte, che sia in termini di successo personale, crescita spirituale, o anche solo pace interiore. Ma il Buddismo Zen e altre tradizioni spirituali ci invitano a ribaltare questa prospettiva: non è l'arrivo che conta, ma ogni passo che facciamo lungo il cammino.

Il viaggio, inteso come processo continuo, ci riporta all'importanza della **presenza nel momento presente**. Invece di vivere nella costante tensione di raggiungere qualcosa, possiamo imparare a godere di ogni istante del nostro percorso. Questa è una lezione difficile da interiorizzare, perché la nostra mente è naturalmente predisposta a proiettarsi nel futuro, a pianificare, a desiderare di raggiungere mete sempre nuove. Tuttavia, il vero senso di pace e appagamento non si trova nell'arrivo, ma nell'atteggiamento con cui affrontiamo il cammino. Quando spostiamo il nostro focus dal futuro al presente, scopriamo che ogni passo, anche quelli che sembrano insignificanti o difficili, ha un suo valore intrinseco.

Un esempio pratico di questo è la **pratica della meditazione Zen**, che incarna perfettamente l'importanza del viaggio rispetto alla meta. Durante la meditazione, non c'è un obiettivo finale da raggiungere, non c'è un momento in cui possiamo dire di aver "completato" la meditazione. Il valore di questa pratica risiede nell'atto stesso di sedersi, respirare e osservare i propri pensieri e sensazioni. La mente vagherà, sarà distratta da mille pensieri, ma ogni volta che ritorniamo al respiro, stiamo coltivando la nostra capacità di essere presenti. Non si tratta di raggiungere uno stato di perfezione o di eliminare completamente i pensieri, ma di coltivare la consapevolezza di ciò che accade in ogni momento. Questa è la vera essenza del viaggio: essere presenti con tutto ciò che emerge, senza cercare di forzare un risultato specifico.

In questo senso, il concetto del viaggio diventa anche una potente metafora per la **crescita personale e spirituale**. Quando vediamo la nostra vita come un viaggio continuo, impariamo a non giudicare i nostri progressi basandoci su quanto siamo vicini a una meta prefissata. Invece, possiamo vedere ogni esperienza, ogni errore, ogni successo come parte di un processo in evoluzione. Ogni passo, anche quelli che ci portano apparentemente indietro o ci fanno deviare dal percorso che avevamo immaginato, ha qualcosa da insegnarci. In questo modo, il viaggio diventa un'esperienza di apprendimento costante, dove non c'è bisogno di avere tutte le risposte, ma solo di essere aperti a ciò che la vita ci presenta in ogni momento.

Un altro aspetto importante di questa filosofia è la **riduzione dell'ansia** legata alla necessità di raggiungere risultati specifici. Quando vediamo la vita come un percorso continuo e non come una serie di traguardi da conquistare, ci liberiamo dal peso dell'aspettativa. L'ansia e lo stress spesso derivano dal nostro desiderio di controllare il risultato, di garantire che ogni azione ci avvicini a un obiettivo specifico. Ma il viaggio ci insegna che non possiamo sempre controllare come le cose andranno a finire. Possiamo solo controllare il modo in cui affrontiamo il momento presente. Quando ci rendiamo conto che non dobbiamo correre per arrivare da nessuna parte, possiamo iniziare a rilassarci, ad accettare il ritmo naturale della vita e a goderci il viaggio senza la pressione costante di "fare progressi" visibili.

Questa prospettiva ci aiuta anche a coltivare una maggiore **pazienza** con noi stessi e con gli altri. Se vediamo la vita come un viaggio continuo, possiamo abbracciare i nostri fallimenti e le nostre imperfezioni come parte naturale del processo. Non c'è bisogno di giudicarci duramente o di sentirci frustrati quando le cose non vanno come previsto. Invece di vedere ogni ostacolo come un segno di fallimento, possiamo vederlo come un'opportunità per apprendere qualcosa di nuovo e per crescere. Questa attitudine di pazienza si estende anche agli altri: quando riconosciamo che tutti stanno percorrendo il proprio viaggio unico, possiamo sviluppare una maggiore empatia e comprensione verso chi ci circonda.

Il concetto che il viaggio è più importante della meta ci invita anche a rivalutare il nostro **rapporto con il tempo**. Nella società moderna, siamo abituati a pensare al tempo in termini di efficienza e produttività: quanto riusciamo a realizzare in un dato lasso di tempo? Tuttavia, il viaggio ci insegna che il tempo non deve essere sfruttato solo per raggiungere un risultato. Ogni momento ha un valore intrinseco, indipendentemente da ciò che realizziamo o da dove stiamo andando. Questo cambiamento di prospettiva ci permette di rallentare, di vivere ogni momento in modo più pieno e consapevole, senza l'ansia di dover sempre correre verso il prossimo traguardo.

Inoltre, vedere la vita come un viaggio continuo ci invita a **abbracciare l'incertezza**. Quando siamo troppo concentrati sulla meta, tendiamo a voler prevedere e controllare ogni dettaglio del nostro cammino. Ma la verità è che la vita è intrinsecamente incerta, e non possiamo mai sapere esattamente dove ci porterà il prossimo passo. Abbracciare il viaggio significa essere disposti ad accogliere l'ignoto, ad accettare che non tutto può essere pianificato e che a volte le deviazioni dal percorso originale ci portano alle scoperte più importanti. Questa capacità di navigare l'incertezza con apertura e curiosità è una delle chiavi per coltivare una pace interiore duratura.

Il **non attaccamento** è un altro insegnamento fondamentale legato al concetto del viaggio. Quando ci attacchiamo troppo a una meta specifica, creiamo una tensione interna. Diventiamo ansiosi di raggiungere ciò che desideriamo e, allo stesso tempo, temiamo di fallire. Il non attaccamento ci insegna a lasciare andare questa tensione e a vivere ogni momento senza aggrapparci ai risultati. Possiamo avere obiettivi, naturalmente, ma non dobbiamo definire il nostro valore o la nostra felicità in base a quanto ci avviciniamo a questi obiettivi. Invece, impariamo a vivere il processo con gioia e a trovare soddisfazione nel semplice fatto di essere presenti.

Questa visione del viaggio come qualcosa di più importante della meta è collegata anche alla pratica della **gratitudine**. Quando siamo focalizzati solo sull'arrivo, tendiamo a ignorare le piccole benedizioni che si presentano lungo il percorso. Ogni momento, ogni incontro, ogni esperienza, positiva o negativa, ha qualcosa da offrire, e quando impariamo a vedere il valore in ogni fase del viaggio, sviluppiamo una profonda gratitudine per la vita stessa. La gratitudine non è qualcosa che riserviamo solo per i momenti di successo o felicità, ma diventa una qualità che portiamo con noi in ogni istante, riconoscendo che anche le sfide sono opportunità di crescita.

Inoltre, la **flessibilità** è un elemento chiave nel concetto del viaggio. Quando vediamo la vita come un cammino, impariamo a essere flessibili di fronte agli imprevisti e ai cambiamenti. Non ci sentiamo più bloccati o frustrati quando le cose non vanno come previsto, perché sappiamo che ogni deviazione è parte del nostro processo di evoluzione. La flessibilità ci permette di adattarci ai cambiamenti con grazia, di accogliere le nuove direzioni con curiosità invece che con resistenza. Questa capacità di essere flessibili e aperti rende il viaggio molto più fluido e meno stressante.

In sintesi, considerare il viaggio più importante della meta ci offre una prospettiva completamente nuova sulla vita. Ci libera dall'ossessione per il risultato, ci insegna a vivere nel presente, a sviluppare pazienza e non attaccamento, a coltivare la gratitudine e la flessibilità. Ci permette di vedere ogni momento come prezioso, di apprezzare ogni passo del nostro cammino e di affrontare la vita con maggiore serenità e saggezza. Non si tratta di rinunciare agli obiettivi, ma di riconoscere che il vero valore non si trova solo nell'arrivare, ma nel modo in cui viviamo ogni istante lungo il percorso.

Il concetto che "il viaggio è più importante della meta" continua a offrirci una prospettiva vasta e sfaccettata, una riflessione che può estendersi a molti aspetti della nostra esistenza. È un tema che si ritrova non solo nella filosofia Zen, ma in numerose altre tradizioni e approcci alla vita che invitano alla consapevolezza e all'accettazione del presente. Questo principio ci ricorda che, nel nostro cammino verso la crescita personale, il miglioramento o la ricerca della pace interiore, non è tanto il risultato finale che conta, quanto il modo in cui attraversiamo ogni fase del percorso.

Esplorare questo concetto ci invita a ripensare il nostro **rapporto con le aspettative**. Spesso viviamo la nostra vita cercando di raggiungere obiettivi specifici: successo professionale, relazioni ideali, stati di benessere perfetti. Tuttavia, una delle sfide più grandi è riconoscere che queste aspettative possono diventare ostacoli, poiché ci portano a proiettare la nostra felicità in un futuro ipotetico, sottraendo valore e significato al presente. Se la nostra gioia e soddisfazione sono sempre legate a un evento futuro – il raggiungimento di un certo stato, la realizzazione di un desiderio o la risoluzione di un problema – rischiamo di vivere in una continua insoddisfazione, sempre in attesa che arrivi "quel momento" in cui tutto sarà finalmente a posto.

Questo ci conduce al cuore del concetto Zen, secondo cui la vera **pace interiore** non è qualcosa che si raggiunge una volta per tutte. È un processo, una pratica quotidiana che ci accompagna in ogni istante. Vivere il viaggio, piuttosto che concentrarsi ossessivamente sulla meta, significa imparare ad accogliere ogni esperienza per quello che è, senza giudizio o aspettativa. Quando accettiamo che la vita è fatta di cambiamenti continui, con momenti di serenità e altri di difficoltà, impariamo a non cercare una perfezione che non esiste. La pace interiore diventa allora uno stato dinamico, non un obiettivo statico.

Un altro aspetto importante di questa riflessione è la **capacità di apprezzare il processo di apprendimento**. Quando vediamo la vita come un viaggio continuo, comprendiamo che ogni esperienza, anche quelle che sembrano errori o fallimenti, ci sta insegnando qualcosa. Se siamo troppo concentrati sulla meta, possiamo facilmente diventare impazienti o frustrati quando le cose non vanno come speravamo. Ma se impariamo a vedere il viaggio come parte integrante della nostra crescita, cominciamo a capire che ogni passo, anche quelli che sembrano inutili o faticosi, ha il suo valore. Ogni momento diventa un'opportunità per imparare di più su noi stessi, sul mondo e sulla nostra capacità di adattarci e rispondere alle sfide.

Il viaggio, dunque, diventa un atto di **auto-esplorazione costante**. Ogni volta che ci confrontiamo con un ostacolo o con una difficoltà, non stiamo solo cercando di superarlo, ma stiamo anche esplorando nuove parti di noi stessi. Le difficoltà ci costringono a guardare dentro, a riflettere su come reagiamo alle situazioni, su quali aspetti della nostra mente o del nostro carattere possiamo sviluppare ulteriormente. In questo senso, il viaggio non è mai lineare o prevedibile, ma è sempre un percorso di scoperta, un invito a crescere e a evolvere in modi che non avremmo potuto immaginare.

Un altro elemento chiave di questo concetto è il **rilascio del bisogno di controllo**. Quando siamo ossessionati dalla meta, ci ritroviamo spesso a cercare di controllare ogni dettaglio del nostro viaggio per far sì che tutto vada secondo i nostri piani. Ma il viaggio ci insegna che non possiamo controllare ogni cosa: ci saranno sempre variabili fuori dal nostro controllo, eventi imprevisti, deviazioni inaspettate. Accettare il viaggio significa accettare anche l'incertezza e imparare a fidarci del processo, sapendo che ogni passo, anche quelli che ci sembrano difficili o scomodi, ci porta verso una comprensione più profonda.

Questa accettazione del viaggio si collega anche al concetto di **impermanenza**, uno dei pilastri del pensiero buddista. Nulla nella vita è permanente: le nostre esperienze, le nostre emozioni, le persone che incontriamo, tutto è in continuo mutamento. Quando abbracciamo l'idea che il viaggio è più importante della meta, ci apriamo alla consapevolezza dell'impermanenza. Invece di aggrapparci a un risultato specifico o a un'idea fissa di come le cose dovrebbero essere, impariamo a fluire con il cambiamento, a vivere con leggerezza, sapendo che ogni fase del nostro cammino ha il suo significato, anche se non sempre ne comprendiamo subito il senso.

Un altro aspetto interessante del concetto di viaggio è che ci incoraggia a **cambiare il nostro rapporto con il tempo**. Spesso vediamo il tempo come una risorsa da gestire, qualcosa che scorre e che dobbiamo sfruttare al massimo per ottenere il più possibile. Questo atteggiamento può portare a vivere in uno stato di costante fretta, come se non avessimo mai abbastanza tempo per raggiungere i nostri obiettivi. Tuttavia, quando ci concentriamo sul viaggio piuttosto che sulla meta, cominciamo a vedere il tempo non come qualcosa che deve essere riempito di attività, ma come uno spazio che ci permette di vivere più pienamente ogni momento. Invece di essere schiavi dell'orologio, impariamo a rallentare, a essere presenti e a dare valore a ogni istante.

Questo ci conduce a una riflessione più profonda sulla **qualità del tempo** che trascorriamo. Quando siamo ossessionati dalla meta, il tempo che impieghiamo per arrivarci può sembrare un ostacolo da superare. Ma se vediamo il viaggio come il vero scopo, ogni istante del tempo trascorso diventa prezioso. Non si tratta più di quanto velocemente possiamo raggiungere un obiettivo, ma di come possiamo vivere ogni momento con pienezza e consapevolezza. Questo cambiamento di prospettiva ci permette di vivere con meno stress e ansia, poiché smettiamo di misurare la nostra vita in termini di ciò che abbiamo raggiunto, e cominciamo a misurarla in termini di come l'abbiamo vissuta.

Un altro aspetto da considerare è che quando ci concentriamo sul viaggio, sviluppiamo una maggiore **compassione verso noi stessi**. Quando siamo troppo focalizzati sulla meta, è facile cadere nella trappola del giudizio: se non raggiungiamo ciò che ci siamo prefissati, ci sentiamo falliti, inadeguati o insufficienti. Ma il viaggio ci insegna che la crescita personale e la pace interiore non sono lineari, e che è naturale inciampare, sbagliare o deviare dal percorso. Questa comprensione ci permette di essere più gentili con noi stessi, di accettare i nostri limiti e di riconoscere che ogni passo, anche quelli apparentemente sbagliati, ci sta insegnando qualcosa di importante.

Il viaggio, quindi, non è solo un cammino verso una destinazione finale, ma una **scoperta continua** di chi siamo, di cosa vogliamo veramente e di come possiamo vivere in modo più autentico e significativo. È un processo che ci invita a lasciar andare il bisogno di avere tutte le risposte, ad abbracciare l'incertezza con curiosità e apertura, e a vivere con gratitudine per ogni esperienza che incontriamo lungo il percorso. Invece di cercare di controllare ogni aspetto della nostra vita o di giudicarci in base ai risultati ottenuti, possiamo imparare a vivere con leggerezza, a lasciare che il viaggio ci guidi, sapendo che ogni fase del percorso ha il suo valore.

Il concetto che "il viaggio è più importante della meta" ci invita anche a riflettere su come possiamo portare questa consapevolezza nelle nostre relazioni con gli altri. Spesso siamo tentati di vedere le relazioni come qualcosa da "costruire" o da "perfezionare", con l'obiettivo di raggiungere un certo livello di intimità o stabilità. Ma quando vediamo le relazioni come un viaggio, comprendiamo che non esiste una meta finale. Ogni relazione evolve e cambia nel tempo, e ciò che conta non è arrivare a un punto preciso, ma il modo in cui viviamo e coltiviamo il rapporto giorno per giorno. Questa prospettiva ci aiuta a essere più presenti e più autentici con le persone che amiamo, senza la pressione di dover raggiungere uno stato perfetto o ideale.

In definitiva, vivere il viaggio significa abbracciare ogni momento della nostra esistenza con apertura, curiosità e accettazione. Non si tratta di rinunciare agli obiettivi o alle aspirazioni, ma di riconoscere che la vera ricchezza della vita si trova nel modo in cui attraversiamo il cammino, non solo nell'arrivare a una meta. Ogni passo è un'opportunità per imparare, crescere e vivere con maggiore consapevolezza. Il viaggio è l'essenza stessa della vita, e quando impariamo ad accoglierlo con tutto ciò che comporta, scopriamo una profonda pace interiore che non dipende dal raggiungimento di un risultato finale, ma dal modo in cui viviamo ogni istante del nostro cammino.

Concludere il punto sul concetto che "il viaggio è più importante della meta" richiede una riflessione completa che tocchi ogni aspetto del nostro approccio alla vita, al cambiamento e alla crescita personale. Questo principio ci invita a ripensare il nostro modo di affrontare la quotidianità e le aspirazioni, spostando l'attenzione dalla necessità di ottenere risultati definitivi all'importanza di vivere pienamente ogni momento del percorso.

In una società che pone grande enfasi sul raggiungimento di obiettivi, spesso ci troviamo a pensare che la nostra felicità, realizzazione o pace interiore arriveranno solo quando avremo raggiunto una certa meta, come il successo professionale, una relazione perfetta o una condizione di stabilità emotiva. Tuttavia, il vero valore della vita, come ci insegna la filosofia Zen e molte altre tradizioni, non risiede nel risultato finale, ma in ogni passo che compiamo lungo il cammino.

Il viaggio, in questo senso, non è una semplice metafora, ma una realtà profonda che ci invita a riconsiderare il nostro rapporto con il tempo, con il cambiamento e con noi stessi. Quando smettiamo di vedere la meta come l'unica fonte di realizzazione e impariamo a valorizzare il processo, scopriamo che la vita è fatta di momenti preziosi e che ogni istante può essere vissuto con consapevolezza, curiosità e gratitudine. Ogni esperienza, anche le sfide, gli ostacoli e i fallimenti, contribuisce a costruire chi siamo e ci offre opportunità di apprendimento e crescita.

Uno dei benefici principali di questa mentalità è la **riduzione dello stress e dell'ansia**. Quando ci liberiamo dalla pressione di dover raggiungere una meta specifica o di dover essere perfetti, ci concediamo lo spazio per vivere con maggiore leggerezza. Non siamo più costantemente preoccupati di "arrivare", perché comprendiamo che non c'è un punto d'arrivo definitivo; la vita è un flusso continuo, e ogni momento è parte di un'evoluzione personale. Questo ci consente di affrontare le difficoltà con maggiore serenità, sapendo che ogni ostacolo è una parte naturale del nostro percorso e non un segno di fallimento. Questa prospettiva ci permette di accettare noi stessi e le nostre imperfezioni, riconoscendo che la crescita è un processo che si svolge giorno dopo giorno, senza fretta.

Il concetto di viaggio è strettamente legato anche al **non attaccamento**. Quando ci fissiamo troppo su una meta, rischiamo di diventare ossessionati dal risultato e di legare la nostra autostima e felicità al raggiungimento di quel traguardo. Questo atteggiamento crea tensione e sofferenza, perché ci pone in una condizione di continua insoddisfazione finché non otteniamo ciò che desideriamo. Il viaggio, invece, ci insegna a lasciar andare queste aspettative rigide, ad accettare che le cose potrebbero non andare come previsto, e che va bene così. Questo rilascio dell'attaccamento ci porta una maggiore flessibilità mentale ed emotiva, permettendoci di adattarci meglio ai cambiamenti inevitabili della vita e di trovare gioia anche nelle situazioni che non corrispondono esattamente ai nostri piani.

Il **concetto di impermanenza** è un altro elemento chiave che emerge da questa visione del viaggio. Niente nella vita è statico o permanente, e questo include i nostri desideri, obiettivi e persino le nostre emozioni. Quando vediamo il viaggio come l'aspetto più importante, riconosciamo che la vita è in costante mutamento e che è inutile aggrapparsi a una visione fissa di ciò che dovremmo essere o di dove dovremmo arrivare. Questo ci invita a vivere con maggiore presenza e a essere più aperti ai cambiamenti, sapendo che ogni fase del percorso ha qualcosa da insegnarci. L'impermanenza, lungi dall'essere una fonte di ansia, diventa allora un'opportunità per accogliere il cambiamento con curiosità e apertura, sapendo che nulla rimane uguale per sempre, nemmeno le difficoltà.

Un altro aspetto fondamentale che emerge da questo concetto è la **pazienza**. Vivendo il viaggio, impariamo che la crescita personale e la pace interiore richiedono tempo e dedizione. Non esiste una scorciatoia per raggiungere un punto in cui tutto è perfetto e stabile. La pazienza ci permette di accettare il ritmo naturale del nostro sviluppo, di essere più gentili con noi stessi e di non giudicarci per i momenti in cui ci sembra di non fare progressi. Questo atteggiamento di pazienza si estende anche verso gli altri, poiché comprendiamo che ognuno è impegnato nel proprio viaggio, con i suoi tempi e le sue sfide.

Inoltre, vedere la vita come un viaggio continuo ci aiuta a sviluppare una maggiore **compassione**. Quando riconosciamo che tutti stanno percorrendo il proprio cammino unico, con le loro difficoltà e le loro gioie, siamo meno inclini a giudicare gli altri e più propensi a offrire sostegno e comprensione. Questo atteggiamento compassionevole si riflette anche verso noi stessi, poiché impariamo a perdonarci per i nostri errori e a non essere troppo duri con noi stessi quando le cose non vanno come speravamo.

Infine, concludendo questo punto, è essenziale comprendere che vivere il viaggio non significa rinunciare agli obiettivi o alle aspirazioni, ma cambiare il nostro rapporto con essi. Possiamo continuare a coltivare sogni, desideri e progetti, ma senza legare la nostra felicità esclusivamente al loro raggiungimento. Il vero valore sta nel modo in cui viviamo ogni momento lungo il cammino: con consapevolezza, apertura e gratitudine. Questo atteggiamento ci permette di vivere una vita più ricca e soddisfacente, dove non siamo costantemente in tensione per il futuro, ma possiamo godere del presente in tutta la sua complessità e bellezza.

Quando comprendiamo pienamente che il viaggio è più importante della meta, scopriamo una nuova serenità interiore. Non c'è bisogno di correre, di affannarci, di giudicare il nostro progresso. Possiamo semplicemente essere, vivere il momento, accettare ciò che è e fidarci del fatto che ogni passo lungo il nostro cammino ha un significato, anche quando non lo vediamo immediatamente. Questa è la vera essenza del viaggio: un processo continuo di scoperta, accettazione e crescita, che ci accompagna per tutta la vita e che, momento dopo momento, ci porta a una comprensione sempre più profonda di noi stessi e del mondo che ci circonda.

19. Storie Zen sul viaggio interiore: Racconti che illustrano come la ricerca della pace interiore sia un processo continuo di scoperta e trasformazione.

Le storie Zen sono ricche di insegnamenti profondi che illustrano come la ricerca della pace interiore sia un viaggio continuo, un processo senza fine di scoperta, accettazione e trasformazione personale. Questi racconti, spesso semplici ma altamente simbolici, ci mostrano che il vero cambiamento interiore avviene non quando cerchiamo di raggiungere un traguardo finale, ma quando abbracciamo il viaggio stesso come una fonte di apprendimento costante. Ogni storia Zen ha il potere di offrire una nuova prospettiva, un modo diverso di comprendere il significato del viaggio interiore, e di ricordarci che la crescita personale non è lineare, ma un continuo processo di evoluzione.

Una delle storie più emblematiche in questo contesto è quella del **maestro e del vaso rotto**. Un giovane discepolo viveva in un monastero Zen ed era estremamente attento e devoto nelle sue pratiche quotidiane. Un giorno, durante le pulizie, accidentalmente fece cadere un vaso prezioso che si ruppe in mille pezzi. Spaventato, si precipitò dal maestro, sperando che potesse risolvere il problema. Il maestro, osservando il discepolo e i frammenti del vaso, disse: "Il vaso era già rotto."
Questa breve ma potente affermazione racchiude l'essenza del viaggio interiore: nulla è mai davvero statico o permanente, e ciò che consideriamo errori o fallimenti sono in realtà parte del percorso naturale. Il vaso rappresenta l'illusione di stabilità e perfezione che spesso cerchiamo nella nostra vita interiore, ma il maestro ci ricorda che tutto è impermanente, e che accettare questa realtà è una delle chiavi per trovare la pace interiore. Il discepolo, spaventato dal suo errore, scopre attraverso l'insegnamento del maestro che anche le rotture e le fratture sono parte del viaggio. Questa consapevolezza gli permette di abbracciare il processo di crescita senza cercare di raggiungere uno stato di perfezione immutabile.

Un altro racconto Zen che illustra magnificamente il concetto di viaggio interiore è quello del **monaco e del fiume**. Un giorno, un giovane monaco chiese al suo maestro Zen: "Maestro, quando troverò la pace interiore?" Il maestro, anziché rispondere direttamente, invitò il monaco a sedersi accanto a un fiume che scorreva vicino al tempio. "Osserva l'acqua," disse il maestro. "Vedi come scorre costantemente, senza fermarsi mai? A volte è calma, a volte incontra delle rocce, ma continua sempre a fluire."

Il monaco osservò il fiume e iniziò a comprendere: la pace interiore non è una destinazione che si raggiunge una volta per tutte, ma un flusso continuo, proprio come l'acqua del fiume. Ci saranno momenti di serenità e momenti di turbolenza, ma l'importante è continuare a fluire, senza fermarsi. Questa storia ci insegna che il viaggio interiore non ha un punto finale. La vera pace non è l'assenza di difficoltà, ma la capacità di fluire con la vita, accettando sia i momenti di calma che quelli di tempesta, senza cercare di trattenere nulla.

Un altro racconto Zen che illustra il viaggio interiore è quello del **maestro e della porta chiusa**. Un monaco anziano aveva trascorso anni meditando e studiando, ma sentiva di non aver ancora raggiunto l'illuminazione. Andò quindi dal suo maestro e disse: "Maestro, ho fatto tutto quello che mi è stato insegnato. Ho meditato ogni giorno, ho osservato le regole, ma non sento di aver raggiunto la pace interiore. Quando potrò entrare nella stanza dell'illuminazione?" Il maestro sorrise e rispose: "La porta è già aperta. Sei tu che continui a cercare una chiave."

Questa storia ci invita a riflettere sull'idea che spesso, nella nostra ricerca della pace interiore, siamo noi stessi a crearci ostacoli. Siamo così concentrati sull'idea di dover "arrivare" a un certo stato di illuminazione o tranquillità, che non vediamo che la porta è già aperta. Il viaggio interiore non consiste nel cercare di raggiungere un obiettivo finale, ma nel rendersi conto che la pace che cerchiamo è già presente dentro di noi, se solo smettiamo di cercare fuori e accettiamo il presente così com'è.

Un racconto Zen che evidenzia la natura del viaggio interiore come un processo di trasformazione costante è quello del **bambù spezzato**. Un giovane monaco si lamentava continuamente con il suo maestro perché non riusciva a mantenere la calma durante la meditazione. Il maestro, allora, gli diede un giovane bambù e gli disse: "Ogni giorno,

osserva come cresce." Il monaco, frustrato dall'esercizio, dopo qualche tempo tornò dal maestro e disse: "Non capisco, maestro. Ogni giorno osservo il bambù, ma non vedo alcun cambiamento."
Il maestro, con calma, rispose: "La crescita è invisibile a chi la guarda solo da vicino. Solo quando guarderai indietro ti renderai conto di quanto sia cresciuto."
Questo racconto sottolinea un altro aspetto fondamentale del viaggio interiore: la crescita e la trasformazione avvengono lentamente, spesso senza che ce ne rendiamo conto. Siamo così concentrati sui nostri progressi immediati che non vediamo il cambiamento che sta avvenendo a un livello più profondo. Solo con il tempo, quando ci guardiamo indietro, ci rendiamo conto di quanto siamo cresciuti e di quanto siamo cambiati. La ricerca della pace interiore è simile: non è un cambiamento improvviso, ma un processo che si sviluppa gradualmente, attraverso ogni piccola esperienza, ogni pensiero, ogni respiro.

Un altro racconto Zen che enfatizza l'importanza del viaggio interiore come processo di scoperta è la **storia del guerriero e del monaco**. Un giorno, un feroce guerriero andò da un monaco Zen e gli chiese di insegnargli cosa fosse il paradiso e l'inferno. Il monaco, senza battere ciglio, rispose: "Tu? Un guerriero stupido come te non potrebbe mai comprendere concetti così profondi." Il guerriero, ferito nell'orgoglio, estrasse la spada e urlò: "Come osi insultarmi? Potrei ucciderti all'istante!"
Il monaco, con calma, rispose: "Ecco, questo è l'inferno."
Sorpreso dalla calma del monaco e dalla profondità del suo insegnamento, il guerriero abbassò la spada e si inchinò in segno di rispetto. Il monaco allora disse: "E questo è il paradiso."
Questa storia ci mostra come il viaggio interiore sia un processo di continua scoperta e rivelazione. Il guerriero, che inizialmente cerca risposte fuori di sé, scopre che paradiso e inferno non sono luoghi esterni, ma stati mentali che possiamo creare noi stessi, attraverso le nostre reazioni e la nostra consapevolezza. Questo viaggio di scoperta ci invita a guardare dentro di noi, a riconoscere le nostre emozioni e a trasformarle in opportunità di crescita e comprensione.

Infine, la storia di **Joshu e il tè** è un altro esempio che illustra l'essenza del viaggio interiore. Un monaco chiese al maestro Joshu: "Qual è la via per trovare la pace?" Joshu rispose: "Hai bevuto il tuo

tè?" Il monaco, confuso, rispose: "Sì, maestro."
Joshu allora disse: "Allora vai a lavare la tua tazza."
Questo racconto ci ricorda che la ricerca della pace interiore non richiede azioni straordinarie o esperienze mistiche. Il viaggio interiore si svolge nelle semplici azioni quotidiane, nella consapevolezza che portiamo a ogni gesto. Lavare una tazza può sembrare un atto banale, ma se fatto con piena consapevolezza, diventa parte del nostro processo di trasformazione e scoperta. Il viaggio interiore non richiede di allontanarsi dal mondo o di cercare risposte in luoghi remoti, ma di vivere ogni momento con presenza e apertura.

In conclusione, le storie Zen sul viaggio interiore ci insegnano che la ricerca della pace interiore è un processo continuo di scoperta, accettazione e trasformazione. Non si tratta di raggiungere una meta finale, ma di vivere pienamente ogni passo del cammino, accogliendo con gratitudine le sfide e le opportunità di crescita che incontriamo lungo il percorso. Questi racconti ci invitano a vedere il viaggio non come un mezzo per arrivare da qualche parte, ma come una fonte infinita di apprendimento e comprensione, che ci accompagna per tutta la vita.

Le storie Zen sul viaggio interiore sono tra i mezzi più efficaci per rivelare come la pace e la consapevolezza non siano mete statiche, ma percorsi di scoperta senza fine. Queste storie ci aiutano a capire che ogni esperienza che viviamo, ogni incontro, ogni sfida o ostacolo è parte di un viaggio personale in costante evoluzione. Il cammino interiore non è un viaggio lineare, e queste storie ci mostrano che l'illuminazione e la serenità non sono raggiungimenti finali, ma stati momentanei che possiamo toccare solo se viviamo in sintonia con il presente. Il vero obiettivo non è quindi "arrivare" in qualche luogo perfetto, ma imparare a essere presenti e ad accogliere ogni momento per ciò che è, scoprendo, strada facendo, nuove sfumature della nostra essenza interiore.

Un racconto particolarmente significativo in questo contesto è quello di **Tesshu e l'illuminazione mancata**. Tesshu era un giovane samurai che, frustrato dalla propria incapacità di raggiungere l'illuminazione nonostante anni di pratica, decise di recarsi da un famoso maestro Zen. Dopo aver passato settimane intere a meditare

senza risultati, Tesshu si sentì profondamente scoraggiato. Andò dal maestro e chiese: "Perché, nonostante tutti i miei sforzi, non riesco a trovare la pace interiore? Ho seguito tutte le istruzioni, ho meditato con intensità, eppure continuo a essere assalito da dubbi e incertezze." Il maestro sorrise e gli rispose: "Tesshu, la pace non è qualcosa che puoi ottenere con la forza o con la perseveranza. Finché cercherai di afferrarla, ti sfuggirà. Lascia andare il desiderio di illuminazione, e scoprirai che la pace che cerchi è già dentro di te."
Questa storia illustra una lezione fondamentale sul viaggio interiore: la vera pace non può essere forzata o raggiunta attraverso la volontà pura. La trasformazione interiore avviene quando ci arrendiamo alla realtà del presente, senza cercare di controllare o manipolare il processo. Tesshu, cercando con tutta la sua forza, non riusciva a vedere che la stessa tensione creata dal suo desiderio di pace era ciò che lo stava allontanando dal risultato che cercava.

Un altro racconto potente è quello della **luna riflessa nell'acqua**. In questo racconto, un maestro Zen camminava con uno dei suoi discepoli lungo un lago tranquillo. Il discepolo, giovane e impaziente, chiese al maestro: "Quando troverò la saggezza e la pace interiore?" Il maestro indicò la superficie del lago, dove la luna si rifletteva perfettamente, e disse: "Guarda quella luna. Puoi vedere la sua immagine riflessa nell'acqua, ma se cerchi di afferrarla, l'acqua si agiterà e la perderai. Allo stesso modo, la pace interiore non può essere afferrata con le mani o con la mente. Piuttosto, è qualcosa che appare spontaneamente quando lasci che il tuo cuore e la tua mente siano calmi e trasparenti come l'acqua del lago."
Questo racconto ci insegna che la tranquillità e la saggezza non possono essere catturate o possedute. Sono come riflessi che emergono naturalmente quando lasciamo andare il nostro desiderio di controllo e permettiamo alla mente di calmarsi. Invece di lottare per raggiungere la pace, dobbiamo imparare a fidarci del processo, sapendo che la serenità emerge spontaneamente quando la mente è libera da attaccamenti e desideri.

Un'altra storia Zen che esemplifica il viaggio interiore è quella del **vecchio maestro e l'ombra del monte Fuji**. Un giovane monaco decise di intraprendere un lungo viaggio per scalare il monte Fuji, poiché credeva che, una volta arrivato in cima, avrebbe raggiunto l'illuminazione. Durante il viaggio, attraversò molte difficoltà, ma il

pensiero di arrivare in cima lo spingeva a continuare. Dopo giorni di cammino estenuante, raggiunse la base della montagna e, esausto, incontrò un vecchio maestro seduto tranquillamente sotto un albero. Il monaco, pieno di determinazione, raccontò al maestro il suo piano di raggiungere la vetta e trovò strano che il vecchio maestro non avesse lo stesso desiderio. Il maestro rispose: "Puoi scalare il monte Fuji per anni, ma la sua ombra sarà sempre con te. L'illuminazione non è in cima alla montagna, ma qui, sotto la sua ombra."
Questa storia ci fa capire che la pace interiore non si trova lontano da noi, ma proprio dove siamo. La nostra tendenza a proiettare la felicità o l'illuminazione come qualcosa che sta "là fuori", in un luogo futuro o in un obiettivo lontano, ci porta a dimenticare che la vera serenità si trova solo quando siamo presenti nel momento attuale. La montagna, simbolo della ricerca spirituale, ci accompagna sempre, ma l'ombra che essa proietta ci ricorda che il viaggio interiore è un processo che si svolge ovunque ci troviamo.

Un racconto particolarmente evocativo è quello del **fabbro e la spada spezzata**. Un giovane monaco, in cerca di illuminazione, visitò un vecchio fabbro famoso per la sua abilità nel forgiare spade perfette. Desideroso di imparare, chiese al fabbro quale fosse il segreto per creare una spada che non si spezzasse mai. Il fabbro, senza rispondere subito, invitò il monaco a restare e osservare. Per settimane, il monaco guardò il fabbro lavorare, battere il metallo, scaldarlo e poi immergerlo nell'acqua. Un giorno, mentre il monaco stava osservando attentamente, il fabbro spezzò intenzionalmente una spada quasi finita. Il monaco, sorpreso, chiese perché l'avesse fatto, dato che sembrava perfetta. Il fabbro rispose: "Non è importante che la spada sia indistruttibile. È importante che, anche quando si spezza, il suo valore non vada perduto. Così è anche per la pace interiore: non si tratta di non essere mai spezzati, ma di sapere come riparare e riforgiare ciò che si rompe."
Questa storia ci insegna che il viaggio interiore non è privo di rotture o momenti difficili. Non è una strada dritta verso una pace eterna, ma un processo di rottura e ricostruzione. Le esperienze difficili, le crisi e i momenti di dolore non sono fallimenti, ma parti inevitabili del percorso. La vera saggezza sta nel sapere come riparare ciò che si spezza, come continuare a crescere anche quando affrontiamo difficoltà che sembrano insormontabili.

Un altro racconto illuminante è quello del **discepolo e la montagna invisibile**. Un discepolo, affascinato dai racconti di maestri illuminati che avevano raggiunto la vetta dell'illuminazione, chiese al suo maestro dove potesse trovare questa "montagna" che conduceva all'illuminazione. Il maestro rispose: "Non c'è montagna. Ma se vuoi trovarla, cammina senza cercarla." Il discepolo, confuso, si mise in viaggio e camminò per giorni, settimane e mesi, senza mai trovare la montagna. Alla fine, esausto, si rese conto che la ricerca stessa era la montagna. Tornato dal maestro, disse: "Non ho trovato la montagna, ma ho trovato me stesso lungo il cammino."
Questa storia sottolinea che l'illuminazione non è un luogo o una destinazione che possiamo trovare "fuori" da noi stessi. È il risultato di un cammino di introspezione e scoperta personale. La montagna invisibile rappresenta le nostre aspettative, le illusioni di un traguardo fisso, quando in realtà il viaggio interiore è un processo di continuo apprendimento, in cui troviamo non una destinazione, ma una comprensione più profonda di chi siamo.

Infine, la storia di **Hyakujo e la volpe** ci offre un'altra prospettiva sulla natura ciclica e infinita del viaggio interiore. Hyakujo, un abate Zen, una volta incontrò una vecchia volpe che era stata trasformata in animale come punizione per aver detto una verità errata durante la sua vita precedente. La volpe chiese a Hyakujo come liberarsi dalla sua condizione. Hyakujo rispose semplicemente: "Ritorna al presente. Quando ti trovi completamente nel qui e ora, non c'è nessuna condizione, nessun karma che ti trattiene."
Questo racconto ci insegna che spesso siamo intrappolati nelle nostre illusioni e nei cicli di sofferenza perché non siamo presenti. Il viaggio interiore non è lineare, e non ci porta da un punto di partenza a un punto di arrivo, ma ci invita continuamente a ritornare al presente, dove possiamo trovare la libertà.

In tutte queste storie Zen, il viaggio interiore emerge come un processo continuo di scoperta, accettazione e trasformazione. Non esiste un traguardo finale, ma ogni momento è un passo verso una comprensione più profonda di noi stessi e della natura della realtà. La pace interiore, come ci insegnano queste storie, non è qualcosa che si raggiunge, ma qualcosa che si vive.

Le storie Zen, nel loro misterioso fascino e nella loro semplicità, sono strumenti straordinari per illustrare la natura del viaggio interiore, un percorso che non ha mai una fine definitiva. Ognuna di queste storie ci svela che la ricerca della pace interiore e della saggezza non è un'impresa che si completa una volta per tutte, ma piuttosto un processo che si evolve costantemente. È come camminare su un sentiero che si srotola sotto i nostri piedi a ogni passo, rivelandoci sempre nuove prospettive. In questo senso, il viaggio interiore è una danza tra il cambiamento e la consapevolezza, una pratica quotidiana di auto-osservazione, di accettazione di ciò che siamo e del mondo che ci circonda.

Uno dei racconti Zen più enigmatici è quello del **vecchio monaco e la cascata invisibile**. Si narra che un giovane monaco, durante un ritiro di meditazione in montagna, incontrò un anziano maestro che viveva in solitudine vicino a una cascata. Il suono dell'acqua era così forte che il giovane si avvicinò per vedere la grande cascata. Ma, una volta arrivato, si accorse che la cascata era invisibile: non c'era alcuna acqua che scorreva. Confuso, tornò dal maestro e chiese: "Perché sento il rumore della cascata, ma non riesco a vederla?" Il maestro, sorridendo, rispose: "Il rumore che senti non è della cascata, ma della tua mente che cerca di trovarla. Lascia andare l'idea della cascata, e scoprirai il silenzio che cercavi."
Questa storia ci parla dell'importanza di abbandonare le aspettative e le preconcetti nel nostro viaggio interiore. Spesso siamo alla ricerca di qualcosa di concreto – un obiettivo, un traguardo – e ci perdiamo nel suono dei nostri desideri e delle nostre illusioni. La cascata invisibile rappresenta proprio questo: qualcosa che cerchiamo con insistenza, ma che sfugge perché stiamo cercando fuori, mentre la vera pace è nel silenzio interiore che possiamo scoprire solo quando smettiamo di cercare con la mente e cominciamo a osservare con il cuore.

Un altro racconto Zen che esplora la natura del viaggio interiore è quello del **monaco e l'oca intrappolata**. Un giorno, un discepolo si rivolse al suo maestro e disse: "Maestro, sento che la mia mente è come un'oca intrappolata in una bottiglia. Per quanto io cerchi di liberarla, non ci riesco, perché la bocca della bottiglia è troppo stretta." Il maestro guardò il discepolo con calma e disse: "Allora smetti di cercare di liberare l'oca. È già fuori."
Questo racconto ci offre una potente metafora della nostra ricerca

interiore. Spesso, nella nostra mente, creiamo delle gabbie immaginarie in cui ci sentiamo intrappolati: limiti autoimposti, convinzioni rigide, aspettative che ci tengono bloccati. Ma, come l'oca nella bottiglia, la nostra mente è già libera; siamo noi a percepirla come intrappolata. Il viaggio interiore non consiste nel trovare una via d'uscita, ma nel riconoscere che non c'è alcuna prigione, se non quella che abbiamo creato nella nostra mente. La libertà che cerchiamo è già dentro di noi, ma per vederla dobbiamo lasciar andare l'idea di essere imprigionati.

Un'altra storia Zen che mette in luce il viaggio come processo continuo è quella del **maestro e del ventaglio rotto**. Un giovane discepolo si avvicinò al suo maestro con un ventaglio rotto e disse: "Maestro, questo ventaglio non serve più a nulla. È rotto, non posso usarlo per rinfrescarmi. Cosa dovrei fare?" Il maestro, senza esitazione, rispose: "Anche un ventaglio rotto può insegnarti qualcosa. Usa il vento che non puoi vedere."

Questo racconto ci insegna che anche ciò che percepiamo come inutile o rotto, nella nostra vita o nel nostro viaggio interiore, può avere un valore. Il ventaglio rappresenta le nostre aspettative o gli strumenti che usiamo per cercare sollievo o risposte. Quando si rompono o falliscono, tendiamo a pensare che non abbiano più alcuna utilità. Ma il maestro Zen ci ricorda che il vento, invisibile ma presente, può comunque rinfrescarci. Anche nelle situazioni in cui ci sentiamo spezzati o privi di risorse, il viaggio continua, e possiamo trovare significato e insegnamenti proprio nelle cose che sembrano inutili. Spesso, è nelle crepe della nostra vita che entra la luce della comprensione.

Il racconto di **Basho e il fiore di loto** ci porta in un altro aspetto del viaggio interiore: la scoperta della bellezza nelle cose più semplici. Si racconta che Basho, un poeta Zen, un giorno passeggiava lungo un laghetto pieno di fiori di loto. Un discepolo, affascinato dalla bellezza dei fiori, disse: "Maestro, questi fiori sono così belli. È qui che trovo la pace." Basho, guardando il discepolo con un lieve sorriso, rispose: "Se vedi solo i fiori, ti stai perdendo il loto che è dentro di te."

Questa storia ci insegna che il viaggio interiore non è solo un processo di scoperta esterna, ma di risveglio a ciò che già esiste dentro di noi. I fiori di loto rappresentano la bellezza del mondo esterno, che può certamente ispirarci e portarci serenità. Ma il vero viaggio è quello che ci conduce a scoprire il loto interiore, la fonte di pace e bellezza che non dipende da ciò che vediamo fuori. Questo racconto ci invita a cercare non solo la bellezza nei momenti esterni della vita, ma anche a coltivare e riconoscere la serenità e la bellezza che giace dentro di noi, in ogni momento.

Un altro racconto profondamente simbolico è quello del **pesce che cerca l'acqua**. Si narra che un giovane pesce, sentendo parlare dagli altri pesci più anziani di un luogo chiamato "acqua", iniziò a cercarla freneticamente. Nuotava per tutto il lago, chiedendo a ogni pesce che incontrava: "Hai visto l'acqua? Dove posso trovarla?" Dopo giorni di ricerca, il pesce esausto si rivolse a un vecchio pesce saggio e chiese: "Dove posso trovare l'acqua?" Il pesce anziano rispose: "Stai nuotando in essa. È intorno a te. L'acqua è ciò che ti sostiene, ma la cerchi fuori da te stesso."

Questa storia è una potente metafora per il nostro viaggio interiore. Come il pesce che cerca l'acqua senza accorgersi che è già immerso in essa, anche noi spesso cerchiamo la pace, la felicità o l'illuminazione come qualcosa di esterno, lontano da raggiungere. Ma la verità è che siamo già immersi in ciò che cerchiamo. La consapevolezza e la pace che desideriamo sono già parte di noi, già presenti nella nostra esperienza quotidiana. Il viaggio interiore, quindi, non è tanto una ricerca di qualcosa di nuovo, ma un risveglio a ciò che già esiste, un riconoscimento della presenza che ci circonda e che ci sostiene in ogni momento.

La storia del **vecchio giardiniere e l'albero spezzato** ci offre un'altra prospettiva sul valore delle difficoltà nel viaggio interiore. Un giardiniere anziano aveva piantato un albero che curava con grande attenzione da anni. Un giorno, durante una tempesta, l'albero si spezzò a metà. Il giardiniere, invece di disperarsi, prese un nuovo ramo spezzato e lo piantò nel terreno. Quando un giovane gli chiese perché stesse piantando un ramo che sembrava morto, il giardiniere rispose: "Non posso riparare l'albero spezzato, ma posso coltivare qualcosa di nuovo da ciò che è stato rotto."

Questa storia ci ricorda che nel viaggio interiore, le difficoltà e le perdite non devono essere viste come la fine, ma come opportunità per coltivare qualcosa di nuovo. L'albero spezzato rappresenta i nostri sogni o obiettivi che, a volte, si infrangono lungo il cammino. Ma il giardiniere Zen ci insegna che, anche da ciò che sembra perduto, possiamo piantare nuovi semi, nuove possibilità. Questo ci invita a vedere ogni crisi come una fase naturale del nostro viaggio, e a trovare la forza di rinascere e ricostruire anche quando tutto sembra perduto.

Infine, il racconto del **monaco e la foglia che cade** chiude un cerchio di comprensione sul viaggio interiore come un processo ciclico e naturale. Si narra che un monaco, seduto in meditazione sotto un albero, vide una foglia staccarsi dai rami e fluttuare dolcemente verso il suolo. Il monaco, osservando la caduta della foglia, realizzò che la sua vita era simile a quella foglia: anche lui, un giorno, si sarebbe staccato dall'albero della vita e sarebbe tornato alla terra. Ma anziché essere turbato, il monaco trovò pace in questa consapevolezza. Questa storia ci insegna che il viaggio interiore include anche l'accettazione della nostra mortalità, e della transitorietà di tutte le cose. La foglia che cade non rappresenta solo la fine, ma anche la continuità del ciclo naturale della vita. Il viaggio non è un tragitto con una fine definitiva, ma un ciclo che si ripete, un flusso continuo di nascita, crescita, decadenza e rinascita. Accettare questa realtà ci porta a una profonda pace interiore, perché ci aiuta a vedere che tutto fa parte di un grande disegno più ampio e naturale.

Queste storie Zen, ognuna con la propria profondità e simbolismo, ci ricordano che il viaggio interiore è un percorso senza fine, ricco di scoperte, trasformazioni e risvegli. Non si tratta di raggiungere un obiettivo, ma di imparare a vivere ogni passo con consapevolezza e apertura, sapendo che ogni esperienza, ogni difficoltà e ogni momento di gioia è parte integrante del nostro cammino verso una comprensione sempre più profonda di noi stessi e della vita.

Concludere il punto sulle storie Zen e il viaggio interiore richiede una riflessione che non solo riassuma i temi trattati, ma che approfondisca ulteriormente il loro significato nel contesto di una ricerca interiore costante. Le storie Zen ci offrono una visione del viaggio interiore come un processo continuo, mai statico, che riflette l'essenza della nostra esistenza: il cambiamento, l'impermanenza e la trasformazione. Attraverso simboli semplici ma profondi, questi racconti ci ricordano che la vera saggezza non è qualcosa che si raggiunge in un unico momento di illuminazione, ma qualcosa che si coltiva giorno dopo giorno, attraverso ogni esperienza.

Ogni storia Zen ci invita a riflettere su diversi aspetti della nostra vita interiore. C'è la consapevolezza che spesso siamo noi stessi a costruire barriere immaginarie che ci impediscono di vedere la libertà che è già dentro di noi, come nell'analogia dell'**oca nella bottiglia**. La gabbia è creata dalla nostra mente, dai nostri attaccamenti, dalle aspettative e dai desideri che ci imprigionano, mentre la liberazione è sempre a portata di mano, se solo riusciamo a riconoscere l'illusione della prigionia. Questo ci insegna che il viaggio interiore è spesso un processo di "disimparare" ciò che pensiamo di sapere, di lasciar andare le idee fisse su chi dovremmo essere o dove dovremmo andare, per ritrovare la semplicità e la spontaneità dell'essere.

Un altro tema centrale emerso dai racconti è l'importanza di **fidarsi del processo**. Come nella storia della cascata invisibile, impariamo che il desiderio di afferrare qualcosa – la pace, la felicità o l'illuminazione – può allontanarci dalla vera esperienza di questi stati. Il rumore che sentiamo è spesso quello della nostra mente, della nostra ricerca incessante, e la tranquillità che cerchiamo si manifesta solo quando smettiamo di cercare in modo ossessivo e ci apriamo all'esperienza del momento. Il viaggio interiore non è una corsa verso una meta, ma una continua pratica di presenza, un'apertura al flusso della vita con tutte le sue incertezze, sorprese e trasformazioni.

La metafora del **pesce che cerca l'acqua** ci offre un altro insegnamento prezioso: tutto ciò che cerchiamo è già qui, intorno a noi e dentro di noi. Proprio come il pesce è immerso nell'acqua senza rendersene conto, anche noi spesso siamo immersi nella consapevolezza e nella pace, ma siamo così impegnati a cercarle altrove che non riusciamo a vederle. Il viaggio interiore è dunque anche un processo di risveglio a ciò che già esiste, un ritorno alla nostra vera natura. Non si tratta di acquisire qualcosa di nuovo o di raggiungere una condizione ideale, ma di scoprire ciò che è sempre stato presente, nascosto sotto i veli delle nostre preoccupazioni e dei nostri pensieri.

Uno degli aspetti più importanti di queste storie è la **rivalutazione delle difficoltà** e dei momenti di crisi nel nostro cammino interiore. Come nella storia del **giardiniere e dell'albero spezzato**, apprendiamo che anche le rotture, i fallimenti e le perdite possono essere fertili terreni per la rinascita e la crescita. Le difficoltà non sono segni di fallimento nel viaggio, ma parti inevitabili del processo di trasformazione. Attraverso le sfide, impariamo la resilienza, la pazienza e la capacità di coltivare qualcosa di nuovo da ciò che è stato spezzato. Questo ci porta a una comprensione più profonda che il viaggio interiore non è lineare, né privo di ostacoli, ma è proprio nelle fratture che spesso troviamo la possibilità di riscoprirci e di rinascere.

Il viaggio interiore, come mostrano queste storie, richiede anche una **grande apertura e flessibilità mentale**. Come il ventaglio rotto che non serve più nel suo scopo originario, ma che ci invita a sentire il vento invisibile, anche noi dobbiamo imparare a cambiare prospettiva, a vedere opportunità dove apparentemente non ce ne sono. Questo significa essere pronti a lasciar andare i vecchi schemi di pensiero, i vecchi desideri, e ad abbracciare nuove possibilità che spesso si presentano in modi inaspettati. La vera saggezza non consiste nel restare attaccati a una singola visione o obiettivo, ma nel saper fluire con la vita, adattandosi alle sue curve e ai suoi cambiamenti, rimanendo aperti a ciò che ogni momento ha da offrire.

Inoltre, c'è una lezione importante riguardo alla **pazienza** e alla **costanza** nel viaggio interiore. La storia del fabbro e della spada spezzata ci insegna che la perfezione non è un obiettivo raggiungibile, e che il valore non sta nell'evitare le rotture, ma nel saper riforgiare ciò che si è spezzato. Ogni volta che incontriamo un ostacolo o una crisi, abbiamo l'opportunità di rinnovarci, di rafforzarci e di ripartire con una comprensione più profonda di noi stessi. La pazienza diventa quindi una virtù centrale nel cammino interiore, poiché ci insegna a non giudicare il nostro progresso in base ai risultati immediati, ma a vedere il valore nel processo stesso di crescere, imparare e trasformarci.

Un altro tema essenziale è la **consapevolezza dell'impermanenza**. La foglia che cade ci ricorda che tutto nella vita è transitorio, e accettare questa realtà è fondamentale per trovare pace interiore. Quando abbracciamo l'impermanenza, smettiamo di aggrapparci ai momenti felici o di temere i momenti difficili, sapendo che tutto passa. Il viaggio interiore non è una fuga dall'impermanenza, ma un accettare che il cambiamento è parte integrante della vita. Questa consapevolezza ci aiuta a vivere con maggiore leggerezza, senza paura di ciò che verrà, perché impariamo a vedere ogni fase come necessaria e naturale.

Infine, il viaggio interiore, come ci insegnano le storie Zen, è profondamente radicato nel **momento presente**. Non si tratta di cercare altrove, in un futuro lontano o in un passato perduto, ma di essere pienamente presenti qui e ora, come nella storia di Joshu e il tè. Ogni azione quotidiana, anche la più semplice, può diventare un momento di consapevolezza e di scoperta. Il viaggio non è fatto di grandi rivelazioni o di momenti di gloria, ma di piccoli atti di presenza, di attenzione al respiro, di gratitudine per il momento presente.

In conclusione, il viaggio interiore, come ci mostrano queste storie, è un percorso continuo e dinamico di scoperta e trasformazione. Non c'è un punto di arrivo definitivo, ma un processo infinito di crescita, di comprensione e di accettazione. Ogni esperienza, ogni incontro, ogni difficoltà fa parte di questo viaggio, e ciò che conta non è la meta, ma il modo in cui viviamo ogni passo del cammino. Le storie Zen ci invitano a lasciar andare le nostre aspettative, a fluire con la vita e a trovare la pace e la saggezza non in qualche luogo lontano, ma qui, nel presente, in ogni respiro e in ogni azione. Il viaggio interiore è un processo di ritorno a noi stessi, alla nostra vera natura, e le lezioni che impariamo lungo il cammino sono quelle che ci permettono di vivere con maggiore serenità, consapevolezza e apertura verso ciò che la vita ha da offrire.

20. Conclusioni e suggerimenti per il lettore: Riflessioni finali sul percorso della pace interiore, con suggerimenti su come continuare a coltivare la consapevolezza, il pensiero positivo e l'armonia anche dopo la lettura del libro.

Le conclusioni di un percorso dedicato alla pace interiore, come quello che abbiamo esplorato insieme, ci portano a riflettere su alcuni dei temi centrali che emergono dalla consapevolezza Zen e dalle tecniche di auto-riflessione. Il viaggio verso la pace interiore non ha una fine definitiva, ma è un processo continuo di crescita, trasformazione e adattamento. È un cammino che attraversiamo momento dopo momento, giorno dopo giorno, e che non si ferma mai. Quello che conta, più della meta, è il modo in cui affrontiamo ogni passo del percorso con apertura, curiosità e presenza.

Un punto chiave che emerge dalle riflessioni su questo viaggio è l'importanza di **coltivare la consapevolezza.** La consapevolezza, o mindfulness, è il fondamento di qualsiasi cammino verso la pace interiore. Si tratta di un'abilità che va sviluppata e praticata quotidianamente. Uno dei suggerimenti più importanti per il lettore è quindi quello di fare della consapevolezza una parte integrante della propria vita. Ogni azione quotidiana, dal bere una tazza di tè al camminare, può essere trasformata in una pratica di consapevolezza. Non è necessario isolarsi o ritirarsi dalla vita per trovare la pace: essa è accessibile in ogni momento, se siamo disposti a prestare attenzione.

Un esercizio pratico per coltivare la consapevolezza è quello del **respiro consapevole.** Ogni volta che ti senti stressato o sopraffatto, puoi semplicemente fermarti e fare alcuni respiri profondi, concentrandoti sul respiro che entra e che esce. Questo semplice atto di consapevolezza aiuta a riportare la mente al momento presente, liberandola dal vortice dei pensieri che spesso ci trascinano nel futuro o nel passato. Il respiro consapevole è una pratica che può essere svolta ovunque e in qualsiasi momento, e rappresenta uno degli strumenti più potenti per mantenere la calma e la lucidità mentale.

Accanto alla consapevolezza, un altro elemento cruciale da coltivare è il **pensiero positivo.** Il pensiero positivo non significa ignorare le difficoltà o evitare le emozioni negative, ma piuttosto scegliere consapevolmente di orientare la mente verso pensieri che sostengono il nostro benessere. Si tratta di sviluppare una mentalità che ci permetta di vedere opportunità anche nelle sfide, di trovare lezioni nei momenti di crisi e di coltivare gratitudine per ciò che abbiamo, piuttosto che concentrarci su ciò che ci manca. Una pratica utile per rafforzare il pensiero positivo è il **diario della gratitudine**: ogni sera, prendi qualche minuto per scrivere almeno tre cose di cui sei grato, anche se sembrano piccole o insignificanti. Questo ti aiuterà a sviluppare una prospettiva più ottimista e a mantenere uno spirito positivo anche nei momenti difficili.

Un altro suggerimento importante è quello di **imparare ad accogliere e accettare l'impermanenza.** Tutto nella vita è in costante cambiamento: le nostre emozioni, i nostri pensieri, le situazioni che affrontiamo. Imparare a fluire con il cambiamento, anziché resistergli, è uno dei segreti per mantenere la pace interiore. Spesso ci aggrappiamo a situazioni o emozioni, sperando che durino per sempre, o ci preoccupiamo di eventi futuri che potrebbero non accadere mai. Accettare l'impermanenza ci libera da queste catene mentali, permettendoci di vivere con maggiore leggerezza e apertura. La pratica della meditazione può aiutarti a sviluppare questa capacità di accettazione. Sedendoti in silenzio e osservando il flusso dei pensieri e delle emozioni, senza attaccamento, puoi imparare a lasciare andare e a trovare pace anche nel mezzo del cambiamento.

Nel percorso verso la pace interiore, un altro elemento da non trascurare è la **compassione**, sia verso gli altri che verso te stesso. Coltivare la compassione significa sviluppare la capacità di comprendere e abbracciare il dolore e la sofferenza, senza giudizio. Questo atteggiamento non solo migliora le tue relazioni con gli altri, ma ti permette anche di essere più gentile con te stesso. Spesso siamo i nostri peggiori critici, e questo ci impedisce di progredire nel nostro cammino verso la serenità. Imparare a perdonarti per i tuoi errori e a trattarti con la stessa gentilezza che riserveresti a un amico è un passo fondamentale verso l'armonia interiore. Una pratica semplice ma efficace per coltivare la compassione è quella della **meditazione di gentilezza amorevole** (o *Metta*). Durante questa meditazione, visualizza prima te stesso e poi gli altri, ripetendo frasi di benedizione come "Che io possa essere felice, che io possa essere in pace". Estendi poi questi desideri agli altri, includendo amici, conoscenti e persino persone con cui hai avuto conflitti. Questo aiuta a creare un campo di energia positiva, che rafforza la connessione con te stesso e con gli altri.

Un altro suggerimento per il lettore è quello di coltivare la **semplicità** nella vita quotidiana. Spesso, la ricerca della pace interiore è complicata da un eccesso di stimoli e distrazioni. Semplificare la propria vita, eliminando ciò che non è essenziale, può portare a una maggiore chiarezza mentale e a un senso di spazio interiore. Questo non significa rinunciare a tutto, ma imparare a riconoscere ciò che è davvero importante per te. Ad esempio, potresti decidere di dedicare meno tempo ai social media o alle notizie e più tempo alle attività che ti nutrono davvero, come leggere, camminare nella natura, o trascorrere del tempo di qualità con i tuoi cari. Semplificare significa anche imparare a dire "no" quando necessario, per proteggere il tuo tempo e la tua energia.

Infine, un elemento fondamentale per continuare a coltivare la pace interiore è **praticare la pazienza e la perseveranza**. La crescita personale e la ricerca della serenità sono processi lenti e continui. Non esistono soluzioni rapide o scorciatoie per raggiungere una condizione di pace duratura. È importante ricordare che ci saranno alti e bassi nel percorso, momenti di chiarezza e momenti di confusione. La chiave è continuare a praticare, anche quando i risultati non sono immediati. La pazienza ti permette di affrontare il viaggio senza fretta, accogliendo ogni fase come parte del processo.

In conclusione, il viaggio verso la pace interiore è un percorso che non finisce mai davvero, ma che si evolve con te, con le tue esperienze e con il tuo modo di affrontare la vita. Continuare a coltivare la consapevolezza, il pensiero positivo, la compassione e l'accettazione del cambiamento sono strumenti che ti accompagneranno lungo tutto questo cammino. Non si tratta di raggiungere uno stato di perfezione, ma di imparare a vivere con maggiore presenza e apertura, accettando le imperfezioni e le incertezze come parte naturale del viaggio. Il vero successo in questo percorso non è eliminare lo stress o i problemi, ma trovare la capacità di essere in pace con te stesso, indipendentemente dalle circostanze esterne.

Ricorda che la pace interiore è un processo continuo, fatto di piccoli passi, e che ogni giorno ti offre un'opportunità per coltivare maggiore serenità e consapevolezza. Anche dopo aver concluso questo libro, il viaggio continua, e le pratiche che hai appreso ti aiuteranno a mantenere viva la connessione con la tua natura più profonda. Il cammino verso la pace interiore è il cammino della vita stessa: un viaggio fatto di scoperte, sfide e trasformazioni, ma sempre ricco di possibilità.

Il viaggio che abbiamo intrapreso insieme attraverso le pagine di questo libro si è focalizzato sull'esplorazione del cammino verso la pace interiore, una ricerca che coinvolge la consapevolezza, l'auto-riflessione, il pensiero positivo e l'armonia. Abbiamo visto come queste pratiche, radicate nella saggezza Zen e supportate da tecniche quotidiane, possano trasformare il nostro modo di vivere e affrontare le sfide della vita.

Riassumiamo i punti principali trattati:

1. **Introduzione alla pace interiore**: La pace interiore è fondamentale in un mondo frenetico, dove trovare equilibrio richiede una riflessione consapevole sulla nostra esistenza. Questo stato di calma è alla portata di tutti, ma richiede pratica e dedizione.

2. **Il Buddismo Zen e la pace interiore**: La filosofia Zen ci invita a vivere con consapevolezza e a riconoscere che la serenità non è un traguardo da raggiungere, ma un viaggio da vivere momento per momento.

3. **Il potere del "qui e ora"**: Vivere nel presente, senza perdersi nel passato o nel futuro, è la chiave per ridurre l'ansia e sviluppare la consapevolezza.

4. **Storie Zen sul momento presente**: Racconti antichi ci mostrano come essere pienamente presenti sia una pratica che, una volta interiorizzata, può portare grande pace.

5. **Esercizi di consapevolezza**: Tecniche come il respiro consapevole e la meditazione camminata ci insegnano a incorporare la presenza mentale nelle attività quotidiane.

6. **Conoscere se stessi attraverso la riflessione**: La capacità di osservare i propri pensieri ed emozioni è essenziale per comprendere i nostri schemi mentali e comportamentali.

7. **Storie Zen sull'auto-conoscenza**: Le storie Zen ci insegnano che la conoscenza di sé è un processo continuo e dinamico, non un punto di arrivo definitivo.

8. **Diario interiore e riflessione quotidiana**: Scrivere i propri pensieri e praticare la meditazione ci permette di sviluppare una relazione più consapevole con noi stessi.

9. **Coltivare il pensiero positivo**: Il pensiero positivo non ignora le difficoltà, ma sceglie di concentrarsi sulle opportunità di crescita anche nei momenti di crisi.

10. **Storie Zen sul pensiero positivo**: I racconti Zen ci mostrano come l'atteggiamento positivo possa influenzare profondamente il nostro percorso di trasformazione interiore.

11. **Tecniche per trasformare la negatività**: Attraverso la meditazione e l'auto-suggerimento, possiamo imparare a riformulare i pensieri negativi e coltivare una mentalità orientata alla pace.

12. **Armonia interiore e Buddismo Zen**: La ricerca dell'unità tra mente, corpo e spirito è fondamentale per raggiungere un equilibrio stabile.

13. **Storie Zen sull'armonia interiore**: L'accettazione del cambiamento e del non-attaccamento ci permette di vivere in armonia con noi stessi e con il mondo.

14. **Pratiche per coltivare l'armonia interiore**: La meditazione sul vuoto e la contemplazione ci aiutano a sviluppare la serenità interiore.

15. **Affrontare le difficoltà con saggezza Zen**: Le difficoltà sono opportunità per imparare e crescere, se affrontate con calma e accettazione.

16. **Storie Zen su difficoltà e resilienza**: Le storie Zen ci mostrano che la resilienza non consiste nel non cadere mai, ma nel rialzarsi ogni volta più forti e consapevoli.

17. **Esercizi per superare stress e ansia**: Tecniche di rilassamento come la respirazione profonda e la meditazione camminata ci aiutano a rilasciare lo stress.

18. **Il viaggio è più importante della meta**: La ricerca della pace interiore non è un traguardo da raggiungere, ma un cammino continuo da vivere con gratitudine e consapevolezza.

19. **Storie Zen sul viaggio interiore**: Questi racconti ci insegnano che la trasformazione personale è un processo che si svolge nel corso della vita, non in un momento specifico.

20. **Conclusioni e suggerimenti**: Coltivare la consapevolezza, il pensiero positivo, l'armonia e la compassione richiede pratica continua, ma ogni giorno ci offre una nuova opportunità di avvicinarci alla pace interiore.

Suggerimenti per continuare il cammino:

Il cammino verso la pace interiore non si conclude con la lettura di questo libro. Ecco alcuni suggerimenti pratici su come continuare a coltivare queste pratiche e dove trovare ulteriori risorse:

1. **App per la meditazione e consapevolezza**:

    o **Headspace** (headspace.com): Un'app che offre meditazioni guidate, esercizi di consapevolezza e tecniche di gestione dello stress.

    o **Insight Timer** (insighttimer.com): Un'app gratuita con migliaia di meditazioni guidate e campane per la pratica quotidiana.

    o **Calm** (calm.com): Un'app che propone tecniche di meditazione, rilassamento e miglioramento del sonno.

2. **Siti web e blog sulla consapevolezza**:

    o **Mindful.org** (mindful.org): Un sito ricco di articoli, risorse e guide pratiche per chi vuole approfondire la consapevolezza e la meditazione.

    o **Zen Habits** (zenhabits.net): Un blog che tratta temi di minimalismo, consapevolezza e sviluppo personale, con un approccio semplice e diretto.

- The Buddhist Society (thebuddhistsociety.org): Una risorsa completa per esplorare gli insegnamenti buddisti e le pratiche meditative.

3. **Libri di approfondimento**:

    - **"Il potere di adesso" di Eckhart Tolle**: Un classico per chi cerca di vivere il momento presente con maggiore consapevolezza.
    - **"Zen Mind, Beginner's Mind" di Shunryu Suzuki**: Un testo essenziale per comprendere il concetto di mente Zen e come applicarlo nella vita quotidiana.
    - **"Il miracolo della presenza mentale" di Thich Nhat Hanh**: Un libro pratico che introduce alla mindfulness attraverso esempi semplici e pratiche quotidiane.

4. **Centri di meditazione Zen**:

    - **Plum Village** (plumvillage.org): Fondato da Thich Nhat Hanh, offre ritiri di consapevolezza e risorse per la pratica di meditazione.
    - **Zen Mountain Monastery** ([zmm.org](zmm.org)): Un centro Zen tradizionale che offre ritiri e insegnamenti a chi desidera approfondire la pratica.

5. **Comunità online**:

    - **Reddit: r/Meditation** (reddit.com/r/Meditation): Una comunità attiva dove i praticanti di meditazione condividono esperienze, risorse e consigli.
    - **Facebook Groups**: Ci sono molti gruppi dedicati alla mindfulness, alla meditazione e alla pratica Zen dove puoi connetterti con altre persone e scambiare suggerimenti.

www.ingramcontent.com/pod-product-compliance
Lightning Source LLC
LaVergne TN
LVHW021803060526
838201LV00058B/3222